JN439966

麗니와 水니의

느낌표!

麗니와 水니의 느낌표!

초판 1쇄 인쇄 | 2023년 06월 30일
지은이 | 윤문칠
펴낸이 | 이재욱(필명:이승훈)
펴낸곳 | 해드림출판사
주　소 | 서울 영등포구 경인로82길 3-4(문래동1가 39)
센터플러스빌딩 1004호(우편07371)
전 화 | 02-2612-5552
팩 스 | 02-2688-5568
E-mail | jlee5059@hanmail.net

등록번호　제2013-000076
등록일자　2008년 9월 29일

ISBN　979-11-5634-540-4

윤문칠 지음

麗니와 水니의 느낌표!

여수(麗水)는 지명부터
'깨끗한 물'과
'아름다운 바다'를 상징한다.

아름다운 항구도시 여수를
사람들은 어떻게
인식하고 있을까?

궁금하면서도 시원한 답을 들을 수 없었던 물음표들이
아! 하고 느낌표의 감탄사로 바뀌는 여수의 이야기들

해드림출판사

여수, 아는 만큼 보인다

'麗니'와 '水니' 물음표(?)의 둥근 라인을 폈더니 느낌표(!)의 감탄사가 되고 느낌표의 일자 막대기를 구부리니 다시 물음표가 된다. 우리 삶은 물음표일 때도 느낌표일 때도 있고 언젠가 아! 하고 경쾌한 느낌표를 찍을 때가 있다.

'여니'와 '수니'는 여수를 상징한다. 시민들이 궁금해하면서도 시원한 답을 들을 수 없었던 물음표들이 아! 하고 느낌표의 감탄사로 바뀌는 여수의 이야기를 찾아보았다.

여수는 깨끗한 물과 아름다운 청정바다가 있고 365개의 크고 작은 유무인 섬으로 '26년 섬 박람회를 계획하고 있다. 남해 바다의 풍광을 품고 천혜의 자연환경과 맑은 공기에 취해있는 태고의 신비를 한 몸에 간직한 곳으로 3려(麗) 시 군이 한 뿌리를 이루어 '98년 주민발의로 통합된 전남 제일의 도시가 되었다.

'살아있는 바다 숨 쉬는 연안'의 주제로 2012년 여수세계박람회를 성공적으로 개최했고 해양생물인 플랑크톤을 모티브로 바다의 아름다운 빛을 담고 있는 '여니 와 수니'가 여수의 상징이 되어 그 몫을 톡톡히 해냈다.

2012 여수세계박람회가 끝나고 여수는 '득'과 '실'로 나뉘는 문제들로 고민이 많다. 비워진 신항, 줄어드는 인구, 미래를 걱정하

는 시민들의 이야기! 봄날 돋아나는 수많은 새싹은 대지를 뚫고 솟아오르며 궁금한 것이 많은지 온몸으로 생명을 드러낸다. 봄날의 새싹처럼 미래를 향한 여수의 발전을 응원하며 꼭꼭 숨어있던 새롭고 창의적인 느낌표를 찾아 넣어보려고 한다.

〈麗니와 水니의 느낌표!〉에서는 현대문예, 한국수필, 중앙일간지 논설주간과 인터넷 뉴스 여수 정보에 실린 기고문들을 함께 선보인다. 여니 와 수니가 있는 행복하고 열정 있는 삶과 지역의 문화 환경이 좀 더 나아지기를 바라는 마음으로 글을 써나갔다. 내 고향 여수를 위해 헌신하고 보이는 모습이 아닌 꾸밈없는 뒷모습으로 일생을 보내고자 한다. 우리 지역에 있었던 일들을 되새기면서 느낌표로 구성된 〈麗니와 水니의 느낌표!〉를 부니 가벼운 마음으로 일독해 주실 것을 부탁드린다.

2023년 5월

우거에서 윤문칠

목차

책머리에 | 여수, 아는 만큼 보인다 4

1

우리 지역 생각하기

시) 여니와 수니

'여수 가서 돈 자랑하지 말라' 14

1) 밀수 이야기 17

2) 여수 밀수사건 이야기 20

3) '안개 낀 여수항' 이야기 23

4) 우리 고장 여수의 역사와 행정구역 25

5) '여수=돈' 29

'돌산 향일암 금 거북' 이야기 30

'모세의 기적, 사도(沙島) 거북 바위' 이야기 32

'돌산 금오산 金 거북' 이야기 35

'거북섬, 백도(白島)' 이야기 37

'조발도(早發島) 거북' 이야기 41

'백야도, 거문고 별자리 거북' 이야기 44

'거문도(巨文島) 거북 축제' 이야기 46

'금오도(金鰲島) 황금거북' 이야기 48

'자산 금 거북' 이야기 51

'오동도(梧桐島) 약속 거북' 이야기 53

'황금이 제석산 섣달 거북등' 이야기 56

2

교육이 살아야 여수가 산다

시) 아으~동동(動動)다리

1) 국립여수대학교 61

국립여수대학교와 국립전남대학교 통합의 문제점 64

텅 빈 국동 캠퍼스 희망으로 채우자 77

세계 수산대학은 여수에! 79

역사 속으로 사라진 여수대학교, 위상 회복을 바라며 82

30만 여수시민은 통탄한다 84

2) 평준화 정책 88

여수교육지원청 이전! 90

인재 육성은 지역의 학교에서! 92

여수 교육의 미래는 안녕하십니까? 95

여수 고교 평준화 정책, 해제할까? 말까? 98

폭넓은 교육정책이 지역 인재를 키운다 101

석유화학 마이스터고 103

3

국동어항과 마도로스 거리

시) 국동어항 마도로스 길

1) 국동어항과 가막만 109

새조개는 여수산이여! 112

넘너리 보배, 새조개! 116

무슬목을 터서 가막만을 살리자 118

2026년 섬! 세계여수박람회 성공개최, '깃발'을 달자 120

2) 황금의 섬 경도 123

경도를 황금의 섬으로 124

동서횡축간선 도로망 건설이 시급하다 126

해양휴양도시 여수의 얼굴 '국동어항' 129

경도의 당산(堂山)나무는 역사 속으로 131

3) '모정의 뱃길' 135

교육의 섬 가장도! 137

'모정의 뱃길'을 기억하십니까? 139

40년 후 정숙현 씨의 글 143

60년 후 정숙현 씨의 글 145

모정의 뱃길 정숙현 출연 150

야도와 가장도를 꽃섬으로 만들자 151

마도로스 거리에 해양도서관을…… 153

4) 국동어항은 수산 1번지 156

소형기선저인망 합법화 추진하라! 159

수산 1번지의 명성을 되찾자 161

여수의 미래, 가막만이 보인다 163

'묶고, 묶인'하는 한국의 바다 167

4

국제무역항은 여수시민의 땅

시) 선소대교

1) 국제무역항 172

'麗니 와 水니'의 눈물(1) 174

'麗니 와 水니'의 눈물(2) 177

그때 그 생각을…… 179

여수시민이 사랑하는 오동도 182

세계박람회장은 여수의 혈맥(血脈) 184

개항 100주년 기념, 여수항 名을 되찾자! 187

세계박람회장의 다음 역할은? 189

우리 지역에 맞는 수학 박물관! 192

대선 후보에게 여수 공약을 묻다 194

5

여수 국가산업단지

시) 사도

여수산업단지 역사, 근린공원 조성 필요 202

여수국가산업단지 지역 205

'기업가 교육공헌'이 미흡한 여수! 208

여수국가산단 특성화 대학교를 세우자 211

율촌 지역 개발! 여수 미래의 해답 214

남해안의 국제공항! 217

여수~남해의 혈맥(血脈), 해저터널! 220

큰일 났다. 미세먼지 세상 223

권역별 재활병원 유치 환영! 226

6

여순사건의 비극

시) 가막만을 바라보며

1) 여순사건 231

2) 여순사건 국회 입법 청원 결의안 233

4·3 백비, 그리고 여순사건 241

침묵의 사이렌 소리 244

여순사건의 위령탑을 세우자 246

72년 통한의 세월을 살아온 시민들! 249

'민족사의 비극 여순사건 특별법' 제정 촉구 251

7

관광 1번지 돌산도

시) 돌산 무슬목

돌산 관광 1번지 "여수의 자산, 가막만을 살리자" 258

돌산지역에 도시가스를…… 261

돌산대교를 리모델링하자 264

돌산 중앙중학교 이설 267

돌산청사는 여수시민의 재산! 270

아름다운 풍광을 자랑하는 돌산도! 273

여수 돌산 갓김치! 유네스코 등재하자 276

사통팔달(四通八達)의 혈맥(血脈) '돌산' 279

금오열도 풍광은 여수의 자산! 282

돌산 17호선 4차선이 필요하다! 285

돌산 진목~월전포 해안 도로 개설이 필요하다 287

계절의 진미, 남해안 생선 이야기 290

여수 10미(味)를 아십니까? 293

'여수 밤바다' 여러분을 초대합니다! 296

해안통 선어시장 경매 소리! 299

편지 한 통으로 기숙사를 지어주신 부영건설 이중근 회장 302

여니와 수니

윤문칠

푸른빛 붉은빛
숨 쉬는 가막만
참 주인은 누구인가?
갈매기가 물어보네

청정바다 뽐내라며
여니 수니 보냈더니
살아있는 바다 위에 일 년의 섬 가득
여수가 으뜸이라

(그림 : 김규리)

1.

우리 지역 생각하기

'여수 가서 돈 자랑하지 말라'

여수(麗水)는 지명부터 '깨끗한 물'과 '아름다운 바다'를 상징한다. 아름다운 항구도시 여수를 사람들은 어떻게 인식하고 있을까?

'여수 가서 돈 자랑하지 말고, 순천 가서 인물 자랑하지 말며, 벌교 가서 주먹 자랑하지 말라'는 이야기가 있다. 하지만 '여수 가서 돈 자랑하지 말라'는 말이 왜 나왔는지에 대해 구체적으로 아는 사람은 거의 없다.

한국 전쟁(1950년) 이후 우리나라는 세계에서 가장 가난한 나라였다. 보릿고개를 넘어온 세대! 그 시절 여수시민들은 어떻게 지내고 있었을까?

과거 남산동 어판장 선창가 부두로 나가면 남녀노소 할 것 없이 여수민의 생생한 삶을 돌아볼 수 있었다. 만선 된 어선들이 부두로 입항하면서 새벽부터 어시장에 수산물을 하역하는 리어카와 지게꾼들의 행동이 바빠지기 시작한다. 비닐 옷 입고 배의 어창에서 비린내 나는 어물을 끌어내리고 어선의 진열이 끝나면 경매꾼들이 나와 일장 연설로 어류판장 판로가 시작되었다. 경매꾼들의 알 수 없는 소리에 중매인들의 비밀스러운 손동작을 알아챈 상인들은 적정가로 계약을 성립하면 리어카와 지게꾼들의 역할이 시작된다. 이렇게 거래된 어류들은 아침 해가 떠오르면 곧장 어판장에 있던 생선이 사장으로 팔려나가고 지게꾼들과 마도로스들은 선창의 포장마차에서 따끈한 해장국에 소주 한 잔을 곁들이며 아침 일을 마친다.

오늘 교동시장 목로주점에서 해물 삼합(삼겹살, 묵은지 김치, 해산물) 볶음을 시켜두고 여수 막걸리 한잔 기울이며 그 옛날 선창가 추억을 들춰봤다. 해안통 105동 상가에 앉아 지글지글 구운 삼겹살에 묵은지를 얹고 고들고들 구워진 전복과 새우 낙지 장어 등을 얹어 한 입 쏙 넣어보니 씹는 맛은 별미 중의 별미! 여수에서만 즐길 수 있는 풍미라 할 수 있다.

남산동 어류판장에서 추운 날 선원들과 해장국으로 장어탕 한 그릇에 속을 풀었던 그 시절을 생각한다. 생선이 산더미처럼 하역되어 어쩌다 썩어 처리도 하지 못했던 선창가! 싱싱한 생물 상자를 가득 널어두었던 어류 판매장이 지금은 사라지고 말끔히 정비된 수산시장으로 조리된 생선의 맛을 풍미하고 있다.

여수의 교동시장은 예나 지금이나 지나가는 이들을 묶어두는 매력이 있고 선창가는 먹거리가 풍부해 돈 많던 마도로스들이 한껏 뽐을 내던 곳이다. 흥에 겨워 즐기며 불야성을 이루던 선창가 야시장의 풍경은 여수의 명물이었다. 한잔 걸친 선원들의 찬주가가 울려 퍼지고 오랜 기간 바다에서 머물리 외로움이 깊이 스며든 마도로스들이 지갑을 열어 선창은 즐겁고 활기찬 불야성을 이루었다.

어선을 끌고 물고기 길 따라 헤매다가 만선으로 돌아오는 항구! 주억의 발길은 선창을 향하여 사람이 그리운 그곳에 삶의 향을 맡고 '돈을 뿌린다'라는 이야기가 돌았다. 그 시절 여수를 여행하는 사람들이 한 번은 구경이나노 하고 싶어 했던 거리는 사라졌고 역 앞과 교동의 병목 지점은 다른 모습이 되었다. 남산동

어류판장은 상인들의 호객 소리로 떠들썩하고 새로운 시장이 형성되어 좌판에서 생선을 파는 아낙과 할머니들은 여수 경제를 살리는데 한몫을 했었다.

여수는 배 한 척만 있으면 부자가 되는 도시! 수산업으로 목돈을 쥐게 된 선원들이 여수 곳곳에 돈을 풀어 둔다며 '여수 가서 돈 자랑하지 말라'는 말이 여전히 통용되던 그 시절 중앙동 해안통 뱃고동 소리에 생선이 지천으로 깔리고 부두로 나가면 밥은 굶지 않는다던 항구 도시 여수는 전국적으로 유명했다.

1970~90년대를 거치면서 여천 중화학공업단지와 광양제철소 등이 조성되었고, 수산물도 풍부하고, 일본 무역 전초기지여서 경제적으로 호황이었던 여수는 자본과 사람이 여수로 몰리며 이 이야기들이 전해진 것으로 짐작한다.

여수는 돈이 넘쳐 '여수=돈'이라는 말이 전해질 때 여수로 가면 재복이 굴러온다며 '여수 가서 돈 자랑하지 말라'는 말이 전해졌고 당시 남해군과 고흥군에서 많은 사람이 여수로 이주하였다. 최근에는 금오 설화 열두 거북 월령가 이야기 등으로도 재복을 이야기한다.

지금 여수는 돈 자랑할 정도는 아니지만, 여수반도는 분리되었던 여수항 일대의 여수시와 여천시, 여천군 3려 통합으로 인구 34만의 전남 제일의 도시가 되었다. 하지만 지금은 인구 28만 명 선이며 감소하는 인구에 미래 여수 발전을 걱정하고 있다.

1) 밀수 이야기

한국 전쟁(1950년) 이후 우리나라는 세계에서 가장 가난한 나라였다. 그 시절은 미군 PX에서 거래되던 물건이 시중에 넘쳐났던 시기이며 70% 이상이 암시장으로 흘러나와 한국은 밀수의 천국으로 기억되기도 했다.

부산의 국제시장과 서울 남대문 도깨비시장에서는 밀수품을 대놓고 거래하기도 했었고, 많은 사람이 밀수 산업의 가지치기로 먹고살았으며 밀수 산업의 몸통은 거대한 부를 추적했었다.

그렇다면 밀수가 가장 활발히 행해진 곳은 어디일까? 경제력이 막강한 일본과 가까운 항구가 밀수품 조달에 용이했고, 다도해상과 섬이 많아 숨길 곳은 많은 최적의 조건을 갖춘 항구도시, 부산과 여수 남부 해안지역이 그 장소가 되었다. 밀수가 활발했던 그 시절 대마도 이즈하라항과 부산을 오갔던 밀수 조직은 세관 공무원들과도 유착되어 있어 공권력을 우롱하고, 남해안을 자기 집 앞마당처럼 설치고 다녔던 시절이다.

1960년대 우리나라는 제조 산업이 전무한 상태에서 공업생산품과 생필품을 구할 수 없었기에 밀수에 의존하여 시장경제가 돌아가는 실정이었고 국가가 밀수를 눈감아 주는 형태가 되어 밀수로 인한 졸부들이 많이 생겼다. 너도나도 논도 밭도 팔아버리고 항구로 몰려들며 세 번 잡혀도 일 회만 성공한다면 돈방석이 될 수 있다는 기대에 많은 사람은 밀수에 투자하기도 했다. 그 당시 여수는 수로와 육로의 교통이 좋아 밀수하기 좋은 항구였고 수많은 사람이 돈을 들고 여수로 와 밀수꾼을 찾아다니며 거액을 투자하다 쫄딱 망하기도 하는 등 사건이 빈번했다.

부둣가 선창의 다방은 밀수꾼 밀회의 장소이며 몇 선주들은 너도나도 어선에 제트 엔진을 달아 밀수선을 위장하고 하룻밤 사이에 일본을 오가며 밀수품들을 나르기도 했다. 일본은 대마도에 밀수 전진기지를 만들어 대대적 장사를 하고, 선박을 가진 몇 선주들은 어선의 선창에 밀수품을 숨길 수 있는 장소를 마련하는 등 바다 해상에서 밀거래된 밀수품을 숨겨 나르기도 했다.

밀수에 성공하면 사람들은 감쪽같이 사라지고, 사기를 당한 빚쟁이들만 돌아가지 못해 선창을 배회하는 모습을 보인다. 밀수로 패가망신하고 심지어 목숨을 잃는 사고가 빈번해지자 사회적 문제를 해결하기 위해 정부가 밀수 소탕령을 내렸다.

가막만 해안에서 채취한 새조개가 국동 포구에 산더미로 쌓이면 추운 겨울날 어촌 아낙네들은 모닥불을 피워놓고 새조개를 손질해 가공한 후 장어, 문어 쥐치 등을 운반하는 활어 무역선을 이용하여 일본으로 수출했었다. 활어선 선원들에게 월급을 많이 지급하지 않았었지만 그래도 일하겠다는 선원이 줄을 섰는데 그들은 물고기를 가득 잡은 만선을 꿈꾸기보다는 일본에서 가전제품을 가져오거나 오토바이 부품들을 챙겨 어창(魚艙)을 채우기 위해서였다. 이 활어 수출선이 가장 활발히 움직이던 곳이, 여수 가막만 해역이며 공식적으로 알려지지는 않았지만, 상황상 밀수선으로 이용되었을 가능성 크다고 볼 수 있다.

폭력 조직과 결부한 밀수 조직은 지역 경제를 좌지우지했다. 인구 13만 명 가운데 4만 명이 밀수와 관련해 먹고산다는 과장

섞인 말이 돌았을 정도다. 그러다 5·16 때 대대적 밀수 소탕전이 벌어졌고 밀수에 대한 죄의식을 크게 느끼지 못했던 이들에게 여수 교동 선창가에서 입수한 밀수품을 산더미처럼 쌓아두고선 밀수가 불법이고 죄라는 인식을 주기 위해 시민들 앞에서 불로 태우는 모습을 보여주기도 했던 그 시절이 있었다.

2) 여수 밀수사건 이야기

정부는 계속되는 밀수를 근절하기 위해 지역 세관에 능력을 인정받은 공무원들을 파견했다. 밀수꾼과 관청과의 부정의 관계, 그들만의 짜고 하는 수작을 막아보기 위해서였다.

1975년 서울대 출신 서정류(당시 34세)가 여수세관으로 발령받았을 때 무법천지 밀수사건으로 기억되는 '제7 삼양호 밀수사건'이 있었다.

그해 8월 3일 대일 활선어 수출 선박의 선주 강 씨 외 7명이 일본에서 밀수품을 싣고 여수로 오면서 밀수품을 해상에서 분선으로 옮기며 반입을 시도했다. 밀수 정보를 입수한 여수세관은 다음 날인 8월 4일 선주 강 씨 등 선원 7명을 연행했고, 8월 5일 저녁 여수세관은 밀수 사실을 자백 받고 현품과 분선한 어선 2척에 대한 수사를 진행하고 있었다.

선주의 두 아들이 세관 마당으로 찾아와 조사 중 아버지가 구타를 당했다며 항의하고 고성을 내었다. 당시 담당 직원인 서 씨는 그런 적이 없다고 맞서고 자신의 임무를 다하는 것뿐이라며 말하자 선주의 아들이 흉기를 꺼내 들어 위협했고 서 씨가 휴대하고 있던 권총을 허공을 향해 다섯 발 경고 발사를 했지만, 형제가 합세해 서 씨를 가해하고 도주했다. 서 씨는 병원으로 옮기는 도중 사망한 사건이다.

이 사건은 전국의 주요 일간지에 대서특필 되었고 온 국민의 관심사가 되었다. 대검찰청이 '여수지역 밀수 폭력 특별 조사부'

를 설치하고 특별 검사를 파견하면서 사건 전모에 대한 수사가 실시되었고 조직 차원에서 밀수를 발본색원하겠다는 조치를 하였다.

대규모 밀수 소탕 작전 결과 여수지역의 밀수 왕으로 불렸던 허봉용과 그 일당이 검거되었고 수사 결과 허봉용을 비롯해 밀수업자와 조직폭력배 81명이 구속되었다. 밀수를 비호하거나 지원했던 세력으로 여겨진 관계 공무원 167명도 교체되었다.

여수에서 밀수범에게 맞선 청년 세관원이 밀수꾼들에게 흉기에 찔려 사망했다는 언론 보도는 밀수와의 전쟁으로 이어졌다. 당시 박정희 정권이 세관원의 희생을 계기로 대규모 공권력을 발동했고 남해안 일대 밀수와의 사생결단이 펼쳐진다.

'허봉용 밀수사건'은 지역 신문뿐만 아니라 중앙의 신문 방송에도 크게 보도된 사건으로 대검찰청에서 특별 수사본부를 현지 여수세관에 설치하고 대검 검사 지휘하에 사건을 수사했다. 밀수범들과 현직 경찰서장, 세관장 등은 밀수를 비호하거나 뇌물을 받은 혐의로 구속되었고 여수는 밀수의 도시로 낙인찍혔다. 남해안 일대를 뒤덮었던 밀수의 현장은 관계된 조직과 비호 하던 현직 경찰서장 및 공무원들이 줄줄이 엮이면서 어둠의 기세가 드러났다. 허봉용은 세관원 출신이었는데 밀수의 총책이 되었으니 당시의 공무원 부정부패가 얼마나 심했는지 알 수 있었다. 공무원이 밀수와 연루되어 징계를 받으면 밀수꾼이 되어버리는 상황이 많이 연출되었다. 여수 밤거리를 장악했던 밀수꾼들의 전성시대는 밀수 근절에 헌신한 젊은 공무원의 죽음으로 일단락되었다.

임무를 다하다 사망한 세관 직원 서 씨에게 옥조근정훈장이 추서되었고 관세청은 교육기관인 관세국경관리연수원에 추모비를 세워 고인의 넋을 기리고 있다. 어린 시절 흔하게 보였던 '메이드 인 재팬'의 스티커, 그리고 미군 PX에서 나왔을 교동 선창가에 진열되었던 물건들이 떠오른다. 그 시절 어쩌면 우리는 밀수와 더불어 살았는지도 모르겠다.

3) '안개 낀 여수항' 이야기

광복 이후 경제 개발의 시대에는 TV보다는 라디오로 방송 프로그램을 청취했었다. 당시 라디오 보급률이 98%에 달했으니 많은 사람은 라디오를 청취하고 방송에서 나오는 이야기는 기정사실인 양 인식하는 경우가 많았다.

밤 10시부터 방송된 MBC 라디오 '법창야화'는 많은 인기를 누렸었다. '법창야화'는 밝은 사회 건설, 인간성 회복 등의 기획 의도로 긍정적 기여도 하였지만, 야화로 방영된 사건들이 내용과 전달 과정 등에서 심각한 왜곡이 있었던 것도 사실이다.

첫 방송인 제1화 '강진 갈갈이 사건'을 시작으로 6년 반 동안 47화를 내보내며 2,015회라는 기록적 방송 역사를 만들었다. 77년 10월에는 '안개 낀 여수항'이라는 소재로 여수의 가막만을 배경으로 밀수와 치정 음모의 도시로 방송을 내보내며 여수 하면, 밀수꾼을 떠올릴 수 있도록 밀수의 도시로 묘사했다. 1970년대만 해도 농어촌 주민들이 방송국에 항의한다는 것은 생각하지도 못할 때다. 법창야화의 방송으로 현지 주민들의 강력한 반발이 있었고 방송국에 항의하러 가는 등 여수시민의 분노가 컸었다.

여수시민들은 '사회 공익을 위한다는 명분은 이해하지만 너무나 흥미 본위로 다뤄 청취자들이 여수와 여수시민들을 모욕적으로 생각할 수 있다며' 방송을 중단해 줄 것을 요구했다. 지방신문 등에 여수시민이 항의 광고를 하는 등 여론이 극도로 악화되어 MBC 측은 당초 60회 분량이던 문제의 라디오 드라마를 40회로 종방하게 이르렀다. 법창야화 방송 내용은 당시 다뤄진 지역마다 끼치는 영향이 매우 컸다. '안개 낀 여수항'도 치정과 음모가 훨씬 악랄하게 묘사되어 여수 전체가 밀수의 도시처럼 표현되면서 시민들은 모욕감을 느꼈다. 밀수의 이미지를 벗기 위한 여수의 노력도 극도화되었었다.

한국 전쟁 이후 최대의 국난이라는 1997년 외환위기에 대한민국 15대 김대중 대통령이 취임하면서 한국의 '금 모으기 운동'이 펼쳐졌다. '국난의 극복이 취미'라는 우스갯소리에 걸맞게 국민들은 너도나도 금을 들고 몰려들었고 그렇게 전국에 모인 금은 석 달간 227t이었다. 실로 막대한 양이다. 한국의 금 생산량은 연간 2.5t인데 3개월간 227t이 모였으니 우리나라에서 100년 동안 산출한 금을 모두 긁어모았다는 이야기가 된다.

1994년 9월 9일 MBC 뉴스데스크에서 현재 금시장 규모가 반지와 같은 장신구용과 산업용을 포함해 120t이 넘을 것으로 추산했다. 그중 순수한 국내생산을 1.4t으로 추정했고 지난해 수입된 금이 34.4t이며 국내 업체의 가공을 거쳐 다시 수출된 양이 26.3t 이어서 국내 8.1t이 남은 셈이라는 발표다. 최소한 110.5t은 밀수에 의해 공급된 것으로 볼 수 있는데 국내 유통된 금의 대부분이 밀수로 보관했다는 이야기가 된다. 한국 경제가 급성장하면서 밀수의 시대는 저물었다. 여수의 이미지는 2012 여수세계박람회 개최로 이제는 해양관광 휴양도시로 변모하였다.

안개 낀 여수항은 이제, 안녕이다!

4) 우리 고장 여수의 역사와 행정구역

_여수 역사

우리 고장 여수는 백제 시대에 육지는 감평군 원촌현으로 불렸다. 통일신라시대에는 원촌현을 해읍현으로 돌산현을 여산현으로 바꾸고 무주 승평군의 아래에 두었다. 고려 시대 초기에는 호족이 지방 행정을 관장하였으나 성종 2년에는 비로소 고려 최초의 지방 과제인 12목제가 실시되었다. 이 때 해읍과 돌산은 승주목에 속했다. 성종 14년 이후에는 돌산현과 함께 한때는 해양도 승주의 속현으로 한때는 전라도 나주목 승주군 아래 지방조직으로 소속을 달리해왔으며 '여수'라는 지명이 이때 처음 등장한다.

고려 충정왕 2년에 영현으로 승격되어 비로소 현령이 부임하고 쌍봉석창에 여수 현성을 쌓아 치소를 마련함으로써 독립된 지방행정 단위가 되었다. 여수현이 독립된 행정 단위로 존재한 것은 불과 50년이 못되었으나 태조는 즉위 5년에 여수현을 혁파하여 다시 순천부에 귀속시켜버리고 말았다. 고려 밀부터 여수 현령으로 재직하던 오흔인이 위화도 화근을 이성계의 역성혁명으로 간주하고 이태조의 직사를 맞지 않은 채 관직을 버리고 은신해 버린 것에 대한 보복이었다. 이때 여수 대신 '원려수'로 불리게 되고 그 뒤 다시 지방제도를 정비할 때는 오히려 여수를 부곡, 항 등으로 낮춘다. 그때까지도 여수를 역향으로 치부해버렸디. 여수는 조선 초기 군사 제도상으로 진례만호와 돌산만호 두 진영을 두는 등 중요한 지역이었고 성종 10년 각 도에 병영과 수영을 두었는데 전라도는 수영이 좌우 2곳이었다. 수영을 맡은 수군절도사는 정 3품 당상관으로 품계로 보면 종 4품의 당하관의 부서보다 윗자리다. 여수는 행정상으로는 종 4품의 당하관, 군사적으로는 정 3품의 당상관 두 수령의 관할을 받은 셈이다. 여수 사람들은 줄기차게 복현 운동을 전개한다. 조선왕조실록을 보면 여수 복현 운동과 관련된 내용이 잘 나타나 있다. 숙종 26년 순천의 유생 박시유가 경종2년에 현부에 상소하여 복현을 주청했고, 영종 1년 지평 이근의 상소로 한때 복현이 되었으나 지평 이광운의 상소, 좌의종 홍치중의 체직소 등으로 여수는 다시 사시 순천에 부속되고 말았다. 영조 3년에는 순천의 유학 김우하가 여수와 순천을 두 고을로 나누지 않을 수 없는 연유를 상소하니, "종중 감처하라" 하였고 이러기를 세 차례, 드디어 여수는 1897년에 끈질긴 복현 운동으로 군으로 독립하여 자치능력을 가지고 다시 태어났다.

여수는 한반도 지킴이로서의 역할을 다했다. 왜구의 우리나라 침략은 고려 시대부터 빈번했다. 1352년 공민왕 원년에는 이곳 장생포로 침범하여 갖은 만행을 저질렀는데 당시 전라 만호 유탁이 여수 사람들과 함께 이를 격퇴시키고 유명한 고려 가요 (동동)을 불렀다. 1383년 우왕 9년에는 관음포인 북쪽에 진을 치고 있는 해구를 순천도 병마사 정지 장군이 여수에서 전열을 가다듬고 이들을 크게 물리쳤다. 1592년 임진왜란 때 여수는 그야말로 처절한 전투 지역이었음을 다 알려진 사실인데 거북선의 건조 등 전라좌수사 이순신 장군의 뛰어난 지모와 여수 사람들의 죽기를 두려워하지 않은 활약은 조국 수호의 견인차가 되었다. 여수 승군들의 본거지 흥국사와 이충무공 및 승군들을 기리는 충민사 및 석천사의 유적에서도 여수 사람들의 의로운 정신을 엿볼 수 있다. 해구들은 왜구들만이 아니었다. 1885년부터 2년간 영국 해군이 여수 거문도를 불법 점거하게 되는데 당시 서구 열강들의 틈바구니에서 저질러졌던 사건이라 해도 이들에 대한 거문도 주민들의 애국적 적대감은 상당했던 것으로 보인다. 전라좌수영에 파견된 일본군들과 관군들에 의하여 강제로 해산돼도, 체포되고, 처형당하는 불행을 겪기는 했어도 동학혁명 때에도 여수 사람들의 의로운 저항은 가상하였다. 이러한 정의로운 정신은 3.1운동과 광주 학생독립운동 등 일련의 나라 지키는 독립운동 기간에도 그대로 보여주고 있다.

일제 강점기 이후 역사는 다음과 같이 간략하게 정리하였다.

- 명치 43년(1910년) 여수군 7개 면장 임명
- 대정 3년(1914년) 돌산군을 폐하고 여수군 (여수, 율촌, 소라, 삼일, 쌍봉, 화양, 돌산, 남면, 화정, 삼산 등)
- 소화 6년(1931년) 여수면, 여수읍으로 승격

대한민국 정부 수립 이후

- 1949. 6. 29. 여수항 개항 선포(대통령령 제130호)
- 1949. 8. 15. 여수읍이 여수시로 승격(대통령령 제161호) 동시에 여수군을 여천군으로 개칭 9개면 관할, 여수시 2정 10개리 26개 동으로 운영
- 1967. 1. 1. 여수시 26개 법정동으로 확정

- 1973. 7. 1. 행정구역 개편(대통령령 제6542호, 73. 3. 12.) 여천군 돌산면 경호리가 여수시로 편입 27개동이 되었으며 광양군 골약면 장도, 송도 등
- 1976. 9. 1. 전라남도 조례 제796호(1976. 8. 30.)에 의거 전라남도 여천 지구 출장소 개소, 여천군의 관할인 삼일면 일원과 쌍봉면 일부(주삼, 봉계, 화산)를 관장
- 1978. 1. 1. 여천군 쌍봉면 잔여 8개리를 전라남도 여천 지구 출장소로 이관
- 1986년 1월 1일 여천군 삼일읍과 쌍봉면이 여천시로 승격되어 여수반도는 여수시, 여천시, 여천군으로 행정구역이 분리되었다.
- 1986. 12. 18. 여수시 통 반 설치조례 제1236호에 따라 247개통 1214반으로 조정
- 1994. 12. 29. 여수시 통 반 조례 시행규칙 제876호에 의거 852통 1772반으로 조정
- 1995. 1. 21. 여천군 189개 운영상 리를 191개로 조정
- 1998. 4. 1. 법률 제54575호(1997. 12. 17.)의 전라남도 여수시 도농통합 형태의 시설 정치 등에 관한 법률에 의거 1읍 6면 26개 법정동 191리(법정리) 582통 3362반으로 전남 제일의 통합 여수시를 맞이함

5) '여수=돈'

금오 설화와 열두 거북 이야기

세계 어느 나라에서 전승되어오는 설화를 보면 '올림포스 12신', '예수의 12 제자', '불교의 12 연기설', '서양의 황도 12궁', '동양의 12 지간설'등 12의 숫자는 중요한 뜻을 지닌 완성의 '수'라고 한다.

전라좌수영의 본영인 여수는 '깨끗한 물'과 '아름다운 풍광'으로 유명하며, 명산인 땅의 기운을 받아 재복과 밀접한 관계가 있는 12 거북 형상의 이야기가 전해진다.

명당자리에 앉아 여수의 바다를 지키고 있다는 설화로, 정월 돌산의 향일암 금 거북, 2월령 사도 거북바위, 3월령 돌산도 금오산 거북, 4월령 백도 거북섬, 5월령 신풍 구암 바위, 6월령 화정면 조발도 산호초 거북, 7월령 백야도 거북바위, 8월령 거문도 거북제, 9월령 금오열도 황금거북, 10월령 자산공원 거북, 11월령 오동도 거북바위, 12월령 제서산 거북등 이야기로 전해진다.

여수의 금오산 향일암과 경남 남해군의 금산 보리암, 그리고 무인도인 여수 세존도를 삼각선으로 연결하면 그 중심점인 금오열도에 용궁이 있어 용왕의 신령스러운 금오들이 살고 있으며 금오가 우리나라 별주부전에 나오는 등이 누런 '금빛 거북'이라 전해지는 이야기다.

용궁에 있던 금오 12마리가 물이 맑고 햇빛이 강한 여수로 일광욕을 왔다가 돌아가야 할 때를 놓치며 금오산에서 바위로 변했다는 이야기가 지금도 전해지며 돈과 행운을 상징하는 금빛 거북이 있는 이곳을 다녀가면 '재복이 굴러들어 온다'는 재미난 이야기로 찾는 이가 많다.

재물은 보이지 않은 곳에 잘 감추어 두어야 오래갈 수 있다며 '여수=돈'이라는 등식에 대해 최근 '금오 설화와 열두 거북 월령가'라는 여수 황금 거북 이야기를 전한다.

'돌산 향일암 금 거북' 이야기

전라좌수영의 본영인 여수(麗水)에는 농가 12 월령가처럼 거북 형상이 천혜의 명당자리에 앉아 바다를 바라보며 흙과 물의 기운을 끌어올린다는 '12월령 거북 형상'이 있다. 옛 선조 때부터 거북의 등은 하늘처럼 둥글고 배는 땅처럼 편편하다 하여 우주의 축도와 같은 형상이니 용신의 딸이라 여겨 거북을 잡으면 다시 바다로 돌려보내 주곤 했다.

천은의 명당 터에서 나오는 깨끗한 물과 아름다운 바다 주변의 물을 마시는 여수는 명산인 땅의 기운을 받아 재복(財福)과 밀접한 관계가 있다고 한다. 재복을 상징하는 소금으로 바닷물이 마르지 않아 재물도 마르지 않는다는 재미난 이야기 때문인지 예전부터 여수는 조석으로 울어대는 여객선의 뱃고동 소리가 부지런한 삶의 현장을 보여주었고 남해안 해양관광의 최대 수산도시로 경제가 활기찼으며 소형기선저인망으로 수산업이 활성화되다 주춤했을 때 산업단지가 들어서는 등 위기가 극복되니 '여수 가서 돈 자랑하지 말라'라는 이야기가 전해지기도 했다.

천혜의 명당 터에 자리 잡은 여수 12 거북 형상 중에 1월령 '돌산 향일암(向日庵)의 금 거북'은 금오산 아래 한번 흔들어 움직이면 불경을 한 회 읽는 것 같은 공덕이 있다고 알려진 흔들바위의 아래에서 등허리에 불경을 지고 왼쪽 안쪽 바닷속으로 잠수해 들어가는 거북의 형상을 말한다.

수평선에서 불어오는 해풍의 맑은 공기를 마시며 절벽을 따라 푸른 바닷길의 기암 비경을 바라볼 수 있는 이곳의 경관은 보석의 반짝임처럼 아름답다. 한려수도의 시작점인 돌산도 끝머리의 깎아지른 높다란 일주문을 걸쳐 291개의 계단을 지나면 절벽 바위에 터를 잡은 암자 굴과 같은 바위 틈새가 나온다. 그 틈을 비집고 오르면 거대한 두 개의 바위가 앞을 막고 있는 사이 석문을 통과해 다른 사찰의 불이문을 통과하는 순간 시야가 확 트이는데, 그곳에 향일암 대웅전이 자리하고 있다.

이곳은 원효 대사가 창건하여 원통암으로 부르다가 고려 때 금오암으로 조선 숙종 41년 인목 대사가 주위의 바위 모양이 거북의 등처럼 되어 있다 하여 거북 구(龜) 자를 붙여 영구암으로 불렀다. 후에 수평선의 일출 광경이 아름답다 하여 현재까지 향일암으로 부르고 있다.

금오산에 숨 쉬고 있는 거북 형상 위에서 붉게 솟아오른 해돋이의 빛과 그 산새의 풍광이 한눈에 펼쳐지는 곳! 향긋한 바다 냄새가 코끝을 휘감아 정월 초하루부터 일출을 보기 위해 수많이 이들이 전국 곳곳에서 4대 관음도량인 향일암 기도처를 찾아오고 있다. 재미있는 스토리가 있는 여수 '금오 12월령 거북 이야기'는 생명의 근원인 바다와 연안을 지켜 주며 여수의 이야기를 더 해주고 있다.

'모세의 기적, 사도(沙島) 거북 바위' 이야기

여수의 금오 12 거북 중 2월령 거북은 '화정면 사도의 거북바위'다. 설화에 의하면 사도의 거북바위는 흙과 물의 기운을 받아 숨 쉬던 거북이 바닷물을 마시며 여수 쪽으로 유유히 헤엄쳐 가는 모습으로, 이충무공께서 임진왜란 시 실물 크기와 비슷한 거북선을 선소에서 건조할 때 거북바위의 모습을 보고 착안하여 건조하고 발진기지로 삼아 세기적 4대 해전인 한산대첩을 승리로 이끌었다는 말이 전해졌다.

임진왜란 시 왜군의 대함대가 쳐들어오자 이곳의 거대한 장군

바위를 지형물로 밀물과 썰물을 이용해 북을 올리고 횃불을 피워 대군이 숨어있는 것처럼 위장하고, 여수 돌산 쪽으로 유인하여 무술목 대첩을 거뒀다는 이야기가 전해진다.

백야항에서 남서쪽(25km)으로 약 1시간 정도 가면 서남쪽 상, 하화도를 거쳐 여수와 고흥 사이의 여자만으로 들어가는 길목에 여수가 은밀하게 감춰둔 모래로 쌓은 섬! 조용하고 아름다운 신비의 '모래 섬'이 있다.

모래 사(沙) 자와 호수 호(湖) 자를 써서 '사호도'로 불렸다가 지금은 사도(沙島)로 불리고 있다. 썰물 때면 육식 공룡 발자국 화석이 선명하게 남아 있고 곳곳에 용 꼬리처럼 생긴 긴 용암 화석과 용암의 흔적, 나무 화석 등을 손으로 만져 볼 수 있는 곳이다. 다리 하나를 건너면 양쪽이 해수욕장이고 그 중간으로 걸어가 해안으로 들어가면 거북바위가 사도를 늠름히 지키고 있다.

해안 그대로의 자연사 박물관인 사도!

시루섬의 기암절벽으로 둘러싸인 퇴적층이 골고루 분포되어 규화목 화석층에서 최근 1.5m 길이의 대형 화석이 발견되었고, 공룡 발자국 화석이 세계 최장(84m)으로 보행 열인 3546점의 발자국이 추도에서 확인되어 천연기념물 제434호로 지정되었다.

음력 2월 초하루 영등날과 백중사리(음력 7월 보름에 조수가 가장 높이 들어오는 때)에 사도의 모든 섬이 이어지는 '모세의 기적'을 보려고 많은 사람이 섬을 찾는다. 바다 한가운데 모래로 쌓은 시도는 2~3일가량 주민들이 살고 있는 7개의 본 도와 무인도인 추도, 간도, 시루섬, 장사도, 나 끝, 연목인 전대성 섬이 해마다 조수간만의 차이로 수심이 낮아지면서 용암이 바닷물과 만나 사도와 추도 사이의 바닷길이 만들고 'ㄷ' 자로 갈라지는 모세의 기적과 같은 신비로운 자연 현상이 일어나고 있다.

공룡 발자국으로 널리 알려진 사도!

기암괴석과 양면이 바다로 트여 있는 곱고 단단한 모래사장과 소나무 숲으로 감춰져 있는 사도의 보물의 명소 거북바위 옆에는 사람 얼굴을 닮은 '얼굴 바위'가 있다. 특히 인근 도서와 섬이 이어지는 은빛 백사장과 기암절벽이 곳곳에 흩어져 장관을 이룬다. 사도와 추도 마을의 집 둘레의 담장은 '강담'구조로 돌의 크기와 형태는 일정치 않으나 큰 돌과 작은 돌을 맞물려 쌓은 방식이 고대 성곽처럼 독특한 동네 전체를 둘러싸고 있는 형태로 옛 돌담길로 인정받아 등록문화재(제367호)로 등부 되어있다.

본도의 포구에서 해안 도로를 따라 들어가면 차별침식과 퇴적층 시 현상을 통해 형성된 거북 바위, 장군바위, 젖샘 바위, 멍석바위, 동굴 바위, 얼굴 바위, 고래 바위, 용미암 등과 기암괴석의 거북이 머리를 쳐들고 있는 독특한 형상의 이 바위들은 섬을 지키는 수호신으로 알려져 있다. 석문을 지나 용궁으로 가는 길에 혹시라도 악귀가 범접할 것을 대비해 용왕이 친히 용궁 장군과 거북을 보내 그 길을 지키게 했다는 이야기가 있는 모세의 기적 '사도의 거북 바위'의 전설은 현재까지도 전해지고 있다.

'돌산 금오산 金 거북' 이야기

돌산 향일암에 위치한 명산인 금오산에는 산 전체 늘려있는 돌(石)마다 한결같이 거북 등껍질 무늬를 닮은 바위들이 쩍쩍 늘어져 있다. 꼭 살아있는 거북 등껍질처럼 육각 무늬를 지닌 바위들이 여기저기 널려 있어 그저 신기하다.

산 형상은 풍수지리상 금 거북이 등에 경전을 싣고 오른발은 바닷물에 담근 상태이며, 왼발은 거북이 막 바닷속으로 들어가는 모습으로 돌산 금오산(해발 360m) 거북의 형상을 알려준다.

여수는 삼면이 바다로 둘러싸여 있다. '아름다운 풍광'으로 유명한 명산인 땅의 기운을 받아 재복과 밀접한 관계가 있다고 전해지는 12거북 형상이 명당자리마다 앉아 여수의 바다를 바라보고 있다.

쇠 금(金), 큰 바다거북 오(鰲) 자의 금오산의 암자가 거북 구(龜) 자를 써서 영구암이라 불리던 기암절벽에 자리 잡은 향일암은 백제 의자왕 때 신라의 원효 대사가 창건한 절이다. 당시에는 '원통암'이라고 했는데 이후 윤필 대사가 수도하면서 '금오암'이라고 이름을 다시 지었다. 이후 숙종 때 인묵 대사가 지금의 위치로 옮겨 지으면서 '향일암'으로 명명하였다. 향일암 아래 임포항이 있는 작은 마을은 조선 시대 이충무공께서 임진왜란 때 사도의 거북바위와 실물 크기와 비슷한 거북선을 만들었다는 이야기가 전해지는 승군의 본거지다.

향일암(向日庵)에서 바라보는 일출의 풍광은 이루 말할 수 없이 아름답다. 금오도 아래 흔들바위와 바위 입구를 조금 지나 비탈길을 오르면 시야가 확 트이는 바위지대 위에 서게 된다. 최남단 끝머리 아름다운 기암 바위지대에는 촛대 바위와 기둥 바위 등 기이한 형상의 바위들이 짙푸른 바다와 어우러져 멋진 경관을 자아내고 수평선의 시야를 가득 메운 은빛 바다의 풍광은 운치를 더해주고 있다.

비탈길 따라 대웅전 뒤 바위산 몬당에 오르면 검푸른 밤하늘의 달과 해가 벗을 하며 해가 뜨는 일출에 붉어 오는 바닷물과 낙조 때 섬에 걸린 한 폭의 수채화를 감상할 수 있다.

율림항 주차장부터 산행길로 올라서면 정상 부근 남면 금오도를 비롯한 저 멀리 팔영산과 나로도 그리고 크고 작은 섬들의 장대한 광경을 볼 수 있다.

향일암 성두마을로 가는 길에 내려서면 자살 바위 근처에서 조망되는 다도해의 풍광은 참으로 아름답다. 이 산 남쪽 수십 길 절벽 위에 자리한 암자의 이름부터가 해를 향해 있다는 뜻이고 이 절경을 안고 있는 산이 바로 금오산이다.

여수의 아름다운 자연경관과 바다와 어우러진 맑은 해풍은 유명하다.

다도해의 첫 일출의 희망의 기운을 받기 위해 잘 닦인 해안 일주도로를 달려와 한국 4대 관음도량 기도 터인 향일암을 찾는 이가 많고 육지와 남면의 바다로 이어지는 화태 대교의 개통으로 전국의 관광객들도 많이 찾아오고 있다.

2012년 여수세계박람회에서는 여수의 돌산도를 중심으로 남해 동쪽 해역을 살아있는 바다, 남쪽 가막만 해역을 숨 쉬는 연안으로 구현하여 여수 바다와 연안을 이야기했다. 한려수도 시작점인 오동도에서 한눈에 볼 수 있는 돌산도 그 끝자락에 위치한 금오산에서 해돋이와 해넘이가 아름답기로 유명한 돌산 금오산을 여수 사람들은 명산이라 부르며 '금 거북'을 기억한다.

'거북섬, 백도(白島)' 이야기

다도해 해상국립공원 최남단에 위치한 남해안 최고의 비경을 자랑하는 백도는 하늘에서 내려보면 섬 전체가 거북 형상이다.

설화를 보면 태초의 옥황상제의 아들이 아버지의 노여움을 받아 귀양을 왔다가 용왕의 딸과 눈이 맞아 바다에서 풍류를 즐기며 세월을 보냈고 수년 후 아들이 몹시 보고 싶은 옥황상제가 신하 100여 명을 보내 돌아오게 하였으나 돌아오지 않고 그곳에 머무르니 화가 난 옥황상제는 아들과 신하에게 벌을 내려 돌로 변하게 하였다는 이야기가 전해 내려오고 있다.

'다도해의 해금강'이라 불리는 백도는 에메랄드빛 청정해역에 봄 향기가 가득한 아름다운 4월이 되면 명당 터에 앉아있는 백도의 거북이 물을 마시면서 여름철의 농사를 도와주기 위해 유유히 헤엄치고 남쪽 28km 떨어진 삼도 쪽으로 이동하니 거북으로 인해 거문도에는 인물도 좋고 부자들도 많이 나온다는 설이 있다.

늦은 봄 4월 모춘(暮春)의 계절에 바다 위 해상에서 조망되는 자연경관이 푸른 숲으로 덮어져 아름답다.

절벽들이 만물상을 이루는 기묘한 봉우리를 합하면 99개로 일백 백(百) 자에서 1개가 모자란다고 하여 한일자(一)를 떼어낸 흰 백(白)을 사용하는 백도(白島)의 명칭이다. 주변엔 크고 작은 39개 무인도와 때때로 물에 잠기는 바위섬이 장관을 이루며 상백도·하백도로 구분하고 있다.

백도는 병풍처럼 늘어선 기괴한 바위 형상들에 따라 이름이 붙여진 병풍·시루떡·삼선·형제·매 바위와 하백도에는(석물·거북·칼등·원숭이) 바위 등이 장관을 이루며 기암절벽의 푸른빛이 절정을 이루고 흐린 날 어둑해질 무렵에는 흰빛이 갈색으로 변해 환상적인 경관을 연출한다.

천연 희귀 조류와 식물들이 제대로 보존되어 있는 풍란, 장수란, 곰솔, 눈향 나무와 흑비둘기 등 아열대 동·식물이 서식하고 있어 희귀한 자연 생태계를 보호하기 위해 생태적 가치가 높은 주변의 다도해 섬들과 함께 국립공원 특별 보호구역으로 관리하고 있다.

백도는 바다 위에 외롭게 떠있는 천혜의 독특한 형상의 기암괴석들이 흩어져 있다. 우뚝 솟은 섬 주위를 한 바퀴 빙 돌아보면 비경은 말로 할 수 없이 아름답고 높고 얕은 바위와 깎아지른 절벽의 그 모습들은 변화무쌍하여 장엄한 선경의 극치가 장관을 이루는 섬이다.

일대가 온통 하얗게 보여서 다도해해상국립공원인 백도(白

島)를 명승 제7호로 지정하고 있다. 백도의 비경은 참으로 아름답고 외딴곳에 이리도 오묘한 바위섬이 있다는 것에 그저 감탄을 자아낸다.

백도여! 영원하라!

'신풍 구암(龜岩) 바위' 이야기

여수시 율촌면 신풍리 구암마을 3개(평지, 가지, 넘어)부락에서 전해지는 5월 단옷날의 바위 이야기이다. 간 지동 부락 북쪽 해안 바닷가에 있는 구암 바위는 거북이 앞발을 적시고 지금이라도 광양만을 향해 바닷속으로 기어들어 갈 것 같은 형상을 보인다.

전설에 의하면 간지동마을에 천년 묵은 거북 한 마리가 등위에 흙을 얹고 해안으로 올라와 모래밭에 알을 낳기 위해 죽은 듯이 엎드려 있었는데 가난한 마을의 한 농부가 부모상을 당하고 묘를 쓸 곳이 없자 흙이 볼록한 지형을 택해 거북 등에다 묘를 쓰게 되었고 그 후 농부가 성묘하러 갔더니 묘는 큰 바위로 변하고 부근에서는 붉은 피가 솟아올랐다는 이야기가 전해졌다.

비록 살아 있는 거북 등에 묘를 썼지만, 그 거북은 오히려 길

흉을 점치는 영물(物)로 마을 주민들의 안녕과 풍년을 기원하는 의미가 담겨 이 바위를 마을 사람들은 '구암 바위'라 불렀고 마을 지명도 구암(龜岩) 마을이라 했다.

이 마을은 구암 별묘라는 서원과 고려 공민왕 때의 차 씨의 집단촌으로 문절공 차원부 교지(차 문절공의 공유사 목판)라는 유물이 전해오고 있다. 마을 북쪽에 땅이름을 한자로 옮기면서 웃을 소(笑)에 용 용(龍)으로 표기해 웃는 용 모양이라는 뜻으로 소룡단 마을이라 불리기도 했다.

우리 민족은 장수뿐만 아니라, 재복(財福)의 능력을 보여주는 일들이 거북을 통해 일어난다고 믿었다. 그래서 인간이 거북을 해했을 때 가져올 재앙에 대한 두려움이 있었고 훌륭한 인물의 탄생이나 삶과 관련된 의미를 새기면서 해마다 정월 대보름과 모내기를 끝낸 5월 단옷날은 풍년을 기원하는 기풍제를 지냈다. 또한, 마을 사람들은 '신(神)처럼 높다'라는 뜻으로 이를 합쳐 '높은 신이 오시는 날'이란 뜻으로 온 산과 들이 푸름을 더해가는 단옷날(수릿날) 산에 자라는 수리취나 쑥으로 떡을 만들어서 서로 나누어 먹었다고 한다.

특히 단오에는 세 마을 주민들이 이곳에 모여 바위에 올라간 사람은 그해 조상의 성묘를 하기도 하고 창포 삶은 물에 머리를 감아 풍년과 행운을 점쳤다. 마을 사람들은 바위 밑에 모래가 많이 쌓이고 잔디가 잘 자라면 풍년이 들고, 모래가 적게 쌓이고 잔디가 마르면 흉년이 든다고 믿기도 했다. 바위에 앉아 등껍질로 점을 치면서 이웃 마을에 서로 부채를 교환하고 건강과 행운의 인사를 나누기도 했다. 바위 주위에 모기가 없어 마을 사람들은 해마다 여름밤이면 평평하고 넓은 바위에서 더위를 피해 잠자는 곳으로 이용하기도 했고, 구암 바위가 땅의 기운을 받아 이곳을 지켜준다고 믿었다고 한다.

율촌면 신풍리 구암 마을 주변엔 한센 치료병원인 애양원(1911년)이 설립되면서 한센 환자들이 집단 기거했던 도성마을 집단촌이 생겼다. 이곳에 나병환자들을 치료하면서 선교 활동했던 손양원 목사가 설립한 애양원 교회는 두 아들과 함께 순교한 곳으로 지금도 손양원 목사 내외분과 두 아들의 묘가 있는 곳이다. 구암 마을은 한국교회 '순교 성지'로 불리고 민족 지도자 손양원 목사 순교 기념관과 순교 공원, 애양원 교회와 역사관 등이 있는 곳으로 남도 순교 정신이 고스란히 남아 있는 곳이기도 하다.

'조발도(早發島) 거북' 이야기

여수시 화양면 이목리 벌가 마을 둔병섬을 지나서 적금도 가는 길목의 작은 섬은 아침 해가 일찍 떠 섬 전체를 밝게 비추어준다. 이른 조(早) 자 쏠 발(發) 자를 써 조발도(早發島)라고 불리는 이곳은 지형이 말 등처럼 생기고 평지가 없는 경사지로 되어 주민들은 삐뚤이 동네라고 부르기도 했다. 적금도 바로 옆에 위치한 조발도의 일출과 낙조의 빛의 변화를 감상하면 더할 나위 없는 자연의 모습을 볼 수 있다.

조발도에는 홍 선장과 거북의 이야기가 전해진다.

6월 보름, 조발도 마을에 거주한 홍 선장이 고기를 잡으러 바다로 나갔다가 풍랑에 선박이 난파되어 의식을 잃게 되었다. 평소 착한 심성의 홍 선장은 고기를 잡을 때도 어린 물고기는 살려주고 작은 산호가 잡히면 제자리에 돌려놓는 정성을 다했다고 한다. 그런 홍 선장이 의식을 잃고 바닷속으로 들어가자 큰 거북이 나타나 홍 선장을 등에 태우고 안전한 모래밭에 내려놓고 사라졌다. 정신을 차린 홍 선장의 목에는 진주가 걸려있었고 저녁 노을빛을 받아 유난히 빛나는 진주의 모습을 보니 보통의 것이 아니라고 모두 짐작했다. 홍 선장은 거북 덕분에 살았고 목에 걸려있던 진주를 팔아 마을 주민들과 나눠 마을이 부자로 잘 살았다는 이야기가 전해 진다.

마을에서 오른쪽에 보이는 무인도는 새(솔개)가 날아가는 모양처럼 황토색의 섬으로 길게 이어져 있어 '솔개섬'이라 부르고 있다. 그 주변 상닭섬까지 바다 밑 해저에 널려 있는 산호초 사이에 명주실 꾸리가 한 꾸리쯤 들어간다는 등선굴에 살고 있는 '금 거북'이 홍 선장을 등에 태워 모래밭에 두고 갔고 홍 선장의 고운 마음씨에 바다가 상을 내렸다고 지금도 마을 주민들은 믿고 있다.

화정면 여자만 초입의 관문으로 고흥반도와 불과 2.5km 떨어진 적금도(積金島), 낭도(狼島)가 인접해 있는 화양반도의 조발도(早發島)와 둔병도(屯兵島), 사도(沙島), 추도(鰍島)로 연결된 조발도에는 이순신 장군이 세웠다는 봉화대가 적금도 요막산에 남아 있다. 인구 감소로 정기여객선이 폐지되면서 화양면과 가까운 이목리 벌가 포구에서 도선을 운항한다. 하지만 여수시와 고흥군을 연결하는 국도 77호선인 4개 섬(조발도·둔병도·

낭도·적금도)을 연결한 총연장 17km 구간의 연륙교가 2차선으로 착공(2011년 12월)하여 개통(2020년 2월)되면서 여수에서 조발도까지는 자동차로 20분이면 도착하는 가까운 이웃의 섬이 되었다.

섬 내에는 경운기도 없이 원시 농법으로 소규모 생산체계를 유지하고 있다. 참 소박한 섬의 반농반어의 전형적인 마을이다. 보리가 익어가는 계절이면 들과 산에는 나물이 지천이고 맥주보리와 고구마, 황금약초·콩·마늘·무 등이 부수적으로 생산되고 있다.

연근 바다 주변에는 좁은 골목길과 경사진 길 사이에 집들이 모여 있는 아름답고 작은 섬이다.

인근 둔병섬은 옛 문헌에 '두음방도'라 소개된다. 연못의 여수 사투리 '둔병'이라는 이름을 사용한 것으로 보아 마을 형상이 큰 연못 모양으로 생겼다 하여 지어진 이름인 듯하다. 마을 앞에는 둔병처럼 해안이 무한정 길고 넓게 펼쳐져 산마루에서 보는 이곳의 절경은 감탄사가 절로 나온다.

조발도 사람들은 거북은 하늘에 사는 영물로 천지의 기운을 흡수해서 만물을 낳는다고도 하여 동내 위 당집에 위패를 모시고 정월 대보름이면 당산제를 지내고 있다.

장수를 상징하는 거북! 당산제를 지내고 재미로 제비를 뽑아 당첨된 사람은 한 해 동안 금칙으로 육고기를 먹지 않고, 초상집이나 결혼식 불이 난 곳 싸우는 곳 등에 가지 않는 등 동네일과 개인사에 참긴하지도 않는나는 풍습을 재현하기도 하며, 전해지는 이야기로 기록해 두기도 한다.

'백야도, 거문고 별자리 거북' 이야기

여수(麗水)에는 천혜의 명당자리마다 거북 형상이 자리하여 바다를 보며 흙과 물의 기운을 다해 도움을 주는 12월령 거북 이야기가 있다.

그중 백야도에서 전해오는 거북 이야기는 무엇일까?

백야도에서 말을 훈련 시킬 때면 거문고 소리를 들려주었다. 거문고 소리를 듣고 바다거북이 백야도로 찾아와 거북 등껍질을 말리고 몽글몽글 파도에 잘 닦인 몽돌밭 해변에 올라와 강한 태양 빛의 일광욕을 즐기고 사라졌다고 한다.

하늘과 바다가 만나고 견우직녀가 까막까치들이 만들어 놓은 오작교에서 만나는 음력 칠월 칠석이 되면 거북의 등껍질로 만들어졌다는 거문고 별자리를 여름부터 가을까지 은하수 서쪽에서 볼 수 있다.

백야도에 찾아든 거북이 거문고 소리를 듣고 다시 별자리가 되어 자신의 등껍질로 거문고를 타고 있다는 이야기가 '7월령 백야도 거문고 별자리 거북 이야기'다.

여름밤을 장식하는 별자리! 초저녁 여름 하늘부터 가을까지 직녀별과 여름의 대삼각형을 이루고 은하수 서쪽에서 직녀별 옆의 별들이 평행사변형으로 이어지면서 너무나도 밝게 반짝이는 한 개의 별이 보이는 그것이 바로 거문고 별자리다. 이 별자리가 유성우로 띠를 이룰 때 거북이 용궁으로 들어가 다시 별자리가 되어 자신의 등껍질로 거문고를 탄다는 재미난 설이다.

임진왜란 당시 난을 피하기 위해 창원황씨가 최초로 섬으로 들어와 지금의 섬마을이 형성되었다. 백야 마을 주민들은 칠월 칠석에 당제를 모실 때 사내들이 몸과 마음을 깨끗이 하고 제를 올려야 마을에 액운이 없다 하여 임산부들이 모두 동두마을인 '동 머리'로 피신케했던 전통적인 문화가 있는 곳이다.

난중일기에서 화양면 장수리 봉아산과 화정면 백야산을 같은 지역으로 바라봐 봉화를 알렸다는 기록이 있다.

백야도는 4면이 바다로 둘러싸인 여수 해안으로 남쪽의 가막만 서쪽의 고흥반도 사이에 여자만이 자리하고 있고 화정면 끝자락에 위치한 아름다운 섬이다.

백야산(286m) 정상에 위치한 가장 높은 산봉우리 '백야봉' 또는 '백화봉'이라 불리며 멀리서 보면 연꽃 봉우리처럼 보이기도 하고 마을 뒷산에 범(虎) 모양의 돌들이 모두 흰(白)색을 띠고 있어 범이 새끼를 품고 있는 것 같다 하여 백호(白虎)도 라 칭하다가 투구처럼 둥실한데 산 정상에 석문이 있는 석보가 있어 백야도란 지명을 얻었다.

주위의 섬과 가막만 여자만의 해안이 하얗게 부서지는 파도와 검은 그림자를 드리우는 아름다운 풍경이 지리하고 호수에 해송이 덮이듯 잔잔하고 청정한 낭만의 섬이 바로 백야도다.

섬 주변은 화양면·제도·개도·월호도·낭도·사도·추도·상화도·하화도 등 인근 섬을 연결하는 연락선 중심의 역사가 깊은 거북 머리 등대가 있고 1928년 12월 10일에 처음 불을 밝혔다.

장구한 세월 동안 하루도 쉬지 않고 밤바다를 밝혀온 등명기는 백야도 밤바다를 오고 가는 크고 작은 선박들의 안전항해를 위해 한결같은 마음으로 행복의 불을 밝혀주던 백야도의 등대다.

백야대교(2005년)가 개통되면서 등대까지 차를 타고 쉽게 드나들 수 있다.

한려수도 시작점인 여수시는 11개 연륙교 중 6개 연도교가 고흥까지 이어져 아름다운 섬과 다도해 여행을 즐기려는 사람들의 발길이 이어지면서 접근성이 용이한 백야도가 섬의 중심지가 되었다.

아름다운 백호산 아래 몽돌밭 포구에 칠월이면 찾아오는 거북들이 일광욕을 즐겼다는 백야도! 재미있는 전설의 흔적이 지금도 전해지고 있다.

'거문도(巨文島) 거북 축제' 이야기

전남 여수시 남서부 해상에 있는 신비의 섬!

고도, 동도, 서도 3개의 섬으로 이루어진 거문도에는 8월 거북 축제가 있다. 봄 향기 가득한 4월이 되면 다도해의 해금강이라 불리는 백도에서 청정해역의 물을 마시고 놀던 백도 거북이 여름철 농사를 도와주기 위해 남쪽 28km 떨어진 삼도 쪽으로 이동한다는 이야기가 있다. 이 거북 때문에 바닷물이 소금을 만드는 맷돌과 같이 재물을 만들어주어 삼도인 삼산면 거문도는 재물이 마르지 않고 인재와 부자가 많이 배출되었다는 이야기가 있다.

늦여름 거북 한 마리가 상처를 입은 채 너울 파도에 밀려 서도리 바위 해변에 올라온 것을 마을 주민들이 잡아먹었고 그 후부터 풍부했던 어장에 수년간 고기도 잡히지 않고 흉년마저 드니 한동안 민심이 흉흉해졌다고 한다. 그러다 얼마 후 서도 유림해수욕장 앞 해변에 이상한 돌 하나가 떠올라 있는 것을 보고 고기잡이를 마치고 집으로 돌아오던 '덕촌 추 씨'가 돌을 건져 보았다가 다시 물로 던져버리니 돌이 추 씨를 졸졸 따라왔다고 한다. 보통 돌이 아니라고 생각하고 그 돌을 건져 집 앞 해변의 좋은 곳에 추 씨가 가져다 두었다.

그날 밤 꿈에 백발노인이 나타나 자신은 남해의 용왕인데 섬사람들이 너무나 가난하게 살아가 자기 아들을 돌로 만들어 섬에 보내니 수호신으로 섬기면 길할 것이라는 말을 전하고 사라졌다.

그 후 거문도 주민들은 동해의 청룡, 남해의 적룡, 서해의 백룡, 북해의 흑룡, 중앙의 황룡이 각 바다를 관장하는 용왕이라 믿었다고 한다. 마을 사람들은 노루섬 정상에 제각을 짓고 용왕의 사자인 거북을 잡아먹은 탓에 마을이 흉흉하니 죽은 거북을 달래주기 위해 매년 음력 선달그믐이면 처음 거주한 추 씨 할머니를 수호신으로 모시고 기원제를 지냈다는 풍습이 전해졌다.

어로작업을 하다 고인이 된 수중고혼을 달래는 의식과 안전과 만신을 기원하는 거북 용왕제를 지내다가 요즘은 풍어제와 은빛 갈치 축제 행사로 매년 8월 행하고 있다.

구한말(1885년)에는 영국군 함대가 불법 점령하여 2년간 어업의 전진기지였던 거문도를 군사 전략적 요충지로 사용했었다.

심 주변이 빙풍처럼 둘러싸여 있는 남해 반도의 은빛 바다 110여 년의 장구한 세월 동안 하루도 쉬지 않고 밤바다를 밝혀온 해양 안전을 책임지는 최초의 최남 등대(1905년)가 있는 이곳! 주변의 밤바다에 크고 작은 선박이 안전항해를 할 수 있도록 한결같이 머무른 늠름하고 고마운 우리나라 제1의 등대 촉광이 약 40km에 이른다.

거문도의 3개 섬 고도, 서도, 동도를 연결하는 삼호교(1991년)와 거문대교(2015년 9월)가 완공되어 세계 4대 미항 여수를 찾는 관광객들에게도 명소로 알려지면서 거문도를 찾고 있고 마을버스가 섬 안을 운행하며 주민들과 관광객들의 교통 편의를 제공하고 있다.

독특한 섬 문화가 있고 아름다움이 있는 거문도!

전라남도 무형문화재 1호 이자 초등 음악 교과서에도 수록되어 있는 '거문도 뱃노래'는 섬의 자랑이다. 바다 냄새를 물씬 풍기며 아름다운 전경을 자랑하는 전국에 소문난 '가고 싶은 섬 거문도'로 잃어버린 낭만을 찾아 전국에서 많은 이들이 찾아오고 있다.

'금오도(金鰲島) 황금거북' 이야기

남해안 지역을 중심으로 다도해 해상국립공원인 금오도·화태도·두라·횡간도·안도·연도·수항도 등 30여 개 유·무인도로 이루어진 반도를 금오열도라 한다. 열도 중 제일 큰 섬 금오도(金鼇島)는 '황금 거북(자라)의 섬'이라는 뜻으로 숲이 우거져 섬이 검게 보인다고 하여 '거무섬'이라고도 부른다.

전라좌수영의 본영인 여수(麗水)에는 12 거북 형상이 천혜의 명당자리에 앉아 1년 내내 살아 숨 쉬듯 주변의 바닷물을 마시면서 명산인 땅의 기운을 받고 흙과 물의 모든 기운을 끌어올려 여수를 지켜준다는 이야기가 있다.

상생의 9월은 황금(黃金) 거북의 이야기다.

설화에 의하면 후백제 건국 공신인 김총 장군의 자녀 중 가장 명석했던 아들을 지키기 위해 안전한 금오도의 천년 암흑 속 용암동굴에 두었다가 그곳에 있는 황금 거북에게 마법을 걸어 아직도 깨어나지 못하고 있다는 설로 거북과 물의 만남은 소금으로 재물을 만들고 바닷물이 마르지 않아 재물도 마르지 않는다고 이야기로 연관 지으며 돈과 밀접한 관계를 연결한다.

금오열도 주변에는 보물선이 있는데 바다 및 350m에 거대한 흑산호 군락지 산호초를 황금거북이 지키고 있기 때문에 보물선까지는 근접할 수 없어 아직까지 그 보물은 남아 있다고 전해오고 있다.

금오도의 최고봉은 대부산 정상에 칼이봉(해발 272m), 옥녀봉과 남쪽에 봉화대가 있는 망산(해발 344m) 중심으로 이 섬은 지형이 황금거북을 닮았다 하여 금오도라 불리고 있다. 열도는 잔잔한 바다와 맑은 공기가 시간이 지남에 따라 대자연의 변화를 보여주어 풍경이 아름다운 곳으로 유명하다.

설화에 의하면 선녀 4명이 마을에 내려왔다가 옥녀 한 선녀만 하늘로 올라가지 못하고 인간과 인연을 맺어 우학리에 살았다고 전해오고 있다. 옥녀가 베를 짜며 생활했다고 해서 붙어진 이름 직포 마을, 뽕잎을 이용해 누에를 쳤다는 모하마을, 곡창지대에 누에와 곡식을 교환하는 도량형이 필요해 만들어진 두포, 아름다운 금오도 해안선을 따라 기암절벽으로 이루어진 아홉 골짜기의 절경이 만들어져 이 절경을 상징하는 함구미와 산 들머리에는 검 바위·소유·대유·여천 등의 아름다운 지명이 있다.

남해안 다도해 해상국립공원 위쪽 월항과 달리 목을 보면서 북서쪽에 있는 개도, 북쪽의 월호도·두라도·화태도·나발도·대횡간도·돌산도, 남쪽의 안도·연도(鳶島, 소리도) 등 섬들마다 파도의 침식 작용과 풍화 작용에 의해 해안에 생긴 깎아지른 언덕과 굴등 절벽은 가을의 바다가 얼마나 아름다운지 보여주며 보석처럼 박힌 해양경관으로 절경을 이룬다.

황금 거북이 열도의 절경을 지켜주고 있는 것일까?

우리 지역 설화와 문화에 관심을 갖게 되며 생활 속에서 쉽게 찾아볼 수 있는 친근한 지역 학문 이상으로 자연의 생동감 넘치는 금오도 비렁길을 트래킹 하면서 잃어버렸던 활력을 찾아볼 수 있을 것이다.

다도해 해상국립공원인 금오열도의 큰섬 금오도! 섬의 줄기 끝부분이 용(龍)의 머리와 닮았다 하여 붙여진 이름 용두리, 함구미의 용두암 아래 해저 동굴에 해수가 들어오는 밀물 때 동굴이 잠겼다가 해수가 빠져나가는 썰물 때면 해저 동굴이 드러나고 있다. 여기에 살고 있는 마법에 걸린 황금거북과 은어공주가 자신이 누군지 모르면서 9월 보름달이 뜨면 동굴 밖으로 나온다는 흥미로운 이야기가 전해오고 있다.

설화 속에 지금도 전해지는 금오도 황금 거북 이야기는 열도 주민들의 생활감정과 풍습을 재미나게 보여주고 있는 이야기다.

'자산 금 거북' 이야기

여수 12거북 이야기의 거북은 1월령 돌산 항일암 황금거북, 2월령 사도 거북바위, 3월령 돌산 금오산 금 거북, 4월령 백도 거북, 5월령 신풍의 구암 바위, 6월령 조발도 거북 이야기, 7월령 백야도 거문고 별자리, 8월령 거문도 거북제, 9월령 남면 금오도 황금거북, 10월령 자산공원 금 거북, 11월령 오동도 거북바위, 12월령 제석산 거북 형상이 있다.

여수 8경을 한눈에 조망하는 동남쪽 끝자락 바다와 접한 자산 동산은 남해바다 위에서 아침 해가 떠오를 때면 그 빛을 받아 산의 색깔이 아름다운 자색으로 물든다고 하여 붙어진 지명이다. 자산에서 나오는 깨끗한 물과 청정바다의 물을 마시면서 땅의 기운을 받는다는 재복(財福)과 밀접한 관계가 있는 10월의 거북은 자산 금 거북이다.

자산의 지형은 남해안 쪽으로 바닷물을 마시려고 내려가는 거북의 모습이다. 오동도 주변의 산과 바다를 날아다니는 갈매기들 눈에는 쉽게 보이겠지만 공원에 오르는 사람들의 눈에는 살띄지 않는다. 시월 갈매기만 알던 자산에 살고 있는 토끼가 남해바다의 거북을 만나 오동도에 보물을 다 주었다는 이야기가 전해온다.

남해안 바다 위로 솟아오르는 일출을 바라보며 밀려드는 해풍과 탁 트인 전망이 속마음까지 시원하게 해주는 곳이고, 자산은 충의를 위하여 돌아가신 분들의 거룩하고 고귀한 희생정신과 업적을 기리기 위한 역사의 호국 성지 공원이 있다.

이순신 장군의 동상과 6·25전쟁과 월남전 참전 유공자 3982위의 호국 참전 유공자의 현충탑, 여순사건 당시 산화한 80위 경찰관의 충혼탑, 임진란 당시 순직한 수군들의 영령을 기리는 임진란 호국 수군 위령탑, 학도병을 비롯한 고귀한 선열들의 위패가 모셔져 있는 곳이다.

현재 시민들의 휴식공간으로 이용되고 있는 자산공원은 돌산에서 자산으로 이어지는 해상 케이블카가 있다. 바다를 지나가는 아름다운 풍광과 시가지의 빼어난 경관을 한눈에 볼 수 있어 관광명소가 되었다. 경관을 잘 조망할 수 있게 자산 인근에 종화동과 돌산읍 우두리 마을을 연결하는 길이 744m 주탑 높이 90m인 돌산 2대교(거북선대교)가 개통(2012. 4. 12.)되었다. 하지만 진도대교의 복선화나 고흥 거금대교에 있는 자전거 및 보행자 도로가 구분된 복층 교량으로 개통된 게 아니라 돌산지역 교통이 소통되는 연륙교 역할은 수행되나 종화동 공원 쪽으로 소통되는 도로가 없어 아쉬움이 남는다.

한려수도 시작점인 자산에서 한눈에 담을 수 있는 해돋이와 해넘이가 아름답기로 유명한 자산공원은 여수 사람들은 '진산'이라 부르고 있다. 이곳에 바라보면 보이는 세계박람회장은 '살이 있는 바다 숨 쉬는 연안'의 주제를 그대로 보여주는 듯한 비경을 보여 그저 신비롭다.

시월 자산의 풍광은 아름답다. 자산의 금 거북이 명당자리에 앉아 인간에게 복을 안겨주고 여수를 지켜준다는 이야기가 전해 내려오니 자산에 들러 그 모습을 찾아보는 것도 재미난 추억이 될 것이다.

'오동도(梧桐島) 약속 거북' 이야기

'오동도'는 오동나무가 많은 섬으로 형세가 거북이 물을 마시며 재복을 등에 업고 육지로 헤엄치는 모습 같다고도 하고 오동잎과 닮았다고도 하여 그때부터 오동도라 불렸다 한다.

오동나무 열매를 따먹기 위해 오동도로 날아든 봉황을 보고 왕조에 불길을 예감한 고려의 신돈에 의해 봉황이 오지 못하도록 오동도의 오동나무를 모두 베어 버렸고 그 후 봉황이 나타나지 못했다는 전설이 있다.

지금의 오동도는 오동나무 한 그루 없이 빽빽하고 무성하게 자란 신우대와 사시사철 거센 해풍을 맞고 자라 동백나무들이 군락지를 이루고 있나.

오동도의 동백나무에도 가슴 시린 설화가 전해진다. 오동도에 살고 있던 어부가 고기를 잡으러 나간 틈을 노렸던 도둑이 그의 아내를 탐하려 하자 여인이 도망을 가다 낭떠러지에서 떨어져 죽게 되었고, 바다에서 시신을 거둔 어부가 오동도 기슭에 부인을 묻자 그 자리에 부인의 순정으로 피어난 동백꽃과 특히 푸른 절개를 상징하는 신우대가 돋아났다는 이야기다.

오동도는 지조와 절개를 상징하고, 올곧게 10월 자산에서 오동도 남해바다로 내려가는 거북이가 인간에게 복을 주며 지역을 지킨다는 오동도의 약속 거북의 이야기가 상징화되었다. 이런 오동도는 해풍을 맞는 죽도 청풍의 거북 형상이 푸른 바다와 탁 트인 전망으로 여수의 상징이 되어 시민의 사랑을 듬뿍 받고 있다.

여수의 혈맥인 연등천에서 오동도로 통한다는 용굴이 있다.

이 용굴에는 비가 오면 오동도에 사는 용이 지하 통로를 이용하여 연등천 건 바위까지 와서 빗물을 먹고 갔다는 이야기가 전해진다. 특히, 자산 동산에 살던 토끼가 남해바다의 거북을 만나 오동도 구경을 시켜주면 보물을 주겠다고 약속을 했으나 구경을 모두 하고서는 보물을 주지 않고 도망가자 오동도 거북이가 토끼를 다시 오동도로 유인하여 토끼의 껍질을 벗겨 벌을 주었다는 이야기가 있다. 몸이 아파 억새밭을 뒹굴던 토끼가 그 후 하얀 털옷을 입게 되었고, 충격으로 소리를 못 내게 되었는가 하면 거북에게 약속했던 오동도의 보물을 다 주게 되었다는 재미있는 이야기가 전해지며 여수의 풍요로운 재물과 부를 이야기하기도 한다.

구국의 성지 여수에서 이충무공께서 사도의 거북바위 형상을 착안하여 거북선을 건조했고, 남해 앞바다의 해전에 출전할 우리 수군들의 전략 무기인 화살은 오동도의 신우대를 베어 만들어 전투에 사용했다. 지금도 신우대는 오동도에 번창하고 있다.

기암절벽이 조화를 이루는 절경 속에 동백 숲에서 오동도의 아기 동백꽃은 입동 무렵 꽃이 피기 시작하다 12월부터 추위를 이겨내고 겨울에 피며 앵두보다 더 진한 빨간 동백꽃이 만개한다. 한번 피고, 땅에서 한번 피고, 마지막으로 가슴에서 한번 핀다는 오동도 동백꽃은 2~3월까지 피었다가 4월이면 땅에 내려 핀다. 물과 빛 음악이 한데 어우러져 춤을 추는 음악 분수가 있는 곳! 푸른 바다 위를 가로지르는 동백 열차 등 갖가지 시설을 갖춘 여수 오동도는 볼거리가 많아 관광객이 많이 찾는 전국의 명소가 되었다.

여수시민이 사랑하는 섬!

사시사철 아름다운 동백꽃을 피우고 푸릇한 신우대가 자리를 차지하는 황금의 섬! 오동도의 동백꽃은 진실한 사랑을 뜻하는 꽃말이 있다. 동백꽃은 향기롭고 꽃의 수술인 노란색은 평화와 재복을 나타내어 동백꽃과 동백나무는 여수시의 상징이 되었다.

오동도의 형세는 밝은 햇살과 푸르른 바다가 함께 한다. 바닷물을 마시면서 재복을 등에 업고 살기 좋은 미항 여수를 향하는 오동도 거북 형상은 약속을 지키기 위해 날마다 명당자리에 앉아 여수를 바라보고 있다는 재미있는 이야기! 오동도의 밝은 햇살과 푸른 바다가 계속 이어져 살기 좋은 우리 여수의 이야기가 계속되길 바란다.

'황금이 제석산 섣달 거북등' 이야기

제석산 섣달 거북등 이야기는 광양만권을 바라보고 하늘과 바다와 산이 어우러져 아름다운 남해바다를 끼고 있는 삼일동 낙포 제석산(336m)에 얽힌 흥미로운 거북 이야기이다.

여수에는 천혜의 명당 터마다 깨끗한 물과 아름다운 풍광으로 유명한 명산에서 땅의 기운을 받는 재복과 밀접한 관계가 있다고 전해지는 12거북 형상이 있다. '재물은 보이지 않는 곳에 잘 감추어 두어야 오래갈 수 있다'라고 '여수에서 돈 자랑하지 말라'는 말로 연관 지으며 재미있는 거북 이야기들을 한다.

함구미 마을입구 명당자리에 거북바위가 앉아 바다를 향해 목을 빼고 입을 벌리면서 물속으로 들어가는 형상이라, 바위 아래 거북꼬리에 해당되는 함구미 마을 주변에 단진개 절터가 있었다. 이곳에서 항시 깨끗한 물이 검은 돌밭 포구로 흘러 내려오는 것을 보며, 마을에서는 섣달그믐이 되면 제를 모시면서 풍악을 울렸다. 그리고 예부터 이곳에 막대한 재물을 숨기고 있다는 거북등 이야기가 전해오고 있다.

호구총수(戶口總數)에 따르면 고려에 절개를 지킨 공은(孔隱) 선생은 중국 공자 52대손으로 원나라에서 벼슬을 하다 원나라

노국 공주가 고려 공민왕과 결혼하자 수행원으로 와서 귀화했다가 조선 건국을 불의라 여겨 조선 초에 낙포에 유배된 인물이다.

공은 선생이 돌아가시자 학 두 마리가 3일간 슬퍼하듯 울면서 공중을 빙빙 돌다 이곳에 떨어져 죽었다고 하여 이후 사람들이 이곳을 삼일포와 낙포(洛浦)로 부르게 되었다고 한다. 삼일포의 유래는 삼일면 낙포(삼일포) 진례 마을이 여수 본향이며 반도의 중심지였다. 원래 육로보다 해로가 발달된 고장으로 삼국 시대부터 일본에서 백제로 가는 항로가 하동포구에서 배를 타고 남해 낙포로 연결된 해로가 최단의 통로였다.

지금은 행정구역이 통폐합되어 사포리(沙浦里)·신덕리(新德里)의 일부가 병합되어 낙포가 되어 바다는 동·서·북쪽 상암천(上岩川)이 남에서 북으로 흘러 광양만과 접하고 있다. 상암동을 굽이쳐 흘러들어온 냇물과 섬진강 하구의 민물이 바닷물과 서로 합류하는 지점이어서 남쪽 상단 아래 바다에서 밀려오는 해풍으로 어·패류가 산란 및 서식하기에 최고의 조건이 갖추어진 천혜의 보고로 평가받았다.

푸른 바다 위로 솟아오르는 아침 일출의 기운을 받아 혈맥이고 금맥인 산등선에 재물을 품은 제석산! 그곳의 여수산업단지가 들어오면서 자연마을의 흔적은 역사 속으로 사라졌지만, 그 자리는 석유의 최고 에너지원인 정유와 가스 비중 문제가 있고 산등선 속에 가스탱크를 만든 비축기지를 거머쥐고 있는 최첨단의 산업기지 공단으로 변화했다. 그 후 함구미 터널을 지나면 사포, 낙포, 월내로 이어지는 도로가 개통되면서 낙포 부두가 조성되어 산단의 해상물류 국제항만으로 변하였다.

삼일포에는 조선포·낙포 하촌 함구미·광양포·묘도·읍포 마을을 중심으로 방어도는 임진왜란 시 왜적을 물리쳤던 조선 전선(戰船) 함대를 배치하여 군선을 수리하였던 배무시(조선소)가 있었다. 그리고 공업단지 부지조성으로 많은 유적지와 공은의 묘와 낙영재(樂英齋), 아천정(鵝川亭), 고려의 충신 공은을 모신 사당인 여일재(麗一齋), 흥학비(興學碑), 1890년경에 건립된 서당 아천재 터 등이 있었지만 주민들이 모두 이주하면서 역사 속으로 사라졌다. 그래도 여수 사람들은 삼일면 제석산이 명산이라 여기고 제석산 거북등 이야기는 계속해서 전해 내려오고 있다. 거북 터는 세 곳만 밟아도 부가 따른다는 이야기가 전해지니 여수 12거북 만나러 해양관광 휴양도시 여수로 여행 오시길 추천한다.

2.

교육이 살아야 여수가 산다

아으~동동(動動)다리

윤문칠

아으~동동, 아으~동동
내리쏟는 해맑은 볕살 받고
여수 수군의 승전의 외침이 들린다

구름에 실려오는
천년의 혼 아으~동동
동동북소리 따라 발길을 멈춰 바라보니

김을 매던 아낙네도
보선발로 뛰쳐나와
지나한 긴 여정에 가슴 쓸어내리네

(그림 : 강윤서)

1) 국립여수대학교

교육은 백 년을 내다보는 일이고 백 년을 준비하여 계획한 교육을 잘 세우라는 뜻에서 백년대계(百年大計)라 한다.

현 여수의 전남대 국동 캠퍼스는 수산전문 인력을 양성하여 지역 경제에 직접적인 시너지 효과를 발생시켜온 수산학교가 수산전문학교, 수산전문대학을 거쳐 여수대학교가 되었고 2003년 3월 국립여수종합대학교로 승격하면서 여수시민의 숙원이 마침내 이루어졌었다. 하지만 지방대 통폐합 정책의 일환으로 여수대 동문과 지역사회와의 충분한 논의나 의견 수렴도 확실한 제도적 안전장치(여수대학교가 전남대학교와 분리될 경우, 근본학교의 태생적 지역 재산 인정 등기)도 없이 지도자들의 오판과 지독한 사기극에 전남대와 통폐합되며 여수시민들은 통탄하고 있다.

2006년 3월 여수대학교는 전남대학교에 통폐합되어 '전남대 여수캠퍼스'로 그 명칭을 변경하게 된다. 전남대학교 여수캠퍼스 위상 회복 추진 위원회에서 여수 시청 앞 담벼락에 '30만 여수시민은 통탄한다. 여수지역 거점대학 설립하라!'라고 현수막을 걸었다. 여수시민들은 인구감소 및 지역 발전에 해가 되는 정책의 실망과 누적되었던 온갖 구태와 적폐에 대해 노골적인 분노 표시하며 현수막으로 감정을 드러내고 있다.

여수대학교는 여수와 뿌리를 함께 하고 있다. 이충무공의 역사가 있고 해양수산의 문화가 있는 여수는 호국정신이 있고 약무호남시무국가의 뿌리가 있는 역사가 깊은 곳이다. 이곳의 여수수산학교가 여수의 해양문화와 수산의 역사를 함께했으며 미래 수산의 인재를 육성했다. 하지만 여수대학교가 치욕적 합병으로 역사 속으로 사라지며 그 의미도 퇴색되어 시민들은 한탄하고 있다. 여수시민과 동문회에서는 치욕적 통합이었으나 통합 합의서조차 이행되지 않고 있다고 분노하고 있고 대학교는 국회를 통과하여 대학법으로 설립되고 폐지하여야 하지만 국립여수대학교는 대학법이 폐기되었다며 과정이 잘못되었다고 다음과 같이 항의한다. 첫째 당시 여수시장은 시민에게 통합 찬반을 묻지 않고 독단적으로 통합을 승인했다. 둘째 동창회장은 많은 동문에게 통합 찬성을 문의한 사실 없었다. 셋째 책임자는 통합 합의서 이행 등 어떤 책임도 지지 않았다. 결과적으로 학생과 교직원 감소, 여수 인구 감소에 주범이 되고 독자적 대학 문화 망신과 대학 인구 감소로 지역 경제 지장을 주었기에 여수시민과 동문들은 여수대학교의 옛 영광을 되찾아야 한다고 주장하고 있다.

전)여수대학교와 전남대학교가 통합된 지 16년이 흘렀지만 지금까지 대국민 약속 문서인 통합 양해각서가 이행되지 않고 있음에 따라 여수지역의 교육 공동화 현상이 가장 심각하다고 평가되고 있다. 더욱이 통합 이후 전남대학교는 지속적인 모집정원 감축을 해왔으나 인구감소에 적극적으로 대응한다며 여수캠퍼스 경쟁력을 유지하여 왔다고 밝히고 있다. 대학교의 학과 축소는 지역 경제 손실은 물론 여수 인구감소의 주역이 되고 있고 더욱이 청년층 이탈은 여수지역 인구감소와 고령화를 촉진함으로써 지역 미래 경쟁력 약화를 초래함을 알고 있을 것이다. 또한, 100년 역사의 지역 대표 대학의 통합으로 받게 될 지역 교육 환경과 공공의료시스템 개선을 통한 삶의 질 향상을 기대했던 지역민의 바램은 2019년, 2020년, 2021년 여수시 사회조사에서 기대치가 높았음을 고스란히 보여준다. 시민들은 정주 여건 개선에 대한 기대와 열화를 보이고 있으나 아무런 대처를 하지 않은 현실이 그저 안타깝기만 하다.

수년에 걸친 여수시와 정부의 정치권은 물론 시민 사회단체의 통합 양해각서 이행 촉구 운동에도 불구하고 대학 통합 실무 당사자인 동창회가 방관자적 입장을 견지하고 있음은 행위의 정당화나 합리화에 우선하여 지역공동체 구성원으로서의 기본적 도리마저 하지 아니하고 있음을 의미한다. 주도적이고 실체적으로 지역사회 발전에 견인해야 하며 무엇보다 대학 통합 협의 실무 당사자로서 누구보다 당시의 약속 사항을 소상히 인지하고 있음에 따라 핵심적 증인으로서 약속을 이행토록 촉구해야 함에도 행동하지 아니함은 지역사회에 대한 배신이며 지역공동체 구성원으로서의 도리를 다하지 못함이리 할 것이다. 따라서 지금 당장 실무적 책임자로서 지역사회의 사활적 문제인 통합 양해각서 이행 운동에 주도적 역할을 해 지역공동체 구성원으로서 역사적 소명을 다해야 할 것이다. 전국적으로 30만 인구의 도시에 지역 브랜드 대학이 없는 도시는 여수뿐임을 명심하자.

국립여수대학교와 국립전남대학교 통합의 문제점

2004년 12월 24일, 교육인적자원부에서 국립 대학교를 1도 1교로 통합하여 법인화한다고 지침을 발표하였다.(일본도 시행하고 있던 대학 교육정책)

정부방침에 따라 여수대학교도 순천대학교와 통합하기로 합의하고 대학본부를 여수대학교에 두는 것을 전제로 통합하기로 결의하였으나 순천대학교의 반대로 무산되었다고 뉴스에 나왔다.

국립 여수대학교와 국립 전남대학교 간에, 서울대학교에 한의학대학 50명 TO가 있으나 의대교수들의 반대로 유보되어 있는 것을, 여수대학교 국동캠퍼스 유휴시설을 활용하여 한의학대학과 한방병원을 유치하는 것을 전제로 교명은 전남대학교는 전남대학교 광주캠퍼스로 여수대학교는 전남대학교 여수캠퍼스로 호칭하고 광주캠퍼스에 총장, 여수캠퍼스에는 부총장을 두고, 한의대와 한방병원을 설치하고 통합하기로 합의하였다.

대학끼리의 통합이 지역사회와 동문이나 교직원, 학생들의 반대로 통합 직전에 무산되는 사례가 속출하면서, 대학 통합을 추진하는 교육부에서는 후끈 달아 있었다. 유일하게 종합대학교인 전남대학교와 여수대학교가 협약하여 추진하는 여수대 국동캠퍼스에 한의과 대학과 한방병원 설치를 전제로 한, 통합양해각서를 승인하고 적극적으로 추진하고 있었다. (당시 교육인적자원부장관 겸 부총리 김진표, 보건복지부장관 김근태) 그러자 전국의 10개 사립 한의대의 교직원들과 학생들, 전국의 한의사들이 서울 대학교외에는 한의대 설치를 결사반대하였다.

다급해진 정부에서는 대안으로, 한의학 대학원 설립으로 돌파구를 찾아 2007학년도 개교를 목표로 적극 추진하고 있다는 것을 양 대학교의 관련기관에 설명하며, 2006학년 3월 신학기부터 통합하도록 양해를 구하여, 정부를 신뢰하여 교육부 방침대로 통합이 되었다.

3월 2일 여수대학교 체육관에서 거행된 통합 및 입학식에는 전남대 강정채 총장과 여수대 이삼노 총장과 교직원, 시장을 비롯한 기관장들이 참석한 자리에서 김진표 부총리 겸 교육부장관이 "정부는 양 대학교 건에 합의한 통합 약속을 지킨다."는 요지의 축하 연설을 하였다.

나는 민선 4기 출마를 못 하고 김진표 장관도 물러났으나 한의대학원과 한방병원 설립은 계획대로 추진하여 모든 절차를 마치고 대통령 결재를 받기 위하여 청와대에 올라갔는데, 부산 출신 비서들이 통합전제조건을 무시하고 부산대학교에 주기 위해 공작을 벌이고 있으니, 여수에서 대규모 시위를 벌여 언론에 크게 보도되면, 저들이 더 이상 장난을 못 칠 것이라고 청와대와 교육인적자원부에서 나에게 연락이 와서, 김선규 시정자문위원장을 비롯하여 각계각층의 시민단체대표들을 오죽원에 초청하여 간담회를 개최하였다.

김 위원장이 오 시장에게 인원 동원을 부탁하기로 하고 동창회와 시민단체도 적극 참석하여, 시민회관앞에서 시위를 하되, 언론사의 그 이외의 문제는 내가 맡기로 하였다.

오 시장이 박람회를 하는데 정부에서 하는 일을 방해해서는 안 된다며, 이상한 논리도 인원 동원을 거절하여 규탄대회가 무산되었다.

2006년 여름, 조사단이 여수캠퍼스 부총장 실에서 회의를 한다는 소식을 듣고 총동문회장 자격으로 가서, 회의 시작하기 전에 양해를 규하고 "여수대학교의 역사와 전통, 전남대와 통합하게 된 배경과 국동캠퍼스 본관은 현상대로 간판만 바꾸어 한의학전문대학원으로 바로 사용하면 되고, 청경관은 튼튼하게 지어진 실험 실습실이므로 작은 예산으로 리모델링하면 한방병원으로 손색이 없다. 무엇보다 한의대와 한방병원 설치를 전제로 통합하였는데, 한의학전문대학원으로 신설하는 법적 제도적 준비를 위하여, 부득이 2007학년도에 개교하니 정부를 믿고 통합하자는 김진표 부총리 겸 교육부장관을 신뢰하고 통합했는데, 뜬금없이 청와대에서 부산대학교에 주기 위해 막대한 국비로 신축하려고 장난을 치고 있는 것은 용납할 수 없다. 여러분들은 회의를 끝내고 국동캠퍼스를 한번 가서 보시고 정부가 한 약속을 지켜주시기를 바란다. 만약 통합양해각서가 지켜지지 않으면, 더 이상 대학 통합은 불가능할 것이다." 라고 간곡히 말하고 무거운 마음으로 나왔다. 그들은 국동캠퍼스까지 와서 차에서 내려 쳐다 만 보고 실내에 들어가 보지도 않고 떠났다고 들었다.

정부에서는 의대교수들이 동의하는 대학이 유리하도록 공모방침을 만들어 부산대학교 양산 신설캠퍼스에 막대한 국고를 소진하면서 신설해주어, 죽 쒀서 O를 준 꼴이 되고, 종합대학교 간의 통합은 비극의 단초가 되어 여수대학교만 시들어 가고 있다.

개인 간의 협약도 아니고 정부의 지시에 따라, 대학 구성원 간에 충분한 논의를 거쳐 두 대학교 총장들이 통합양해각서를 작성하고, 정부를 대표하여 김진표 부총리 겸 교육부장관이 함께 추진한 중요한 사안을 청와대 부산실세들이 권력을 잡았다고 장난을 쳐, 부산대학교의 양산 신설 캠퍼스로 가져가버린 것은 두고두고 역사가 심판할 것이라고 믿는다.

여수대 통합 결과를 지켜보던, 전국에 있는 국립 대학교들이 내 말대로 반대하여 1도1대학 통합방침은 유명무실해지고, 서울대만 법인화되었다.

정부정책에 호응했던 국립 여수대학교는 통합10년이 경과하면서, 해학 행정을 광주캠퍼스 위주로 하고, 여수캠퍼스에, 여수캠퍼스에 인사권과 재정권도 없애 버렸다. 여수해양대학의 특성도 무시하고, 각종 수산동식물의 표본이 자장 많았던 국동캠퍼스에 수족관과 돌산읍 금천에 있던 수산과학연구소도 폐쇄했다.

합의를 어기고 광주캠퍼스 출신을 부총장으로 임명하였으나, 동창회에서 문제를 제기하여 시정되었다. 2014년부터 총장 마음대로 광주캠퍼스에도 부총장을 두면서, 여수캠퍼스 부 총장실을 1년에 몇 차례 오지도 않은 총장이 가로채고, 비서실이나 기사도 없애버리고 권한과 위상을 더욱 추락시켜 버려 지역의 기관장행사에도 나오지 못하고 있다.

학과 및 정원을 조정할 때마다, 21세기 들어 해양식품이 미래의 건강 식량과 신 약품으로 각광받은 현실을 외면하고 수산식품가공학과를 광주캠퍼스로 통합하는 것을 필두로, 여수캠퍼스만 계속 희생당하고 있다.

약학대학을 신설할 때도 분교가 아니라는 괴변으로 신청도 하지 않았으나, 통합 전에는 경쟁관계에 있던 순천대학교와 목포

대학교에는 약학대학이 신설되는 등 광주캠퍼스에서는 일본이 과거 우리나라를 식민지로 만들어 수탈했던 것처럼, 찬란한 역사와 전통을 자랑했던 여수대위상은 간데없고, 모든 것을 광주캠퍼스 위주로 하여 여수캠퍼스를 희생양으로 삼아 날이 갈수록 문제가 너무나 심각해져 가고 있다.

2005년부터 시작하여 2006년 3월 1일, 부총리 겸 교육부장관으로 국립 여수대학교와 전남대학교를 통합하였던 김진표 국회의원을 , 이영재 총동문회장과 2013년 9월 4일 12시 남도마루에서 만나서, 통합과정을 상기시켜 드리면서 2006년 5월에 나는 민선 4기 시장선거에 출마를 못 하였고, 부총리 겸 교육부장관님이 이임하신 뒤에 청와대 부산실세들이 통합 합의서를 무시하고, 한의학전문대학원과 한방병원을 부산대학교 양산캠퍼스를 신설하면서 뺏어가 버리고, 지난 7년 동안 여수대학교는 완전히 퇴행하고 있는 실정을 낱낱이 설명해 드리고, 결자해지로 김 의원님이 도와주시라고 부탁드렸더니, 매우 안타깝다 사시면서, 교육부차관이 그때 같이 일했던 분이니 말해 보겠다하여, 잘 부탁드린다고 하였다.

2017년 5월 1일이면, 개교 100주년이 되는 여수캠퍼스는 정부의 무원칙과 일관성 없는 정책과 더불어 지병문 총장은 선거공약과 취임사에서 스스로 한 약속까지 파기하고 군림하고 있다. 통합하지 않고도 계속 발전되어가는 다른 대학들에 비하여 예산이란 시설, 학생 수 감소 등으로 갈수록 위축되어 가고, 지역사회 발전에도 도움을 주지 못하는 대학교로 전락하고 있는 여수캠퍼스의 현실을 직시하고, 지금까지의 잘못을 사과하고 통합 당시의 정신과 협약이 지켜지고 여수캠퍼스의 위상과 정체성 확보를 위해 최선을 다하여야 할 것이다.

정부에서는 통합 시점부터 엄격하게 조사 재평가하여 잘못을 바로잡아야 하고 앞으로 1도 1대학 통합원칙을 계속 시행할 것인지?

아니면 이미 폐기된 정책인지? 국민 앞에 엄숙히 밝히고, 통합 당시의 약속을 지켜 옛 여수대학교의 명성을 이어가고, 툭성화 대학으로 더욱 빛을 내도록 지원하여야 할 의무가 있을 촉구하여야 할 것이다.

전) 여수시장 김충석 망중한(望中恨) 중에서

교육인적자원부

수신자　수신자 참조

(경유)

제목　'05년 국립대학간 통합 관련 이행 협약 체결 통보

1. 관련 : 「'05년 대학구조개혁 사업」('05.5.6, 공고), 「국립대학간 통합 방침 통보」('05.10.6), 「'05년 통폐합 국립대학 경쟁력 강화를 위한 이행 협약 추진계획」('05.11.24)

2. '05년 국립대학간 통합 및 재정지원 대상 대학으로 선정된 대학('04년 기통합 대학 포함)과 우리부간 서면 이행협약이 붙임과 같이 체결되었음을 통보합니다.

3. 국립대학간 통합과 대학구조개혁 지원사업의 목적이 국가 경쟁력의 근간으로서 우리나라 대학의 경쟁력을 제고하기 위함임은 주지의 사실인바, 우리부는 동 사업의 취지에 부합한 정책을 지속적으로 추진함으로써 통합 대학이 특성화 방향으로 발전할 수 있도록 최선을 다할 계획이오니, 이행 협약을 체결한 통합 대학에서도 대학구조개혁의 근본취지에 기초하여 특성화로의 대학발전에 만전을 기하여 주시기 바랍니다.

4. 끝으로, 각 통합대학에서 제출한 「구체적 통합 시안」 중 우리부와 협의가 종료되지 않거나, 국립학교설치령 개정을 요하는 사항은 이후 변경될 수 있음을 알려드리오니 이점 양지하여 주시기 바랍니다.

붙임 : 통·폐합 국립대학 경쟁력 강화를 위한 이행 협약서 1부(대학별 별도 송부 예정). 끝.

교육인적자원부장관

수신자　강원대학교총장, 공주대학교총장, 밀양대학교총장, [illegible]장, 삼척대학교총장, 여수대학교총장, 전남대학교총장, 충주대학교총장, 청주과학대학장

★교육행정사무관 양창완　대학구조개혁팀장 김규태　대학혁신추진단장 12/06 곽창신

협조자

시행　대학구조개혁팀-972 (2005.12.06.) 접수 (　)

우 110-760 서울특별시 종로구 세종로 77-6 정부중앙청사　/ http://www.moe.go.kr

전화 02)2100-　/전송 02)2100-　/ @moe.go.kr　/ 공개

001

통·폐합 국립대학 경쟁력 강화를 위한 이행 협약서

ㅇ 통합대학 : 전남대학교-여수대학교
ㅇ 협약기간 : 2005년 11월 17일부터(사업비 교부일)
2008년 12월 31일까지
ㅇ 협약당사자 (갑) : 교육인적자원부장관
(을) : 전남대학교총장
(병) : 여수대학교총장

2005년 대학구조개혁 사업 중 국립대학통폐합 분야 사업 수행에 관한 "갑"과 "을", "병"은 다음 사항을 이행하는 협약을 체결한다.

제1조(사업목적) "을", "병"은 국립대학 통폐합 사업의 목적은 지역과 대학의 강점분야로 자원의 재배분을 통해 대학을 특성화하는데 있음을 상호 인식하고, 이를 위해 특성화 계획수립, 입학정원의 감축, 유사학과 통폐합 등 특성화를 위한 구조개혁 추진에 만전을 기해야 한다.

제2조(추진상황 보고 등) "갑"은 동 사업의 원활한 추진을 위해 특성화를 위한 구조개혁 추진상황을 "을", "병"으로부터 분기별로 보고받고, "갑"은 사실여부를 실사할 수 있다.

제3조(사업의 수행) "을", "병"이 제출한 특성화를 위한 세부 실행계획, 통합 세부 실행계획은 동 협약서에 포함되며, "을", "병"은 관련 법령에 따라 사업 내용을 성실히 수행하여야 한다.

제4조(사업비) "갑"은 "을", "병"에게 매년 정부의 관련 사업예산 범

002

위 내에서 사업계획에 따른 정부지원금을 교부한다.

제5조(관리기구) ① "갑"은 "을", "병"이 특성화 방향으로 발전할 수 있도록 조력하기 위해 외부전문가로 구성된 '구조개혁 관리위원회' 및 '자문팀'과 부내 구조개혁 자원의 효율적 관리를 위해 '대학구조개혁 자원관리위원회(위원장 차관보)'를 운영한다.

② '구조개혁 관리위원회'는 특성화 추진정도에 따라 대학간 지원금을 결정한다.

③ '자문팀'은 "을", "병"의 구조개혁 및 특성화 추진 현황 등에 대한 진단과 자문을 실시하고, 그 결과를 '구조개혁 관리위원회'에 보고한다.

④ '구조개혁 관리위원회'는 "을", "병"의 구조개혁 및 특성화 추진 실적이 미흡하다고 판단될 경우, "을", "병"에게 이의 시정을 요구할 수 있다.

⑤ '대학구조개혁 자원관리위원회'는 특성화 방향으로 대학구조개혁을 성공적으로 추진하기 위하여 구조개혁에 필요한 각종 지원을 구조개혁 성과에 연계하여 지원 결정할 수 있다.

제6조(대학자체평가) "을", "병"은 특성화를 위한 세부 실행계획과 통합 세부 실행계획의 추진 실적에 대한 자체 평가를 실시하고 그 결과를 매년 6월 말일까지 "갑"에게 제출한다.

제7조(중간평가 및 결과 활용) ① "갑"은 자체평가 결과를 바탕으로 "을", "병"에 대해 중간평가를 실시한다.

② "갑"은 구조개혁 지원사업 평가시 중간평가 결과를 반영하여야 하며, 구조개혁 및 특성화 추진정도에 따라 지원금 결정시 20%의 범위 내에서 조정 할 수 있다.

003

제8조(협약기간) 협약기간은 "갑"이 정하여 공고하는 사업연도로 한다. 다만, 중간평가 및 연차평가 결과 지원대상에서 제외되거나, 기타 사유로 취소되지 않는 경우는 다음 사업연도까지 연장된 것으로 본다.

제9조(협약의 해지) ① "갑"은 "을", "병"이 동 건 협약서 체결 후 특성화를 위한 구조개혁 추진을 기대할 수 없다고 판단되는 경우에는 '구조개혁 관리위원회'의 심의를 거쳐 협약을 해지할 수 있다.

② 협약이 해지되는 경우 "을", "병"은 이미 지원된 사업비의 전부 또는 일부를 즉시 "갑"이 지정하는 관리계좌에 이체하여야 한다.

제10조(해석) 본 협약서의 해석상 의문이 있는 경우에는 "갑"의 해석에 따른다.

제11조(기타) "병"은 2006.2.28.까지 협약당사자로서 자격을 유지한다.

2005년 11월 일

004

기사전문

《정부는 '한의대, 전문병원 여수 설치' 추진방안을 즉각 제시해야》

여수대 전남대 통합 당시 약속한 '한의대, 전문병원 여수 설치'에 교육부가 직접 책임이 있다는 공문을 찾았습니다.

그동안 '양 대학 총장끼리의 합의로 정부는 책임이 없다'던 교육부의 입장이 거짓임이 드러났습니다.

'05년 통합'으로 여수대는 없어지고, 여수캠퍼스 학생 수는 30% 이상 감축됐지만, 약속했던 한의대와 전문병원은 17년이 지난 지금까지 감감무소식입니다.

'한의대, 전문병원 여수 설치'라는 약속을 믿고 통합에 찬성한 여수시민과 여수대 동문들은 정부로부터 사기를 당한 것에 다름 아닙니다.

정부와 전남대는 여수시민들에게 사과하고, '한의대, 전문병원 여수 설치' 추진방안을 즉시 제시해야 합니다.

더불어민주당 주철현 국회의원(전남 여수시갑)이 지난 2005년 전남대학교 여수대학교 통합과정에서 약속한 한의대 설치 등 후속 사업 이행에 대한 교육부의 직접 책임을 물을 수 있는 공문서를 확인했다.

주철현 의원실에 따르면 교육부가 지난 2005년 '전남대학교 여수대학교의 통합계획서' 승인 공문을 통해 '한의대 설립 추진' 등 여수캠퍼스 특성화 사업에 대해 직접 승인한 사실을 확인했다.

전남대학교와 여수대학교 총장은 지난 2005년 6월 12개 항의 내용이 담긴 '통합 양해각서'를 체결하고, 통합을 발표했다. 이후 교육부는 전남대 여수대가 제출한 통합계획서를 수차례 보완 요청 및 협의 후, 2005년 12월 '전남대학교 여수대학교 통합계획서'를 최종 승인했다.

통합계획서에는 여수캠퍼스 특성화로 '기존에 양해한 한의학 분야의 특성화를 추진함', 통폐합 후 특성화를 위한 재정투자계획에는 '한의대 설립 지원 사업에 2006년부터 2008년까지 3년 동안 200억 원 투자계획'도 명시돼 있다.

통합계획서 승인 후 교육부 장관 전남대 총장 여수대 총장은 '특성화를 위한 세부 실행계획, 통합 세부 실행계획을 성실히 수행한다'는 통·폐합 국립대학 경쟁력 강화를 위한 이행 협약서에도 서명한다.

전남대학교와 여수대학교 총장이 발표한 통합 양해각서에는 '▲한의대(한방병원 포함) 설립을 인가받아 여수캠퍼스에 둔다', '▲의료기관(전문병원 등)을 통합 완성 전까지 여수캠퍼스(국동)에 설치 운영한다'는 내용이 들어 있다.

여수대학교 총동문회장과 여수시장은 '한의대 및 전문병원 설치' 약속을 믿고 동문들과 여수시민들을 대표해 대학 통합에 대한 동의서를 제출했다.

그러나, 지역사회 동의를 구하기 위해 대학과 정부가 제시한 '한의대 및 전문병원 설치' 약속은 통합 17년이 지난 현재까지 전혀 이행되지 않고 있다.

통합 이후 여수대 동문회를 비롯한 여수지역사회는 통합 직후부터 현재까지 양해각서 이행을 촉구했지만, 교육부는 통합 양해각서는 두 대학 총장이 체결한 것으로 '책임이 없다'는 태도로 일관해 왔다.

하지만, 교육부가 승인한 통합계획서와 통합과정에 두 대학과 주고받은 공문을 통해, 교육부의 일관된 '모르쇠' 태도를 뒤집는 내용이 확인된 것이다.

주철현 국회의원은 "전남대학교 여수캠퍼스는 통합 17년이 지난 지금 약속했던 캠퍼스 특성화는 요원하고, 입학 정원은 30%나 감축되는 등 전남 제1의 도시 여수는 4년제 대학이 없는 도시로 위상이 추락했다"라고 지적했다.

주철현 의원은 "정부와 대학이 대학 통합을 추진하면서 여수시민과 여수대 동문들을 상대로 사기를 친 것이나 다름없다"면서 "통합 당시 지역사회 동의를 구하기 위해 약속한 의료기관·한의대 설립에 대해 정부와 대학이 책임지지 않고 서로 책임 없다는 오리발만 내밀고 있기 때문이다"라고 설명했다. 이어 주 의원은 "정부도 직접 책임이 있는 것이 교육부 공문서를 통해 확인됐다"라며 "정부와 전남대학교는 지금이라도 여수대 동문과 여수시민들에게 사죄하고, 미이행 내용에 대한 책임 있는 추진계획을 제시해야 할 것이다"라고 대책 마련을 촉구했다.

기사출처
http://m.sdatv.co.kr/article.php?aid=1661912725568250002

텅 빈 국동 캠퍼스 희망으로 채우자

국립여수대학교를 살리자는 호소문을 접하게 되었다. 지역 유일의 국립 종합 대학의 위상이 무색하도록 초라해진 국동 캠퍼스의 모습은 현 여수시의 교육 환경을 단적으로 투영하고 있는 듯 그늘져 보인다. 둔덕 캠퍼스와 국동 캠퍼스로 이루어진 전남대학교 여수캠퍼스는 1917년 국내 최초의 수산 교육기관인 '여수공립간이수산학교'로 개교한 이래 꾸준히 성장하였고, 여수시 교육의 중심 역할을 수행하여 왔다.

수산도시 여수에 전문 인력을 양성하여 지역 경제에 직접적인 시너지 효과를 발생시켜온 본교는 수산전문학교, 수산전문대학을 거쳐 '여수대학교'에 이르렀고, 2003년 3월 종합 대학으로 승격하였다. 여수시민의 숙원이 마침내 이루어진 것이다.

2006년 3월 여수대학교는 전남대학교에 통폐합되어 '전남대 여수캠퍼스'로 그 명칭을 변경하게 된다. 지방대 통폐합 정책의 일환으로 진행된 여수대와 전남대의 통합은 과정부터 매끄럽지 못했다. 동문과 지역 사회와의 충분한 논의나 의견 수렴 과정도 없었고, 확실한 제도적 안전장치(여수대학교가 전남대학교와 분리될 경우, 근본 학교의 태생적 지역 재산 인정 등기)도 없이 통합은 진행되었다.

주먹구구식의 대학 통합은 여수시에서 지역 사회 발전을 견인하면서 남해안권 중심으로 성장시킬 지역 대학 육성의 기회를 앗아갔다. 상급 학교로서의 지역 대표성도, 대학 운영의 자율권도 모두 잃어버린 전남대 여수캠퍼스의 현실이 참으로 안타깝다. 지역을 대표하는 종합 대학의 존재 가치는 이루 말할 수 없이 크다.

경쟁력 있게 육성된 종합 대학은 인재의 지역 외 유출을 막을 수 있으며 외부 우수 인재를 유치할 수 있는 강력한 시스템으로서 영향력을 발휘하게 된다. 이렇게 유치한 지역 내·외의 우수 인재는 대학의 경쟁력을 높이는 선순환을 불러오고 궁극적으로 대학은 기술과 산업, 문화의 정수로서 지역의 수준을 끌어올리는 견인차의 역할을 수행하게 되는 것이다. 전국적으로 30만 인구의 도시에 지역 브랜드 대학이 없는 도시는 여수뿐이다. 여수보다 인구가 적은 인근 시와 목포시만 해도 종합 대학 3개교 전문대학 3개교가 있고 장관급인 총장이 3명이나 있어 지역 발전의 구심점 역할을 하고 있다.

더욱이 국동 캠퍼스에 한의학 전문대학원을 유치하겠다는 계획이 허사가 되면서 국동 캠퍼스의 활용 방안이 문제가 되고 있다. 국동 캠퍼스는 오래된 건물 2동을 철거하고 일부는 평생교육원과 체육관, 아트센터 등으로 이용하고 있지만 마치 버려진 학교처럼 황폐함이 느껴질 정도이다. 이처럼 방치되고 있는 국동 캠퍼스의 현 상태는 전남대학교의 방임에 그 책임이 있으며 도심 한가운데 방치되어 있는 국동 캠퍼스의 활용 방안이 구체적으로 제시되지 않은 것에 대해서 시민들은 강한 불만을 제기하고 있다.

필자는 방치되어 있는 국동 캠퍼스의 활용이 엑스포 이후 여수를 이끌 한 축이 될 수 있을 것으로 생각한다. 우선 주변 도로 확장 및 캠퍼스 울타리 철거 등 접근성을 개선하여 시민들의 건강 증진을 위한 다목적 체육공원으로 활용할 수 있을 것이다.

이후 국동 캠퍼스에 정부가 약속한 한의학 전문대학원, 혹은 의대 분원을 전남대로부터 유치하는 것을 제안하고자 한다. 의대 분원 유치는 의료·교육·건강 3 박자를 고루 갖춘 미래복지 인프라로서 이미 엑스포를 치른 여수시의 잘 발달된 교통 인프라와 관광 자원, 유구한 역사적 전통은 의대 분원 유치에 충분히 경쟁력이 있다고 생각한다.

혹자는 여수가 입지 조건이 좋지 않다고 한다. 그러나 화순군과 같이 열악한 환경에도 전남대 암 센터가 성행하고 있는 것을 보면 여수시의 입지 조건은 충분히 매력적이다. 또한 국동 캠퍼스에 전남대 의대 분원을 유치하고 의료 서비스를 실시한다면 여수의 스포츠 레저 인프라와 연계하여 중국, 일본 등 관광객을 겨냥한 의료, 건강, 레저를 한 번에 즐길 수 있는 패키지 상품을 개발할 수 있을 것이다.

전남대학교는 여수를 사랑하는 지역주민들의 의견을 경청하고 상생의 방법을 취하여 더불어 발전할 수 있는 전략적인 구상과 결단을 내릴 것을 제안하는바다.

(2012. 10. 28.)

세계 수산대학은 여수에!

동남아와 중남미 등 경제발전이 뒤떨어진 개발 도상국의 인력에 대한 수산성책·기술 교육을 담당할 담당자 교육과 수산 과학 분야 국제적 연구와 논의를 이끌어갈 교육기관의 필요성을 인지

한 세계 수산대학 설립을 전남대학교가 전라남도와 여수시와 협의해 반드시 유치하겠다는 내용의 언론 보도로 접했다.

전남대학교에서 드디어 세계 수산대학 유치에 동참했고 교육·연구 기반을 강조하면서 우리 도에서도 늦은 감은 있지만, 공동 협의체를 구성하여 UN 산하 세계 수산대학 유치전에 본격적으로 뛰어들었다. 지난달 해양수산부는 이탈리아 로마에서 유엔식량농업기구(FAO) 세계 수산대학 설립을 위한 상호 협력의향서(LOI)를 체결했고, 2017년 9월 국내 개교를 목표로 추진하고 있는 세계 수산대학 설립 유치전이 더욱 뜨거워질 전망이다.

세계 수산대학은 개발 도상 국가의 공무원과 수산 전문가들을 대상으로 수산정책, 양식기술, 자원관리, 어촌개발, 유통가공 등 5개 분야 석·박사 대학원 과정을 거치며, 지속 가능한 수산업 발전을 통한 세계 식량문제 해결을 위해 수산자원이 풍부한 아프리카와 동남아시아 등에서 연간 100명 정도를 입학시킬 예정이다.

필자는 교육의원 시절 전남은 남해·서해안 그리고 전국의 65%인 2,219개의 섬과 16개 시군이 바다를 끼고 있는 지역임을 강조하며 전국 최고의 수산자원을 보유하고 있는 특성과 우수한 교육 · 연구 기반을 바탕으로 교육국제화 특구 지정을 이용해 텅 빈 국동 캠퍼스에 세계 수산대학을 유치하여야 여수가 다시 살아나는 지름길이라고 기고문을 썼었다. 하지만 세계 수산대학 유치를 희망하는 부산의 부경대, 인천의 인천대가 빠른 행보로 치열한 유치 경쟁을 벌이고 있다. 이 같은 타 지자체의 움직임 비해 다소 늦게 뛰어든 전남대가 여수는 여수 세계엑스포를 성공적으로 치른 도시임을 부각하며 유치에 꼭 성공했으면 하는 바람이다.

인근 시는 이미 국립부경대(옛 부산수산대학교)에 부지와 건물을 마련하고, 발전연구원의 연구용역을 통해 처음으로 세계 수산대학의 설립 및 유치 방안을 2012년 해수부에 건의하여 경제부시장을 단장으로 시 관계 부서와 부경대, 외부 전문가 등으로 구성된 유치 전담 TF 팀을 구성하는 등 치밀한 유치 전략을 준비해 오고 있다. 인천시는 이미 세계 수산대학 유치에 따른 효과분석과 지역 발전 등을 검토하고, 지원 대책 마련을 위해 시 차원의 전담팀을 구성해 준비에 들어갔다.

여수시는 전국적으로 30만 인구의 도시에 지역 브랜드 대학이 없고 계속적인 인구의 감소가 일어나는 현실에서 수산도시 전문 인력을 양성하여 지역 경제에 직접적 시너지 효과를 발생시켜온 국동 캠퍼스를 15년 동안 방치해 두고 있다. 이는 현 여수시의 교육 환경을 단적으로 말해 주고 있어 실로 가슴 아픈 일이다.

전남대는 국동 캠퍼스의 부지와 일부 건물을 활용하고 여수캠퍼스에 첨단 실습 선박, 실습실, 강의동 및 우수한 교수진 등 수산 분야 교육·연구의 기반을 완벽하게 갖출 수 있다. 전국 최대·최고의 수산자원을 보유하고 있는 전남도가 여수세계박람회로 알려진 수산도시, 그리고 교육국제화 특구로 지정된 여수에 세계 수산대학이 유치할 수 있도록 지자체에서 추진 위원회를 구성하고, 도·시·대학·정치인 모두 하나 되어 텅 빈 국동 캠퍼스에 국제 수산대학이 꼭 유치될 수 있도록 최선을 다해야 할 것이다. 세계 수산대학 유치는 여수를 다시 살려내는 지름길이 될 것이다.

(2015. 11. 16.)

역사 속으로 사라진 여수대학교, 위상 회복을 바라며

(정부와 전남대학교는 대학 재구성 계획을 밝혀야……)

전남대학교 여수캠퍼스 위상 회복 추진 위원회가 국립대 간 통합으로 약속한 통합 양해각서 이행을 촉구한다는 언론 보도를 접했다. 10년이 지난 지금까지 한의대, 한방병원, 전문병원 유치를 약속하고선 이행되지 않은 이유는 교육부와 전남대가 여수시민을 기만하고 무시하였기 때문이며 이를 시민들에게 사과하고 통합 양해각서 이행을 촉구한다는 내용이다.

우리 지역에 유일한 종합 대학이었던 국립 여수대학교가 전남대학교와 통합된 지 10년이 지났다. 10년이면 강산도 변한다는 말이 있는데 이는 어떤 일에 성과를 판단하기 위해서는 최소한 10년 정도가 지나야 한다는 것이다. 10년이 지난 지금의 30만 여수시민의 자존심 회복은 여수캠퍼스의 위상 회복이라 생각된다. 교육부와 전남대의 지역 무시 형태가 계속되면서 이를 성토하는 목소리는 지속되고 있다.

1917년 국내 최초의 수산교육기관으로 개교하여 100여 년 동안 성장하였던 여수대학교는 어로·제조·증식과로 여수수산업을 알렸던 수산도시 여수에 전문 인력을 양성하며 지역 경제에 직접적인 시너지 효과를 발생시켜왔다. 수산고와 수산전문대학을 거쳐 '여수대학교'에 이르렀고, 2003년 여수대학교가 국립종합대학으로 승격되었을 때 여수시민들은 나의 일처럼 기뻐하며 환호성을 질렀다. 2006년 전남대학교와 통합된 후 여수캠퍼스는 차별화된 수산해양대학에 대한 특성화 사업 지원 및 운영이

중단되었고 여수대학교의 흔적은 고스란히 사라지고 없다는 결과가 나왔다.

'전남대 통합 성과분석 연구용역'에 근거한 자료로 본 결과 주먹구구식의 대학 통합은 학생, 교수, 교직원이 감소하고 2005년 정부 지원금 233억 원에서 2013년 47억 원이 줄어들어 통합 10년이 된 지금 학생도, 예산도 다 빼앗긴 껍데기뿐이라는 용역 결과가 충격을 주고 있다.

교육은 백년대계(百年大計)라 한다. 교육이 백 년을 내다보는 일이고, 또한 백 년을 준비하는 일이라는 이 말은 선조들이 얼마나 교육을 중요하게 여겼는지를 보여준다. 한데 미래를 내다보지 못하고 섣불리 결정한 몇몇 사람들의 결과물인 이 일은 여수시민을 무시한 지독한 사기극이라는 생각이 든다. 15년간 방치되고 텅 비워버린 국동캠퍼스를 바라보면 교육은 백년대계라는 말이 무색해져 안타깝기 그지없다.

전국적으로 30만 인구의 도시에 지역 브랜드 대학이 없는 도시는 여수뿐이다. 인근 시 종합대학교에서는 학과가 늘어나고 박물관 및 연수원을 건설하고 관공시가 신설되고 있지만 우리시는 대학 통합으로 학교의 명칭은 사라졌고 대학 운영의 자율권마저도 모두 잃어버린 전남대 여수캠퍼스의 현실이 참으로 안타깝다. 지역 유일의 국립 종합 대학이라는 위상이 무색하도록 초라해진 국동캠퍼스의 모습은 현 여수시의 교육 환경을 단적으로 투영하고 있다.

지난 전남대 총장 후보자 토론회에서는 국동캠퍼스를 응급 급성 질환 병원, 재활병원 건립 등 다양한 공약을 제시하면서 병원 설립 문제와 지역 사회와의 소통을 강조하고 지속적인 학생 유출 대책 방안과 해양수산 분야 특성화 대안 등에 관한 문제 해결 등에 한목소리를 냈다. 한목소리를 낸 만큼 보여주기식이 아닌 그에 대한 책임이 따라야 할 것이다.

정부와 전남대학교는 여수를 사랑하는 지역주민들의 의견을 경청하고, 대학 재구성 계획을 밝혀야 한다. 대학 통합으로 인한 여수 지역의 경제 손실과 지역 경쟁력 약화, 지역교육 환경 악화에 따른 지역 인구 감소에 대한 사과가 우선 되어야 할 것이며, 그에 대한 대책과 상생의 방법을 취하여 더불어 발전할 수 있는 전략적인 구상과 결단으로 여수시민들의 눈물을 닦아주어야 한다.

(2016. 11. 10.)

30만 여수시민은 통탄한다

'국립여수대학교 지도자들 오판…….'

'지독한 사기극!'

교육은 백 년을 내다보는 일이고 백 년을 준비하여 세운 교육을 잘 지키라는 뜻에서 백년대계(百年大計)라 한다.

전남대학교 여수캠퍼스 위상 회복 추진 위원회에서 여수 시청 앞 담벼락에 '30만 여수시민은 통탄한다. 여수지역 거점대학 설립하라!'라는 현수막을 걸었다. 여수시민들이 인구 감소 및 지역 발전의 정체에 피로를 느끼고 누적된 온갖 구태와 적폐에 노골적인 분노를 보이며 현수막으로 감정을 드러내고 있다.

종합대학인 여수대학교는 1917년 국내 최초 수산전문 인력을 양성하여 지역 경제에 직접적인 시너지 효과를 발생시켜온 수산 교육기관인 특성화 수산고로 시작하였다. 수산전문학교와 수산 전문대학을 거쳐 여수대학교로 명명되었고 2003년 3월 종합 대학으로 승격되었을 때 여수시민들은 크게 기뻐하며 환호성을 울렸다. 국내 최초의 100년의 역사를 지닌 수산교육기관인 국립 여수대학교가 지도자와 책임자의 오판 때문에 여수시민들을 무시하는 지독한 사기극에 말려들어 여수대학교를 통폐합시켰다. 교육은 백년지대계라는 말이 무색해지도록 30만 인구의 도시에 지역 브랜드 대학교가 없는 도시로 변해버렸고 인구는 계속 감소하고 있어 참으로 안타깝다.

여수대학교는 통합 당시 4개 단과대에 12학부 27개 전공이었으나 12년이 지난 올해는 3개 단과대 7학부 20개 전공으로 축소됐고 지난해 4월 1일 기준 여수시 소재 대학에 재적 중인 총학생 수는 6,193명, 인접한 순천 18,195명, 목포 28,671명으로 큰 격차를 확인할 수 있다.

2012년 여수세계박람회를 성공적으로 치른 여수시에 교육부에서는 인근 시와 차별화된 교육정책을 실시할 수 있는 교육국제화 특구(2013~2017년)를 지정했다. 하지만 지자체에서는 특구를 제대로 활용하지 못하고 있고 국동 캠퍼스에 화상·산재 전문병원을 그리고 사립외고 유치에 관심을 쏟는 사이 공모했던 도립미술관, 전남 공무원교육원, 동부권 창의 예술고, 에코에듀 체험센터, 호남권 삽월드 그리고 세계 수산대학까지 특별한 정책대안 하나 내지 못하고 무관심 속에서 잇따라 유치에 실패했다.

필자는 교육국제화 특구로 지정된 여수에 세계 수산대학이 유치할 수 있도록 전남도와 전남대학교에서 텅 비어 있는 국동 캠퍼스에 세계 수산대학 유치를 건의도 했지만, 지자체의 무관심과 반대로 공모에 참가도 하지 못했고 부산 부경대학교로 유치가 확정되어 여수시는 좋은 기회마저 잃고 말았다.

유엔식량농업기구(FAO)에서 세계 수산대학 설립을 한국에서 설립하기로 하고 개도국 인력에 대한 수산정책·기술 교육과 수산업 발전을 통한 세계 식량문제 해결을 위해 수산자원이 풍부한 아프리카와 동남아시아 등 개발 도상 국가의 공무원과 수산 전문가를 1년에 100명을 대상으로 양식기술, 수산자원관리 등을 가르치는 석·박사 대학원 과정이지만 이를 놓쳐 매우 아쉽기만 하다.

인천시는 1994년 국내 최초 시민들의 적극적인 관심 속에 시립전문대학을 신설하여 타 대학에 비해 70% 저렴한 등록금과 시내 고교 출신은 입학금을 면제, 많은 장학금 혜택으로 지금은 시립에서 국립으로 그리고 국립인천대학교인 국립 종합 인천대학교로 발전해 온 것을 우리는 본받아야 한다. 여수시에 다시 주어진 교육국제화 특구 재지정(2018~2022)의 기회를 다시 살려 기회를 잡길 바란다. 교육이란 무엇인가? 먼 장래까지 내다보고 큰 계획을 세워야 하지 않겠는가? 갈팡질팡하지 말고 잃어버린 15년을 기억하며 인구 6만 명의 감소의 아픔이 다시 일어나지 않도록 준비를 해야 할 것이다.

민선 7기가 들어섰다. 권오봉 시장은 여수시민의 소리 '30만 여수시민은 통탄한다. 여수지역 거점대학 설립하라!'라는 시민들의 의견을 경청하여 인구가 줄어가는 여수의 먼 장래까지 내다보는 차별화된 교육정책으로 새로운 도전을 해주시길 바란다.

(2018. 08. 17.)

2) 평준화 정책

전국에서 교육열 하면 빠지지 않았던 남단의 조그마한 항구도시 여수에서 높은 진학률로 전국을 평정해 나가던 시절 있었다. 지자체의 지원 없이 한 학교에서 서울대만 25명을 합격시키는 신화를 한창 써 내려가기도 했고 고교 입학시험을 보고 타지역에서 여수로 입학하는 학생도 많았다.

교육은 백년대계이다. 백 년을 내다보는 크고 중요한 계획이 교육이다. 그동안 우리 지역은 시민들과 소통 없이 밀어붙이기식 사업 추진으로 유신 체제의 정책 중 하나였던 고교 평준화 정책을 찬반의 논의도 없이 몇몇 사람들로 구성된 정책협의에 의해 너무나도 작은 규모의 6개 고교(남 6, 여 3)가 평준화(2005년)를 시작했다.

평준화를 실시한지 16년이 흘렀다. 우리 지역은 소통 부족과 온갖 적폐로 인해 인구는 6만여 명이 줄어 28만 명 선이 붕괴되었고 평준화 정책으로 교육 희생 도시가 되었다. 당시 고교 평준화 정책에 열의를 올리며 추진했던 이들은 다 어디 가고 평준화로 인해 생긴 문제들을 해결해 나가지 못하고 있는 것일까? 지역에 많은 정치 행정가들은 선거철이 다가오면 많은 공약을 내세우고 예산을 서로 가져왔다며 자화자찬 현수막을 걸지만, 인구 증가와 교육 평준화 정책 문제에 대한 제안이나 내용의 현수막은 찾아볼 수가 없다. 여수를 진정으로 사랑하고 여수에 대한 교육에 관심을 갖고 있는 이들은 다 어디로 갔는가?

"당신은 여수를 위해 여수시민으로서 무엇을 했는가?"

2차대전 이후 프랑스의 수많은 부역자들이 드골로부터 처벌을 당하며 '나는 아무것도 하지 않았다'라고 항변했을 때 '그것이 바로 죄다'라고 말했던 명언이 생각난다.

여수는 여수세계박람회를 성공적으로 치르고 교육국제화 특구(2013~2017년)로 지정되었고 다시 교육부 종합평가를 인정받아(2018~2022년) 특구로 재지정받았다. 이는 지자체에서 교육특구는 교육과정 규제를 받지 않고 인근 시와 차별화된 교육정책을 실시하라는 것이다. 기회를 삼아 여러 방향의 시도를 해봐야 할 것이다.

고교 평준화 정책 역시 여론조사를 통한 검증을 건의했지만, 자체 반응은 없다. 고교 평준화의 해제는 교육감의 권한이다. 10년이 지난 90년에 안동·군산·목포가 91년에는 춘천·원주·익산 지역이 95년 천안이 타지역 인재 유출과 인구 감소의 원인을 들어 평준화를 해제하였다. 미래를 보고 후손에게 물려줄 여수의 적합한 정책이 될 수 있도록 함께 고민하고 소통하는 시와 시민의 관계가 되어야 한다.

교육정책의 제언과 합리적 방안 도출로 인구가 늘어나고 새로운 종합 계획 등이 세워져 세계 속 웅비하는 살기 좋은 희망의 여수가 되도록 다 함께 힘을 모아야 할 것이다. 지역 사회 요구에 부흥하는 교육정책! 올바른 교육정책으로 미래의 인재를 양성하여 지역이 발전될 수 있도록 하자.

교육이 살아야 지역이 산다.

여수교육지원청 이전!

교육 백년대계(百年大計)!

흔히들 교육을 논할 때 백년대계라고 한다. 백 년을 준비하고 내다보며 인재를 기른다는 이 말이 선조들이 교육을 얼마나 중요하게 생각했는지 단적으로 보여준다. 여수교육은 교육위원회가 발족('52. 2월) 되면서 교육청사가 건립되었으나 58년 누전으로 소실하여 진남관을 청사로 활용하다 군자동 471번지에 신축(1959년)하여 이전하였다. 교육자치제가 부활하면서 국동 여흥중학교 건물로 교육청사를 이전했다가 국동 5길 7에 여수교육청사를 신축했다.

해방 후 여수읍이 여수시로 9개 면이 여천군으로 명칭이 변경되고, 1986년 1월 1일 삼일읍과 쌍봉면이 여천시로 승격되면서 여수반도는 여수시, 여천시, 여천군으로 행정구역이 분리되었다. 3려(麗) 시군이 역사적 지리학적으로 한 뿌리이기에 시민들은 전남 제일의 통합('98.4.1)의 역사를 쓰며 새로운 여수시를 맞이하게 된다.

3려(麗) 통합으로 지방 교육 자치에 관한 법률 시행령이 개정되고 교육청이 통합되면서 국동 청사 여수교육청이 학동 41번지 여천교육청으로 이전해 '여수교육청'으로 통합되었다. 교육청 주변은 재래시장 및 숙박 시설이 밀집되면서 진입로가 없고, 45인승 버스가 들어올 수 없어 학생들을 수송할 수 없는 등의 문제를 안고 있었다.

청사가 좁아 뒤쪽 빈터에 컴퓨터실을 만들고 문서고를 늘이는 등 최소한의 공간을 확보하였으나 100여 명 이상 모이는 회의실이 없어 인근 학교의 체육관을 이용한다거나 무선지구 교육문화회관 또는 리조트 회의실 시설을 빌려 회의를 진행하는 실정이었다. 특히 청사의 뒤편은 여수 제일병원에서 10층 건물을 올리고, 주차장과 장례식장의 시설을 넓히면서 장례식장의 곡(哭)소리, 주변 흡연, 경관의 답답함 등 교육 환경으로서의 문제는 많아 보였다.

필자는 2010년 6·2 지방선거에 민선 교육의원으로 당선된 후 2011년 통합 11대(제26대) 장재익 교육장이 취임하면서 교육청 이전에 관한 문제를 논의하고 추진에 대한 면밀한 의견을 나눴다. 34만 인구의 전남 제일의 도시에서 30만의 인구로 감소되며 여수 자산초등학교가 폐교 위기에 있었다. 필자는 동초와 종고초로 학생들을 전학시키고 오동도를 바라볼 수 있는 자산초등학교 교정을 교육장과 함께 여수교육청으로 이전 계획을 추진하였다.

지난 3려(麗) 통합 당시 여수교육청을 여천지역에 두면서 청사의 확장과 개축 등 과정이 있었으나 그 지역은 밀집 구역으로 교육청이 본분을 다할 위치와 맞지 않는다는 의견을 수렴해 이전 결정을 논의했다. '여수교육청을 구 원도심 여수권으로 이전하는 것은 3려(麗) 통합 정신을 위배하는 반 시민 반 지역적 행위이며 공공기관 빼가기 술책에 지나지 않는다.'라는 반대가 있었다. 여수세계박람회 개최를 앞두고 지역민이 하나로 뭉쳐 지역을 위해도 부족할 판에 지역을 이간시키고 냉기류를 소성하는 교육 당국 처사는 분노를 샀다. 교육청을 여천시에 두기로 한 약속을 근거로 이전을 반대하는 분들이 많아 어려움이 많았지만 꾸준한 시민들의 설득으로 이전은 이루어졌다.

여수교육지원청(교육장 장재익)이 현 학동 청사를 폐지하고 구 여수권 자산초등학교로 청사를 이전하기 위한 예산안을 신청하며 통과되었다. 여수시 관문동에 위치한 여수 자산초등학교는 2012년 3월 1일 폐교하였고 신청사는 오는 2013년 3월 1일 자 인사이동으로 3과 중심 체제에서 3과 2센터로 확대 개편됨에 따라 세분화된 업무처리에 적합하도록 직원들의 업무 능률과 민원인의 편의를 극대화했다. 여수시 학동에 위치했던 청사는 여수시교육청으로 1984년에 개청해 29년 만에 원도심 자산초 건물을 수리하여 여수교육지원청 청사를 이전했다.

현 교육지원청은 구국의 성지 여수의 이충무공 정신을 이어받아 세계와 미래로 웅비하는 살아있는 남해 바다와 여수의 자랑 오동도가 보이는 장대 동산 위에 위치하며 친환경 청사로 꾸며졌다. 새 터전에서 창의적인 인재를 육성하는 여수의 교육이 더욱 풍부해질 수 있을 것이며, 침체된 원도심 지역의 활성화를 통해 지역민과 지역 사회에 더 가깝게 다가가는 여수교육지청이 될 것으로 믿고 있다.

인재 육성은 지역의 학교에서!

고등학교 입시 철이 다가왔다. 중학교 3학년의 학생들에겐 인생의 큰 결정 중 하나가 시작되는 중요한 시기이다. 때문에 학부모의 열기가 대입 못지않게 뜨겁다. 일부 학부모들은 학업성취에 대한 지나친 기대감으로 타지역으로 진로를 택하고 있지만 새 시대의 교육은 학생들에게 생각할 여유를 주어야 한다.

이제는 지방자치제가 더욱 발전되고 창조적인 인재가 필요한 시대임은 모두 다 잘 알고 있을 것이다. 이런 점에 비추어 볼 때, 우리 여수 지역의 학생들이 타지역으로 유출되는 것은 장차 이 지역의 인재 육성에 커다란 걸림돌로 작용할 수도 있어 바람직한 현상은 아니다.

이런 가운데 지역 균형 선발형 1단계에서 여수 출신 학생 14명이 서울대학교 합격의 영광을 얻어 좋은 결과가 기대되고 있다. 이번 합격생은 '여수시가 우수 인재 장학금 지원, 학력 신장 우수프로그램 지원, 우수교원 사기진작 지원' 등 지역 인재 양성을 위해 지속적인 투자를 해왔다.

일선 학교의 진학담당교사 및 대입 컨설팅 교사 지원단으로 구성된 진학지원팀의 다양한 진학 정보 분석과 제공, 진학지도 자료 개발, 보급 등 체계적인 지원이 효과가 있었던 것으로 예상된다. 무엇보다도 우리 지역의 고등학교 교사들의 피와 땀이 함께했고 학부모의 열의와 학생들의 노력이 함께 했음을 알 수 있다. 학생들의 장래를 결정하는 중요한 시점에서 우리 지역의 학교를 선택하기를 바라는 마음으로 학부모님들께 진로에 도움이 될 수 있는 몇 가지 사항을 제시하겠다.

첫째, 학생의 적성 흥미 성격 가치관 신체적 조건 등을 고려하고 미래 사회와 직업을 염두에 둔 진로 선택이 이루어져야 된다. 최근 몇 년간 학업 성적이 우수하다는 이유 하나로 특목고 및 타지로 진학했다가 쉽게 적응하지 못하고 결국 지역으로 다시 되돌아오는 사태가 빈번히 발생하고 있다. 이는 학생의 적성 흥미 가치관 신체적 조건 등의 잠재적 가능성을 고려하지 않고 성급하게 진로를 판단한 결과다. 이러한 시행착오는 오히려 학생들에게 정서적인 혼란을 야기하고 나쁜 영향을 끼칠 수 있으니 주의해야 할 것이다.

둘째, 우리 지역에도 학생들을 충분히 교육할 유능한 교사들이 구성되어 있음을 명심하자. 우리 지역은 2005학년도부터 평준화가 시행되어 학생들은 성적의 구별 없이 지역 소재 고등학교에 진학할 수 있고 대학입시는 학생부 성적 위주로 변화되고 좋은 내신 성적과 수능 등급으로 고득점을 획득할 기회가 충분하다. 우리 학생들과 상호 신뢰 관계를 잘 형성한 선생님들이 원하는 진로로 잘 들어설 수 있도록 최선을 다하고 있다.

셋째, 생활 지도상의 문제점을 해소하고 인성이 고운 학생을 기르는데 주력하자. 청소년기는 감수성이 예민하고 정서적으로 불안정하여 탈선하기 쉬운 질풍노도의 시기에 부모에 대한 효도나 형제간의 우애는 물론 역지사지의 힘을 스스로 키워갈 수 있도록 지역에서 지도해야 한다. 입학 초기 학교 부적응과 소외감 형성, 잘못된 교우 관계 형성, 학력 저조로 인한 갈등에서 빚어지는 제반 상황들을 대화로 바로잡아 가야 한다.

넷째, 우리 지역 학교에는 시간적 경제적 손실을 방지할 수 있는 기숙사가 준비되어 있다. 장거리 통학이나 하숙으로 인해 발생할 수 있는 시간적 경제적 손실의 방지와 나아가서는 타지역으로 진출한 자녀의 돕기 위해 부모가 따로 생활해야 하는 정신적 경제적 이중고를 해결할 수 있다.

다섯째, 지역에 대한 애향심 배양과 지역 인재 육성에 기여할 수 있다. 지방자치제는 무엇보다 지역 인재가 필요하다. 우리 지역에서 배출된 인재는 강한 애향심을 가지고 지역 발전에 큰 몫을 할 것이다. 이는 나아가 전남교육의 지역 인재 육성 방침에도 부합할 것이다. 이 모든 것들은 선도해 나가기 위해서는 우수 인재를 이 지역으로 진학시켜야 한다.

씨앗은 좋은 밭에 뿌리를 내려야 한다. 학부모들은 좋은 밭을 고르는 탁월한 안목을 가지고 자녀의 장래를 기름지게 할 것이라 굳게 믿지만, 자식들을 위하여 꿈 넘어 꿈도 생각해야 할 것이다.

'가르치는 것은 교육이고 지도하는 것은 예술이다' 꿈을 가지고 열심히 노력하는 학생들과 그 꿈을 넘어설 수 있도록 조력하는 교육자가 함께한다면 여수 교육은 반드시 비상의 날개를 펼칠 것이다.

(2010. 10. 26.)

여수 교육의 미래는 안녕하십니까?

여수시 사립외고 대안 사업은 시작부터 반발이 컸다.

민선 6기 임기 중 건립이 사실상 불가능해졌고, 시민사회단체 등이 참여하는 행복교육 민관 협의체를 구성하여 협의에 들어갔지만, 초·중·고교에 지원되는 교육경비의 예산으로 창의인성교육지원센터 설립 추진 방침 계획은 학교의 자율성과 권한을 침해하는 행위라 여수교육계의 논란이 커지고 있어 매우 걱정이 된다.

필자는 내 고장 여수에서 교육 한길만을 걸어왔던지라 우리 지역의 교육사라면 훤히 기억하고 있다. 2004년 화양고 교장 시절 지자체에서 처음 교육경비를 지원받은 것을 시작으로 13년에는 80억 원을, 14년부터 매년 90억 원의 많은 예산을 지원했음에도 올해 타지역으로 235명이 진학하였다.

GS칼텍스 예울마루 개관 이후 우리 지역에 23여 개 오케스트라단이 창단되어 문화명소가 되었지만, 음악 및 체육을 전공한 학생들의 타 지역 진학으로 올해 75명이나 유출되었다.

여수시는 전남대 산학협력단과 용역계약을 맺고 지난 3년간 '교육경비 보조 사업'을 점검 평가하고 있다. 교육은 인간의 가치를 높이고자 하는 과정으로 만남과 믿음에서 시작, 사람을 아름답게 키워 먼 장래까지 내다보고 큰 미래의 계획을 세우는 것이다. 그래서 교육은 백 년을 내다보는 일이며, 또한 백 년을 준비하는 일이라는 말이 있다. 이는 선조들이 얼마나 교육을 중요하게 여겼는지 알 수 있는 대목이다. 그러나 교육에 관심이 있는 사람들은 이구동성 여수교육이 위기라고 말하고 있다.

우리 지역에 고교 평준화가 실시된 지 10년이 넘었다. 10년이면 강산도 변한다는 말이 있는데 이는 어떤 일에 성공과 실패를 판단하기 위해서는 최소한 10년 정도가 지나야 한다는 것이다. 10년이 지난 지금 여수 교육에 대한 관심으로 우리 시민 모두가 교육의 주인이 되었으면 한다.

우리나라 고교 평준화 정책의 시발은 일본 교육을 벤치마킹하여 1972년 유신 체제 시절, 1974년 서울과 부산을 시작으로 2004년 목포·여수·순천으로 단계적으로 전국에 확대되어 현재 34개 지역이 평준화를 실시하고 있다.

교육정책의 취지는 사(私)교육을 줄이고 입시에 휘둘리는 학생들의 심신을 발달시키며 학력이 낮은 학생의 학력을 끌어올리겠다는 것이었다. 취지의 목적은 좋았으나 평준화가 실시된 지 40여 년이 지나서 보는 지금의 교육 현실은 생활비의 절반을 사교육에 쏟아붓는 사교육의 천국이라 할 수 있겠다.

우리 지역도 평준화 도입 이후 10년이 지났지만, 사교육의 문제점을 해결하지는 못했으며 인근 시의 늘어나는 인구에 비해 교육 등의 이유로 인구가 5만이나 감소한 전국 유일의 도시가 되었으니 이는 문제가 아닐 수 없다. 평준화 이전 남단의 조그마한 항구도시 여수시가 교육 수준으로 전국을 평정해 나가던 시절이 있었다.

지자체의 지원 없이 한 학교에서 서울대 25명을 합격시킨 신화를 한창 써 내려가던 그 시절, 입시에 시달리며 명문 대학을 간다고 해서 교육수준이 높다고 할 수는 없지만, 그 시절은 공교육에 집중해 명문 대학 입학의 결과를 이뤄낸 시의 자부심이기도 했다.

필자는 이 지면을 빌어 여수시민께 제안하는 바이다. 여수시 교육경쟁력 강화를 위해 여수 교육의 미래는 안녕한지 시민들의 시각에서 정책의 실효성을 검증하자. 지자체에서는 교육의 문제점의 직접적인 의견 청취를 위한 여론조사를 통해 우리 지역에 맞는 새로운 교육정책으로 다듬어야 할 것이다.

여수의 미래는 교육에 있다.

(2016. 08. 31.)

여수 고교 평준화 정책, 해제할까? 말까?

여수시는 4월 시청의 별관 증축 합동 여론조사를 하기로 가결한 이후 5개월 만에 시의회에서 여론조사를 추진하지 않기로 의견을 모은 것으로 알려져 파장이 일고 있다는 언론 보도를 접했다. 여론조사는 각종 사회적 문제나 정책 쟁점 등에 관한 견해와 의향을 밝히는 데 도움을 줄 수 있는데 추진하지 않는다고 하니 의향을 들어볼 기회를 놓치는 행태가 되는 것이다.

여수의 도로변에는 행정, 정치인들의 공약과 정책 예산 내세우기, 아파트 분양 등의 불법 현수막이 곳곳에 걸려 눈살을 찌푸리게 한다. 그 많은 현수막 중에 인구 증가 정책과 교육정책에 대한 현수막은 찾아볼 수가 없고 지역의 미래가 걸린 교육정책에 대한 집회 또한 없지만, 이제라도 목소리를 내어 여수 발전에 관심을 가졌으면 한다.

프랑스 드골 대통령의 명언 중 아무것도 하지 않았다는 부역자의 말에 그것이 바로 죄라고 했던 말이 생각난다. 아무것도 하지 않는다면 어떠한 변화도 없을 것이기에 교육정책에 대한 목소리를 높이고 싶다.

여수시는 전국 최초로 주민 발의를 통해 3여 통합(1998. 4. 1.)을 이루었다. 그 당시 34만의 전남 제일의 도시로 우뚝 섰고 한때 남단의 조그만 항구에서 비상의 힘찬 날갯짓 뒤에서 묵묵히 지원을 아끼지 않던 시민들의 힘으로 한 학교에서 서울대 25명을 합격시킨 신화를 한창 써 내려가던 교육도시였다. 하지만 23년이 지난 지금은 인구가 계속 감소되고 28만 명이 붕괴되어 인구 감소와 교육문제가 심각함을 보여주고 있다.

인구의 감소 원인은 무엇일까? 대학의 통폐합, 수산업 축소, 인구 고령화, 저 출산율 등 많은 문제가 있겠지만 우리 지역은 전국에서 한 시의 작은 규모로 속하는 6개 고교(공립 4, 사립 2)가 고교 평준화를 펼치고 있고 이로 인한 인재 유출의 원인도 크다고 평가된다. 평준화 정책은 유신 체제(1972년) 시절부터 1974년 서울과 부산을 시작으로 1975년 대구·인천·광주로 확대되었고, 1979년 대전·전주·마산·청주·수원·춘천·제주, 1980년 창원·성남·원주·천안·군산·목포지역 순으로 전국에 단계적으로 확대됐다. 10년이 지난 1990년에 안동·군산·목포가 1991년에는 춘천·원주·이리(익산)지역이 1995년 천안이 타지역 인재 유출과 인구 감소 원인으로 평준화를 해제하였다.

2005년도에 목포 일반 12 고(공립 5개고, 사립 7개고), 순천 일반 10 고(공립 5, 사립 5)와 여수는 고작 6개 고교로 여수시민들은 반대하였지만, 힘에 밀려 여수도 고교평준화 제도를 도입했다. 우리 지역에 평준화가 시작된 지 16년이 지난 지금의 교육환경은 어떠한가?

인재 유출을 막기 위해 노력을 하고 있지만, 오랫동안 쌓인 관행, 부패, 소통의 부족 등으로 특성화나 차별화로 빠져나간 인구를 비롯해 6만여 명이 줄어들면서 전국적으로 우리 지역만 평준화 희생 교육도시가 되었다. 필자는 내 고장 여수에서 교육자의 길을 걸어오다 보니 지역의 교육수준과 교육 프로그램 등 교육에 관련한 사안에 더 관심을 가지고 살펴보게 된다.

2012 여수 세계박람회를 성공적으로 치른 후, 지역 내 높은 교육적 수요와 교육시스템을 활용할 수 있도록 교육과정 규제를 받지 않고 인근 지역과는 차별화된 교육정책을 실시하라고 교육국제화 특구(2013~2022)로 재지정받았다. 하지만 특구 지정이 무색하게도 지자체에서는 교육특구의 자율권을 전혀 활용하지 못하고 도시 경쟁력을 높이지 못해 우수 인재들마저 타지역으로 빠져나가는 상황이 되니 안타깝기만 하다. 우리 지역의 고교 평준화 정책의 검증을 냉정하게 따져보고, 우리 지역과 맞는 정책인지 직접적인 의견을 청취해야 할 것이다.

'해제할까? 말까?' 여수시민의 의견을 청취하는 '여론조사'를 지자체에 제안하고자 한다. 앞으로 우리 후손에게 물려줄 여수를 위해 함께 고민하고 소통하는 시민이 되도록 다 같이 노력해야 할 것이다. 구름 뒤에 항상 빛이 존재하듯, 새로운 생각이 빛을 받는다면 성장 도시로 거듭날 수 있을 것이다. 교육정책 제언과 합리적 방안 도출로 인구가 늘어나고 새로운 종합 계획이 세워져 세계 속에서 웅비하는 살기 좋은 희망의 여수가 되도록 다 함께 힘을 모아야 할 것이다.

교육이 살아야 지역이 발전한다.

(2021. 11. 02.)

폭넓은 교육정책이 지역 인재를 키운다

우리 인생은 끊임없는 배움의 과정이며 배움의 내용은 달라도 배우며 성장하기 때문에 백년대계 교육을 위해 진정성 있는 교육 시책들이 항상 추진된다. 교육의 발전은 미래 세대의 요구를 충족시킬 수 있고 재창출을 통한 지역 발전의 디딤돌 역할을 할 것이기에 전국의 지방자치단체마다 교육시책에 관한 관심은 높다.

우리 지역은 고교 평준화(2005)가 시작되던 해 중 3 졸업생이 3,985명이었다. 16년이 지난 지금은 학령인구가 44% 감소하여 2,229명이다. 여수시가 우수학생 관외 유출을 막고 '선순환 행복교육'의 시민 공감 확산을 위해 매년 '내 고장 학교 보내기 사업'을 추진하고 있다.

올해 중학교 3학년 우수학생(상위 5%)이 지역 내 고등학교로 진학할 경우 진학 장려금을 대폭 늘려 500만 원을 수여하는 등의 지원으로 진학률을 높이고 있다. 여수시는 여수엑스포 개최 이후 관광도시로 급격히 부상하면서 도시의 모습이 많이 변했고, 위상도 달라졌다. 여수는 지속적 인구 감소를 대처하기 위해 교육의 공공성을 강화하고 교육복지 실현에 한 걸음 더 나아가 폭넓은 학생 복지에 지원을 아끼지 않아야 할 것이다.

'작은 곳에서 큰 변화'를 일으켜 인근 시들과는 차별화된 교육정책으로 살기 좋은 교육도시 성장을 위해 2022학년도 초중고 입학생(초 2,069명, 중 2,372명, 고 2,229명) 전원에게 30만 원의 입학지원금이 필요하다는 기고(2020. 11. 09)를 했었다. 언론 보도에 따르면 올해부터 초등학교에 입학하는 모든 신입생에게 입학 준비금 20만 원과 중·고교 신입생에게 30만 원의 지원금을 지급하는 시·도·지자체가 많아졌다.

서울을 비롯한 부산시와 광주시가 초등학교 신입생에게 입학금을 지원하고 경상북도와 충청남도, 전라북도, 울산시는 지자체가 아닌 교육청 차원에서 지원금이나 선물을 지급하고 있다. 기초단체에서는 경기 용인시를 포함해 과천·광명·여주·남양주·동두천·연천·의정부 8개 시·군이 대전 대덕구, 전남 여수시 등 20여 개 시·군·구가 어린이집 원생과 초등학생에게 입학지원금 10만 원을 지급하고 있다.

이번 여수시는 달라지는 제도와 시책으로, 아동 수당 대상을 만 7세에서 8세로 확대하고, 초등학생 입학지원금 10만 원과 초·중·고등학생까지 청소년들에게는 100원으로 버스를 이용할 수 있는 버스 운영비를 지원한다.

수산업으로 생계를 유지했던 전남지역은 어선 감척사업으로 청년들이 섬을 떠나 학생이 없어 학교가 폐교되는 심각한 위기에 봉착되었고 농어촌 마을은 저출산으로 인구 감소가 앞당겨지면서 65세 이상 인구가 전국의 17%를 차지하고 특히 전남은 23%로 초고령 사회로 진입했다. 전남 교육청에 따르면 지난해 기준 학생 수가 30명 이하인 전남지역 학교가 186곳(초 115, 중 67, 고 4)으로 전체 821개교의 22.65%에 달한다.

지난해 4곳이 폐교되고 올해는 섬 지역인 여수 연안초와 여수 화태초, 여수 거문초 손죽분교, 여수 돌산중 화태분교, 장흥 안양동초 등 5개 학교가 폐교되었으며 유치원도 4곳이 문을 닫았다. 이대로 저출산율이 유지된다면 10년 뒤, 20년 뒤에는 미래를 책임질 청소년들이 없어질 것이 자명하여 걱정이 앞선다.

우리 지역은 급격한 인구 감소 위기 해소를 위해 인구 유입 정책을 마련하여 건강한 사회 구성원으로 우리 청소년들이 성장할 수 있는 미래의 환경을 만들어주어야 한다. 인구 감소 요인을 함께 고민하고 소통하여 결정하게 된 폭넓은 교육복지 정책 중 하나인 초중고 입학지원금 제도가 대폭 확대되어 가시적 성과를 거둘 수 있길 바란다.

전남 제일의 도시 여수의 위상을 되찾고 새로운 아이디어 정책으로 빛을 더해 성장 도시로 발전하고 차별화되는 교육 강화로 지역 발전과 포용적 성장을 이끌어 살기 좋은 해양관광 휴양도시의 청사진을 함께 만들어가야 할 것이다.

(2022. 01. 21.)

석유화학 마이스터고

우리 지역 전자화학고등하교는 여수국가산업단지에 필요한 인재를 육성하여 산업역군의 역할을 다할 수 있도록 전기기계과, 화공과로 구성해 신입생 330명을 모집하고 개교(1999. 3. 2.)하였다. 하지만 국민의 정부 시절 정보화의 중요성이 부각되면서 국가 산업의 취지에 맞지 않는다는 전자화학고 개교의 의견 분분과 수혜 산업체가 없어 현장 체험 및 기술 인재를 육성하는데 어려움이 따랐었다.

국회에서 처음 민선 교육의원 제도가 2010년 6·2지방선거부터 도입되면서 필자는 교장직을 명예퇴직하고 6·2지방선거에 나서 시민들의 성원으로 전라남도 민선 교육의원으로 당선되었다. 전라남도 제255회 임시회('10. 10. 20.)에서 장만채 교육감이 출석한 도정질의에 여수전자화학고교의 미래를 이야기하며 화공, 로봇 분야 마이스터고 육성이 바람직하다는 내용의 건의와 질의를 하였다.

마이스터고 추진을 위해 지역 운영위원회가 구성되었고 교육감과 여수시민들의 적극적인 지원으로 전자화학고 운영체제가 공정운전과, 공정설비과, 공전계전과의 석유화학 마이스터고로 새롭게 태어나며 신입생 104명을 선발하여 개교(2013년 3월)하였다. 2015년 104명의 졸업생은 국가산단의 대기업과 공기업 취업을 하게 된다. LG화학(17명), 한국수력원자력(8명), 롯데케미칼(5명), 삼성전자, 하이테크, 제원산업, 중원 CMS, 한국공항 등 입사 시험에 합격하며 차별화된 교육을 실시한 여수석유화학마이스터고가 첫 졸업생을 배출했다.

우리나라에는 44개의 마이스터고가 있다. 전남은 항만물류 분야에 한국항만물류고, 친환경농축산 분야 전남생명과학고, 석유화학산업분야 여수석유화학고, 어업수산물 가공분야 완도수산고가 마이스터고로 지정되어 있다. 여수석유화학고는 자격증을 3개 이상 취득하는 교육과정을 편성하여 산단 기업에 맞는 차별화된 학교 운영과 발전방향을 제시하며 산학협력협회와 양해각서를 체결했다. LG화학이 기존 입사 전형을 깨고 군 미필자인 고교 졸업 예정자들을 선발하여 최종 합격자가 2년간 군 복무 후 3개월 테크니션 양성과정을 거치게 하는 입사전형의 변화를 두어, 우수 기능을 우선 확보하고 경쟁력을 강화해 고졸자 채용을 장려하는 정부 방침에 부응하고 있다. 여러 산단 업체도 회사별 약정 인원을 선발해 1~2주 정도의 회사별 인턴 교육을 실시하고 소속 기업별 프로젝트 수업을 수행하여 졸업과 군 복무 과정을 거친 뒤 리프레시 교육을 실시해 취업을 보장받는 제도를 준비하고 있다.

여수석유화학 마이스터고의 학생들이 미래 석유화학 산업을 선도하며, 국가 경제발전과 함께 성장할 수 있도록 기업들의 적극적인 지원과 협력이 필요하다. 전라남도와 여수시도 3년간 12억 원을 지원하였다. 한국석유화학협회 37개 회원사 사장단과 여수 석유화학 단지 내 46개의 입주 기업, 그리고 MOU 체결된 산단 업체가 채용약정을 지켜 마이스터고 학생들이 전국 최초로 100%로 취업이 달성되도록 공단 협력업체에서는 적극적으로 협조해야 할 것이다.

최고의 산업계 수요를 반영한 기술교육에 비상의 힘찬 날갯짓을 하고 있는 미래의 유망한 석유화학 마이스터고를 지자체에서도 전문가 양성을 위한 진취적인 교육 과제 연구 · 개발 등의 지원에 행정력을 아끼지 않아야 할 것이다. 산학융합지구 조성 사업에 맞춰 '선취업 후진학' 프로그램을 운영하며 '선취업' 인원 약정으로 석유화학산업을 선도할 여수 산단 업체에 우수한 전문 인력을 공급한다는 목표로 설립된 마이스터고인 만큼 졸업과 동시에 취업할 수 있는 시스템이 구축되어 뛰어난 인재 배출에 노력을 아끼지 않아야 할 것이다.

현재 여수에 주소지를 두고 있는 인구가 감소하고 있다. 줄어드는 인구에 여수의 미래를 걱정한다. 여수를 생각하고 희망찬 미래를 꿈꿔보며 여수시민으로써 무엇이 우리 지역을 위한 일이지 지역을 위한 위기의식과 책임감이 필요하다. 교육의 문제도 그중 하나이다. 석유화학 마이스터고라는 대한민국을 이끌 미래 산업역군의 요람을 적극적으로 지원하고 발전시켜 인구 유입으로 이어질 수 있도록 해야 할 것이다. 미래를 위해 도전하며 아름다운 꿈을 키우는 교육기관은 지역의 자랑이 될 것이고 여수 교육의 새로운 미래를 보여주는 것이다.

2015년 전라남도 교육의원 윤문칠

3.

국동어항과
마도로스 거리

국동어항 마도로스 길

윤문칠

도심 속 우뚝 솟은 구봉산 줄기 따라
당머리 아울러 넘너리 끝자락까지 십 리
정박된 보석들 수백 척의 그 깊이가
몰려오는 그리움에 여일히 어른대다

육지보다 가까운 황금의 섬 경도에서
살랑이는 바람 사이 풍광을 바라보니
겹겹 한 꽃물로 만개한 노을빛이
마도로스 길에 찬찬히 스며든다

(그림 : 김규리)

1) 국동어항과 가막만

거대한 아홉 개의 암석이 마치 큰 봉황이 앉아있는 듯한 모습을 한 원도심 한복판 구봉산(388m) 줄기를 타고, 산자락 아래 국화 모양을 닮은 평화로운 농어촌 국포 마을 앞 해변의 국동어항이 보인다. 국동어항에서 돌산대교 당머리, 돌산도, 남면 화태, 금오도, 월호, 개도, 제리도, 백야도, 화양면, 소호, 웅천, 신월, 국동으로 둘러싸인 호수 같은 그곳에 선박들이 지나가는 청정바다를 가막만이라 한다.

이곳의 육지보다 가까운 섬 경도는 2010년 개발의 첫 삽을 뜬 이래, 전 홀에서 바다 조망이 가능한 국내 유일의 아일랜드 골프장 27홀과 주변 가장도, 야도, 소경도의 풍광이 아름다워 볼거리와 먹거리가 가득한 해양관광 휴양 명소로 변화했다.

필자는 어린 시절 소를 몰고 나무 하나 없던 허허벌판 구봉산 중턱을 자주 찾았다. 앞에 보이는 크고 작은 섬들이 펼쳐놓은 아름다운 풍광을 넋을 잃고 바라보며 잠시 쉬어가곤 했었는데 샘기미, 넘너리 고갯길을 걸어 다니며 일출에 붉어 오는 바닷물을 감상했고, 해 질 녘에는 섬에 걸린 노을이 하늘을 붉게 물들게 하는 석양빛 풍경이 수채화와 같던 그 모습을 보고 자라왔다.

이 항구는 어업 생산기지에서 특화 어항으로 변화됨에 따라 돌산대교 당머리부터 수산물 경매장·수변공원·경도 뱃머리·국동 낚시 타운·잠수기 수협·소경도 선작장, 넘너리 포구까지 10리가 넘은 어항에 천여 척의 어선들이 정박되어 있는 국가어항을 마도로스 거리라 칭한다.

1960년대 자식의 사랑과 교육열로 삼만 삼천 리 바닷길을 노를 저어 뭍(육지)으로 육 년 동안 학교를 보내 전국에 이슈가되었던 '모정의 뱃길'의 포구가 이곳이다. 이 항구에서 영화가 만들어지고 이 이야기를 소재 삼아 국민가수 이미자의 '꽃 피는 여수 바다'의 가요와 스토리가 라디오 연속극으로 만들어져 심금을 울렸었다.

조석으로 울어대는 여객선의 뱃고동 소리와 소형어선에서 잡은 싱싱한 어류, 가막만 해역에서 잡은 새조개, 안강망에 잡은 쥐치 등을 경매한 국동어항은 그 시절 바쁜 삶의 소리와 생기를 느낄 수 있는 곳이다.

1910년 조선총독부에서 '여수군'으로 보낸 전문에는 가막만 일대 해저 갯벌 가로 · 세로 1㎡ 면적에 키조개와 새조개가 200여 마리씩 서식한다는 내용의 보고서가 있었다. 이 보고서를 보고 일본 아이치현에서 수산전문 사무관과 잠수부를 데려와 작업과 사후관리 및 지속적 연구에 대한 보조 인력을 육성하기 위해 조선 사람들을 교육하고 한국 최초 공립 수산교육기관을 만들었는데 시간이 흘러 이곳이 여수수산대학교로 발전되었다.

잠수기수산회사(1927년)가 설립되면서 제3.4구 잠수기 수협(1981년)으로 명칭이 변경되어 현재에 이르고 있고 국내 최초의 수산교육기관인 '여수공립간이수산학교'가 개교(1917년) 하며 꾸준히 수산도시 여수는 전문 인력을 양성하여 지역 경제에 직접적인 시너지 효과를 내고 여수 수산교육의 중심 역할을 수행하여 왔다.

새조개는 12월 초부터 채취하기 시작하여 수온이 떨어지고 살이 통통하게 오르기 시작하는 1~2월 사이에 패류형망(끌망)이나 타뢰망으로 채취하고 새고막을 국동 포구에 산처럼 하역하였었다. 여수의 수산 경제는 호황이었고 당시 추운 겨울날 아낙네들이 불을 피워놓고 조개껍질을 까는 가공을 시작으로 염포를 만들어 일본으로 수출했었다. 그때 새고막을 가공하는 아낙네의 손과 목에는 무거운 금을 장식한다는 말이 돌 정도로 경제적 대목을 누렸다.

우리나라 국민이 좋아하는 대표적 겨울철의 별미 새조개는 육지 사이에 낀 조그만 바다의 수심 10~30m의 모래 진흙질 바닥인 여수시 가막만·여자만, 고흥·보성 득량만의 청정해역에서 서식하는 조개이다. 모양은 피조개와 닮고 아이 주먹만 한 원반 모양으로 껍데기는 길이와 높이 9.5cm, 너비 6.5cm 정도로 둥글며 불룩한 연체동물로 물속에서 물을 뿜으며 이동하는데 발 모양이 새 부리처럼 생겨 한 번에 거의 1m 정도의 거리를 새처럼 빠르게 이동한다고 하여 '갈매기 조개' '오리 조개'라고도 부른다.

미국 FDA로부터 적합 판정을 받은 청정해역에서 생산되어 품질이 매우 뛰어난 데다 새조개는 필수아미노산, 칼슘, 철분 등의 성분들이 듬뿍 들어있는 고급 조개로 지금은 물량이 많이 나오지 않아 국내에서 고가로 모두 소비하고 있다.

필자는 국동에서 나고 자라 모든 시절을 여수의 바다와 함께 생활했고 여수에 대한 애정이 남다르고 깊다. 지금 소형어선 감척으로 양식어업이 활성화되면서 새소개 등 생물들이 자취를 감추고 있지만, 가막만의 황금 어장과 아름다운 국동 포구는 여수의 큰 자산으로 현재까지 그 몫을 톡톡히 하고 있다. 자연을 즐기며 도심과 어우러져 조화로운 아름다움을 자랑하는 소중한 우리의 자산 국동 포구와 가막만은 여수의 자랑이다.

새조개는 여수산이여!

돌산대교(당머리)에서 월호동(넘너리)까지를 마도로스(해안산책로) 길로 조성하자는 기고문을 실었었다. 이 포구는 선원들이 왕래했던 국동 어항이지만 그 시절은 바람과 조류 및 돛을 이용한 범선과 현재는 동력선을 타고 바다로 나가 패류형망(끌망)이나 타뢰망으로 가막만 해역에서 채취한 새조개의 어선들이 입·출항하는 항구였다.

옛 국동 포구는 지금은 흔적도 없지만, 그 당시 시민들은 조석으로 울어대는 여객선의 뱃고동 소리에 잠을 설쳤었고, 소형 기선 저인망으로 수산업이 활발했던 당시는 지나가던 개도 만 원짜리를 물고 다닌다는 말이 돌 정도로 '여수에서 돈 자랑하지 말라'라는 이야기가 전해졌던 시절이었다.

충남 홍성군 남당항에서 새조개 축제 행사를 12년째 유치하고 있다. 매년 1월 초에 축제를 시작하여 3월 말에 끝난다. 지금은 자원 고갈에 따른 수온 변화로 잡히는 물량이 적어 매년 여수 가막만에서 채취한 새조개를 축제에 사용하고 있다.

새조개의 시발점은 1910년도 조선총독부에서 '여수군'에 보낸 전문의 기록인데 내용은 가막만 일대 해저 갯벌 가로·세로 1㎡

면적에서 키조개 및 새조개가 200여 마리씩 서식한다는 보고서였다. 총독부가 수산전문 사무관을 급파해서 일본 아이치현에서 잠수부를 데려와 작업하다가 사후관리 및 지속적 연구에 대한 보조 인력이 필요해 조선 사람을 교육하고 육성하기 시작하며 1917년 진남관 입구의 한국 최초 수산교육기관인 '여수공립간이수산학교'가 생겼고 이는 '새조개 연구기관'이었다.

하늘이 내린 선물이라는 말이 있을 정도로 영양가가 풍부하고 별미인 새조개는 원반 모양으로 불룩한 연체동물로서 새부리 모습을 한 독특한 생김 탓에 지어진 이름이다. 여수시의 가막만, 여자만 해역과 고흥군 득량만 그리고 충남 천수만 등에서 서식하고 있다. 남해안에서 채취된 새조개는 미국 FDA로부터 적합 판정을 받은 청정해역에서 생산되어 품질이 매우 뛰어난 데다 다른 지역 산보다 씨알이 2~3배 굵고 쫄깃하고 단맛이 뛰어나다. 콜레스테롤, 칼로리, 지방이 적어 다이어트 식품으로 인기이며, 필수아미노산, 칼슘, 철분 등의 성분들이 듬뿍 들어있어 겨울철의 별미 '조개의 명품'으로 일본으로 전량 수출이 되었던 고급 패류였다.

새조개의 수출이 막힌 요즘은 물량 대부분이 충남 홍성에 있는 새조개 전국 수산물 집하장으로 이송되어 서울이나 수도권 등 대도시로 팔려나가고 있다.

필자가 소년 시절 친구들과 바닷가에 자주 나갔었는데 바닷물이 밀려 나가 해면이 낮아지는 썰물 때면 잠수질을 하여 새조개를 잡곤 했었다. 인근 시군에서 우럭, 짱뚱어 축제와 문절구 낚시 대회 개최로 관광객들을 모으고 있는데 수산의 고향인 우리 지역엔 수산물 축제가 없어 안타깝기만 하다. 필자는 돌산대교 아래부터 국동항을 거쳐 신월동항 4km 거리인 마도로스 거리를 해양 산책로와 관광레저 공간으로 조성하여 여수 경도 복합 리조트 조성과 연계하고 가막만 해역을 끼고 있는 우리 지역에 전국적인 새조개 축제 행사 개최를 건의하고 싶다. 또 국가어항인 국동어항 주변에 맛있는 여수 10미 명품음식을 상품화하여 원도심을 활성화시키는 방안으로 활용되었으면 한다.

어항 기능이 활성화될 수 있고 해양관광 명소가 될 수 있는 국동어항은 어촌의 바다 경관인 당머리(갯장어)부터 수협의 수산물 판매장, 다기능 수변공원, 봉산동(게장 골목), 대경도 뱃머리(갯장어 횟집), 국동(통장어탕), 낚시 타운(갈치낚시), 잠수기 수협(횟집, 패류), 소경도 뱃머리, 샘기미(키조개, 피조개), 넘너리(새조개)까지 전국의 맛 자랑 음식점들이 모여 있는 먹거리 골목이다.

마도로스(해양 산책로) 길을 조성하여 모정의 뱃길의 영상물과 여수수협, 잠수기 수협(잠수부)의 조형물 및 전시관을 만든다면 볼거리가 있고 맛있는 음식도 먹고, 국가어항인 국동, 샘기미, 넘너리 등 부두에 정박되어 있는 어선의 모습과 놀거리를 더해 해양 산책로 길에 '마도로스 밥상 패키지'를 상품화하여 여수를 알렸으면 한다.

요즈음 온도 상승으로 바다 사막화 현상이 발생하고 바다 밑이 단단하게 굳어져 갯벌이 황폐화되는 등 새조개가 잘 서식하지 못하고 있다. 때문에 자연적 생산도 중요하지만 과학적 생산기술이 필요한 시점이다. 전남해양 수산과학원은 남해안 일대에서 생산되는 새조개로 새로운 채묘 기술을 적용해 어린 새조개 종자(치패) 생산량을 10배 이상 높이는데 성공했다. 하지만 국내 최초로 50만 마리를 방류했으나 생존율이 낮고 관리 문제로 생산에 어려움을 겪었다. 2020년 인공 종자 대량 생산과 중간 육성 기술 개발 시험, 2021년 양식기술 개발 시험을 순차적으로 성공하여 많은 새조개가 생산되기를 기대하고 있다. 지금은 어업 생산기지 어항에서 특화 어항으로 변화됨에 10리가 넘는 국가 어항의 거리가 싱싱한 어류의 맛을 즐길 수 있는 먹거리, 볼거리가 많은 해양 산책로 거리로 변화하고 있다.

1960년대 심금을 울렸던 모정의 뱃길 영상물을 상영하고 여수 수협과 잠수기 수협(잠수부)이 있는 이곳에 새조개 등 조형물과 전시관을 만들어 여수 10미의 음식을 소개하고 국가어항에 정박된 어선을 볼거리로, 청정해역인 마도로스 거리를 해양 산책로로 꾸민다면 바다 풍경을 벗 삼아 산책하는 하나의 관광코스가 될 것이다.

필자는 남해안 해양관광의 중심 여수를 찾아오는 손님들이 국동어항 부둣가에 많은 볼거리를 기억하고 해양 마도로스 거리를 산책하며 계절에 맞는 싱싱한 수산물을 활용한 '여수 바다축제'를 통해 여수를 알아갔으면 하는 소망이 있다.

겨울철의 별미 새조개!

여수산 새조개 맛이 최고임을 자랑하고 싶다.

(2015. 09. 02.)

넘너리 보배, 새조개!

남해안 (가막만) 새조개 으뜸! 축제를 열자

넘너리는 여수시 월호동의 끝자락에 위치한 조그만 어촌마을이다. 넘너리 고갯길을 넘어서면 여순사건의 발원지인 14연대가 주둔했던 한국화약이 보이고 그 앞 호수 같은 바다 가막만을 볼 수 있다.

여수시 국동부터 경호동, 신월동, 소호동, 화양면, 백야도, 제리도, 개도, 월호섬과 금호산을 감싸는 남면 화태도 와 돌산도를 중심으로 서편에 둘러싸여 있는 바다를 가막(섬)만이라고 한다. 대부분 큰 섬을 대표적으로 부르지만, 보석처럼 널려진 작은 섬들로 이루어진 호수 같은 바다가 바로 가막만이다.

요즘 월호동 넘너리 주변 식당가는 새조개가 한철이다. 새조개는 자연으로 서식하는 패류로 새 부리의 모습을 한 두툼한 모양과 쫀득한 식감의 맛이 일품이다. 필수아미노산 및 칼슘 철분 등의 성분이 듬뿍 들어가 있어 조개의 명품으로 불리는 귀한 몸이다.

작년 12월 초부터 제철을 맞은 새조개를 맛보기 위해 많은 손님과 관광객이 이곳을 찾고 있다. 예전에는 비싼 몸값으로 일본으로 전량 수출하여 맛도 보지 못했지만, 지금은 여수의 가막만과 여자만 고흥 득량만에서 서식하며 그 맛을 선보이고 있다.

남해안 새조개는 미국 FDA로부터 적합 판정을 받은 청정해역에서 생산되어 품질이 매우 뛰어나고 다른 지역 산보다 씨알이 2~3배 굵고 쫄깃하며 단맛이 뛰어나다. 콜레스테롤과 칼로리 지방함량이 낮아 다이어트 식품으로 최고의 가치를 인정받으며 높은 인기를 얻고 있다.

충남도와 홍성군이 후원하여 개최하고 있는 '홍성 남당항 새조개 축제(2017년 1월 6일~5월 7일)'가 14회째 이어지고 있다. 4개월 동안의 긴 축제 기간에 지역에 맞는 해산물로 먹거리와 즐길 거리를 다양하게 마련하여 남녀노소 구분 없이 여행을 즐기며 좋아하는 음식을 찾아다니는 미식가들이 남당항 어촌마을을 찾고 있고 그 지역 대표적 별미로 새조개 명소가 되었다.

개인 블로그 및 SNS 등으로 여행지를 찾고 홍보가 되며 쌍방향 피드백이 바로 올라오는 시대에 많은 이들이 여수 밤바다의 낭만을 만끽하려고 여수를 찾고 있다. 우리도 수산 축제가 있었더라면, 여수를 찾는 이들에게 여수 맛을 알릴 수 있을 텐데 하는 아쉬움이 남는다.

필자는 우리 지역만이 지닌 바닷가의 당머리부터 넘너리까지 해양 산책로인 국가어항을 배경으로 아름다운 풍광과 풍부한 해산물을 활용해 '여수 10미(味)축제' 행사를 전라남도 후원으로 개최했으면 하는 바람이다. 경도의 복합리조트 조성과 연계하면서 기막만 혜역을 끼고 있는 세계 엑스포의 도시 여수에 여수민의 10미 음식으로 여수를 알렸으면 한다.

국제 해양관광의 중심! 여수의 맛! 한려수도의 시작점이며 전라좌수영의 본영인 여수에서 여수만이 가지고 있는 아름다운 풍광을 자랑하며 여수에서 맛볼 수 있는 음식을 저렴한 가격으로 선보여 해양관광도시 여수를 알려보자. 세계 속으로 웅비하는 새로운 여수를 기대해 본다.

(2017. 02. 22.)

무슬목을 터서 가막만을 살리자

천혜의 자연경관을 자랑하고 다채로운 섬이 보석처럼 둘러싸인 여수의 가막만 해역은 80년대 자연산 새조개 채취의 천국이었다. 국동어항에 산처럼 쌓아두고 가공하며 일본으로 전량 수출하여 지역 경제의 버팀목의 역할을 해오며 명실상부 여수의 큰 자산이었다.

지금의 여수는 여수 팔경마다 도심 해안을 따라 우후죽순 들어선 호텔과 펜션 등 무분별한 난개발로 산과 바다가 막히고 천혜의 자연경관이 훼손되고 있다. 흘러나오는 생활 오폐수 등이 바다로 유입되면서 용존산소가 부족해 흐르지 않는 물은 결국 썩고 가막만 바다에 서식하던 각종 어패류와 새조개도 생산량이 줄고 사라진지 오래다. 이러한 현상을 그냥 바라만 보고 있어도 되는 것일까? 우리의 무책임 속에 생태계의 변화로 수면 아래는 황폐화가 되고 있다. 바다를 살려 깨끗하고 아름다운 청정바다를 다음 세대에 잘 물려주고 희망을 주었던 가막만을 모습이 다시 돌아오기를 시민들은 기다리고 있다.

국동어항 당머리에서 끝자락에 위치한 조그마한 넘너리 어촌마을 고갯길을 넘어가면 은빛 잔잔한 명경지수 청정바다가 나온다. 돌산도를 중심으로 남면, 개도, 제리도, 백야도, 화양면, 소호, 웅천, 월호 주변의 작은 섬들이 둘러싸여 호수 같은 해역을 이루고 있는 이곳을 가막만(도)이라고 한다. 여수는 역사와 자연이 공존하는 풍광이 아름다운 곳이다.

여수의 관광 1번지 돌산도로 가면 '무슬목'으로 불리는 곳이 있다. 정유재란(1958년)이 일어나던 해 명량해전에서 패주한 왜선을 두 형제섬(혈서도, 죽서도)으로부터 개미허리처럼 잘록한 지형을 가지고 있는 굴전과 무슬 부락 사이의 포구로 유인해 왜선 60척과 왜군 300여 명을 섬멸했던 역사의 유적지다. 이곳은 밀물 때 완전히 잠겨 가막만 해역까지 바닷물이 흘렀지만, 지금은 매립되어 전남 해양수산과학관이 한복판에 세워져 있고 동서의 물고의 교류를 막아 버렸다. 필자는 동 바다와 서 바다를 막고 있는 돌산 무슬목을 터 해저터널을 만들고 살아있는 바다와 교류할 수 있도록 하여 황폐화되어가는 가막만을 청정바다로 만들어야 한다는 기고문('13. 01. 30)을 실었었다.

해양 휴양 도시 여수는 바다와 미래를 잇는 '2026 세계 섬 박람회'성공 개최의 의지를 다지고 있다. 여수시민들은 웅천 마리나항만 개발과 주변에 산개한 섬과 섬인 화태~월호대교~개도대교~제도대교~화정대교의 4개 연도교가 조속히 착공되면 빼어난 한려수도의 연륙교 경관의 자원으로 나폴리나 홍콩 상해와 같은 환상적인 해양관광 레저 스포츠의 도시로 새롭게 태어날 것으로 기대하고 있다.

이번을 기회로 해양의 메카로 발돋움할 수 있도록 '무슬목'을 터서 가막만을 살리는 용역을 실시해 주길 건의한다. 시민의 공유재산인 천혜의 자연경관을 지닌 가막만 해역을 우리가 지켜야 하며 해양관광 휴양도시 여수를 세계 속의 도시로, 살기 좋고 자연이 공존하는 아름다운 가막만을 지켜 예전의 가막만의 기적이 다시 재현될 수 있도록 해야 할 것이다.

(2013. 01. 27.)

2026년 섬! 세계여수박람회 성공개최, '깃발'을 달자

전라좌수영의 본영이며 한려수도 시발점인 2012 여수세계박람회 개최 도시 여수!

즈윽히 생각하니 호남은 국가의 보루다. 만약 호남이 없었다면 국가도 없었으리라는 이순신 장군의 명언이 생각난다. 이충무공께서 거북선을 건조한 선소에서 섬과 섬을 발진기지로 삼아 왜적을 물리쳤던 구국의 성지 여수! 지자체에서 전 세계인이 찾고 즐기는 국제 관광 허브로 신성장 동력인 마이스산업 육성과 연계해 섬을 주제로 한 여수 세계 섬 박람회(2026. 7. 17~8. 16.)를 돌산 진모 지구와 여수시 일원에서 '섬, 바다와 미래를 잇다'라는 주제로 계획하고 있다. 지난번 성공 개최의 다짐을 위한 결의대회를 가지며 도지사와 여수시장, 도·시의원 등 여수 읍면동 시민운동 실천위원장 27명이 함께 성공 개최 기원 기를 들고 입장하여 면민 대표가 지사와 시장에게 전달했다. 이날 도지사는 '2026 세계 섬 여수박람회 국제행사 확정'으로 도가 명실공히 섬 발전을 선도하는 중심지로 우뚝 서게 됐다면서 여수시와 함께 섬이 대한민국의 새로운 성장 동력이 될 수 있도록 박람회 개최 준비에 최선을 다해야 한다며 의지 보인 언론 보도를 접했다.

2012년 여수세계박람회를 치르며 겪었던 일들을 교훈을 삼아 후회 없는 준비를 해야 할 것이다. 여수세계박람회를 개최하기 위해 정치에 밀려 100년 된 국제 무역항을 후보지로 확정하고 10여 년 박람회 계획을 세웠으나 상해에 밀려 등록박람회는 실패했었다. 그 후 인정 세계박람회 유치 성공으로 '살아있는 바다 숨 쉬는 연안'의 주제로 개최한 2012여수세계박람회는 관람객 820만 명을 불러 모았고 성공적 개최였다고 평하고 있지만 93일간의 박람회 행사로 잃어버린 국제무역항과 6만의 인구 감소에 안타까운 마음이 크다. 여수세계박람회가 막을 내린 지 10년이 지난 지금 삼일 부두의 여수 항명마저 잃어버리고 6만여 화물선이 오동도 앞바다로 입출항하지만 여수항으로 입항하는 선박이 없는 현실이 씁쓸하다. 관광객 유치에 열을 올리다 보니 도심 해안을 따라 우후죽순 호텔과 펜션 등의 무분별한 난개발로 산과 바다가 막히며 천혜의 자연 경관을 훼손하게 되고 조망권이 막히고 있으나 책임지는 이는 없다. 과거를 돌아보고 지금 당장의 이익보다 미래를 내다보는 발전적 방향으로 나아갈 수 있는 준비를 해나가야 할 것이다.

세계에서 가장 많은 섬을 가지고 있는 나라는 인도네시아(14,500여 개), 필리핀(7,100개), 일본(6,800개) 그다음 한국(3,348개)이다. 우리나라는 세계 육지 면적의 0.07% 밖에 되지 않지만 해양 면적이 국토의 4~5배에 달할 정도의 삼면이 바다로 둘러싸인 해양 국가이다. 특히 전남은 2,165개(유인도 279개, 무인도 1,886개) 섬으로 65%를 차지하고 있고 15개 시군에 널려 흩어져 있어 섬 나름대로 독특한 문화와 뛰어난 풍광을 간직하고 있다. 365개의 섬에서 천혜의 자연환경과 아름다운 동양의 나폴리 같은 수려한 풍광을 자랑하는 해양휴양도시 여수는 육지와 섬이 연결되어 있는 14개 연륙교가 있고 앞으로 계획하고 있거나 공사하고 있는 11개를 합하면 25개 연륙교가 있는 세계에서 유일한 지자체다. 여수~남해를 잇는 동서 해저터널이 건설되고, 그에 발맞춰 화태~남면~백야 간 연륙교와 여수의 혈맥인 동·서 횡축 간선 도로망(돌산~경도~야도~월호동~웅천~소호)이 개통되면 남해안권 관광벨트 구축으로 관광자원화와 해안 일주 도로의 건설을 통한 세계 최고의 해양관광 명소가 될 것이다.

'섬, 바다와 미래를 잇다'는 주제를 널리 알리며 타향에서 고향을 그리워하는 향수처럼 소리 없는 아우성을 깃발에 새겨 전남 지역의 연륙교에 도민의 목소리를 담아보는 것은 어떨까? 바람에 날려 '2026 섬 세계 여수박람회 개최'를 알리며 성공적 개최를 기원할 수 있도록 건의하고 싶다.

바람이 불면 불수록 더 힘차게 나부끼는 것이 '깃발'이다.

(2020. 09. 01.)

2) 황금의 섬 경도

국동어항과 돌산도를 안고 바다 위에 떠있는 섬은 고려 시대 귀양 온 후궁이 거주하면서부터 경도(京島)라고 불리다가 섬 전체가 고래를 닮았다고 해서 고래섬 경도(鯨島)로 부르기도 했다.

경도의 선착장(목넘)에서 닿을 듯 말 듯 떨어져 있는 이 섬은 국동항에서 5분 거리인 육지보다 가까운 섬이다. 안개처럼 자욱이 서른 새벽이 걷어지면 섬 아이들을 실은 나룻배들이 학교가 있는 육지를 향해서 아침 햇살을 해치면 이곳저곳에 바쁜 노를 젓기 시작했다.

경도는 2010년 개발의 첫 삽을 뜬 이래로 현재 전 홀에서 바다 조망이 가능한 국내 유일의 아일랜드 골프장과 지중해풍 콘도미니엄, 최근 오토캠핑장까지 종합형 리조트인 황금 섬으로 다시 태어나고 있다.

국내 최고의 관광 섬을 꿈꾸며 해상 관광자원을 활용해 의욕적으로 개발 계획을 세우고 있고 경도! 경도의 컨트리클럽을 한 번 다녀간 이들은 탁 트인 바다가 있는 양질의 컨트리클럽이라 칭찬을 아끼지 않는다.

지금은 두 척의 도선이 왕래하며 섬을 연결하고 있지만, 연륙교가 건설되면 전남 제1의 관광 명소가 될 것으로 의심치 않는다.

경도를 황금의 섬으로

안개가 자욱이 서른 새벽이 걷어지면 섬 아이들을 실은 나룻배들이 학교가 있는 육지를 향해서 아침 햇살을 해치고 이곳저곳에 바쁜 노를 젓기 시작한다.

1960년대의 어머니 뱃사공(모정의 뱃길)의 포구인 여수 끝자락 경도의 선착장(목넘)에서 닿을 듯 말 듯 떨어져 있는 경도는 국동항에서 5분 거리인 육지보다 가까운 섬이다. 이 섬은 2010년 개발의 첫 삽을 뜬 이래로 현재 전 홀에서 바다 조망이 가능한 국내 유일의 아일랜드 골프장과 지중해풍 콘도미니엄, 최근 오토캠핑장까지 종합형 리조트인 황금 섬으로 다시 태어나고 있다. 2012년 여수세계박람회 유치로 교통이 편리해지면서 우리 지역 시티파크 CC, 디오션 CC, 경도에 조성된 27홀 골프장에 많은 이들이 찾고 있다. 경도 CC는 돌산도, 오동도, 금호도의 코스가 있고 콘도는 남해안의 여수지역을 대표하는 시설로서 골프 시설이 지역 경제 활성화에 큰 역할을 하고 있다.

경도 CC를 다녀간 사람들은 탁 트인 바다를 보고 양질의 시설에 칭찬을 아끼지 않는다. 현재 두 척의 도선이 왕래하며 섬을 오가고 있으나 도선 운항의 제한으로 방문객이 다녀가는데 시간은 자유롭지 못하다. 24시간 교통수단으로 관광이 가능한 경도의 시대가 왔으면 하는 바람이다. 경도는 골프장과 콘도미니엄 운영 특성상 단체 방문객이 많이 찾고 있다.

비워진 국동 대합실에 '모정의 뱃길' 영상을 제공하고 선착장 주변에 조형물을 설치해 관광 상품화해 보는 것은 어떨까? 좋은 소재가 있고 역사가 있어 마도로스 밤거리를 밝힐 문화로 자리 잡을 수 있을 것이다. 원도심 시내 복판에 4.5km의 국가어항인 국동항과 인접하며 뭍과 가까운 데다 남해바다의 풍광을 접하고 여름의 별미 '갯장어(참장어)' 보양식 요리로 유명한 경도! 국동 어항의 먹자골목의 먹거리, 즐길 거리, 볼거리로 관광 상품화되길 필자는 바라고 있다. 호남에서 유일하게 여수 경도 리조트는 외국인 전용 카지노를 포함해 1조 원 이상을 투자한 신규 복합 리조트 선정을 위해 문화체육관광부에 기본 제안서를 제출했다. 인천 영종도와 제주도 부산, 전북 등 5개 광역자치단체에도 함께 최종 기본 제안서(RFC)를 제출한 상태다.

복합리조트 산업은 민간사업이지만 막대한 고용 창출 및 생산 유발 효과를 낼 수 있어 관광적 측면과 내수경기 활성화 신 지역 이미지 창출 등 경제 활성화 측면에서 아주 중요한 사업이다. 경도가 복합리조트의 사업지로 선정되면 중국, 홍콩, 미국, 일본 등 1조 2천여억 원대 대규모 국제 자본이 집중 유입될 것이고 1천실 규모의 숙박 시설과 외국인 전용 카지노, 물놀이 시설 복합 쇼핑몰 등을 갖춘 단지가 조성될 것이다.

현재 여수 경도는 사업부지와 골프장, 콘도 등 기반 시설을 갖춘 상태이며 다른 경쟁지역과 차별화된 우위를 확보하고 있다. 카지노 복합리조트 대상 지역으로 선정되면 2020년까지 완공되어 세계 속의 경도로 국제적 관광 명소가 될 수 있을 것이다. 여수의 육지와 가까운 작은 섬 경도가 황금의 섬으로 태어날 수 있도록 시민들은 응원하며 기대하고 있다.

(2015. 07. 20.)

동서횡축간선 도로망 건설이 시급하다

동서횡축간선 도로망이란 돌산과 경도해양관광단지, 신월동과 웅천 소호 지역을 잇는 연육·연도교를 말한다. 여수 인근에 옹기종기 모여 있는 남해안 푸른 물결이 넘실대는 섬 중에 전남개발공사에서 개발하는 경도해양관광단지는 여수 시내에서 가장 가까운 섬이다. 여수세계박람회를 준비하며 관광 인프라 및 숙박 시설 확충을 위한 대책으로 추진되었던 본 도로망 건설 계획은 현재까지 지연되고 있는 상황이다.

돌산 경도 간 연도교 건설은 1986년 도시계획시설로 결정된 바 있으나 경도해양관광단지 및 골프장 유락시설 건설로 도선 운항권을 개발공사에서 운영함에 따라 26년이 지난 지금도 아무런 진전이 없는 상태다. 지난해 10월 전남도 의회에서 박준영 도지사가 출석한 가운데 전반적인 도정질의로 경도해양관광단지를 지나는 도선에 대한 문제점과 교량 건설인 연도교 및 동서횡축간선 도로망이 시급하다는 의견을 강도 있게 질의했었다.

돌산과 경도를 잇는 연도교 시설 계획은 경도 지구가 관광특구 지원 구역으로 지정되면서 관광숙박시설과 기타 레저시설이 완료되는 15년 동안 누적 이익을 얻을 수 있다고 판단해 차도형 여객선(240t)을 만들고 골프관광객이 이용할 차도선을 활용하다 보니 경도 주민과의 마찰로 현재는 두 척의 도선이 운항되고 있다. 두 척의 도선 운항으로 문제가 해결될 것이라고 생각하는 것은 매우 근시안적 결정이다.

여수 해양관광자원을 하나로 연결한다는 큰 목적을 잊어서는 안 될 것이다. 이미 실시를 결정한 바와 같이 돌산-경도-신월-웅천 · 소호의 연륙교 사업이 진행되어야 여수 지역의 교통문제는 해소될 것이고 국제 해양관광레저스포츠 중심으로서 미래를 대비할 수 있을 것이다.

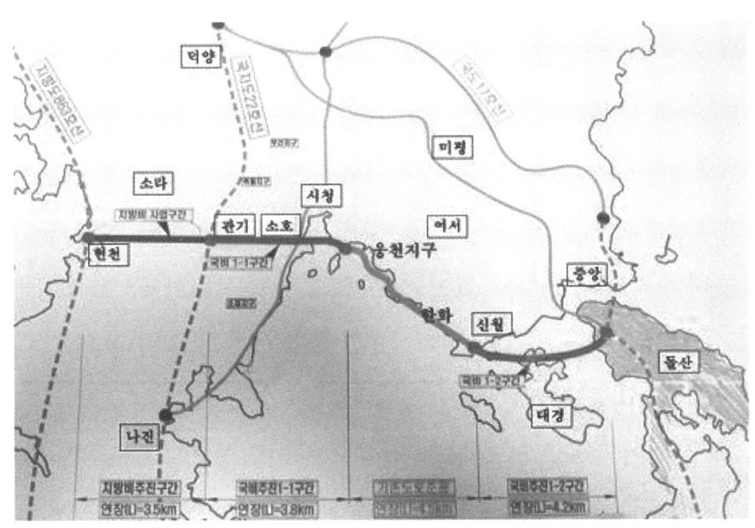

국도 17호선과 국지도 22호선 및 지방도 863호선의 연결 도로에 대하여

- 돌신 경도 연도교 1986년 4월 25일 건실부 고시 171호로 도시계획 시설로 결정
- 경도야도 신월 간 연육도는 2004년 12월 31일 전남 고시 241호로 시설 결정
- 웅천 소호동 간 연륙교는 2009년 5월 4일 전남 고시 220호로 도시계획 시설 결정

여수반도에서 가장 절실한 국노 17호와 국지신 22호 및 지방도 863호선의 연결도로인 돌산-경도-웅천 · 소호-화양 간 도

로 개설사업은 여수의 중심부인 동서 간 활로를 트고 도심에 집중되는 차량을 외각으로 분산시키는 효과를 확보할 수 있다. 여수시가 안고 있는 가장 중요한 교통의 문제를 해결할 수 있게 될 것이다.

이충무공께서 거북선을 건조하고 수리했던 국가사적지 392호의 선소와 웅천의 신도시 개발 지역에 아파트 단지와 인공해수욕장 및 휴식공간이 들어섰고 21만 평 규모의 여수의 랜드마크인 천석 규모의 문화 예술 공간인 예울마루가 있다. 장도 섬으로 연결된 콘크리트 도로가 썰물 때면 드러나 섬으로 들어갈 수 있는 바다체험의 공간도 있지만, 도로망의 단절로 인근 아파트를 드나드는 차량만 혼잡 상태로 순환되지 못하고 출입 도로로 다시 되돌아가는 현상을 보이고 있다.

웅천지역의 도로망은 남북 방향으로 회귀형으로 구성되어 있어 사고 발생과 교통량 집중 시 우회 도로 기능이 없다. 따라서 회귀형 도로망 체계에서 격자형 도로망 체계를 보완한 우회 도로 기능과 도심순환 기능을 부여해 웅천지역의 교통망이 해소될 수 있도록 하고 아름답고 살기 좋은 여수를 찾는 반가운 손님들에게 효율적이고 안전한 길을 안내할 수 있었으면 한다. 중단된 도시계획 시설들이 다시 실행될 수 있기를 바란다.

(2012. 12. 02.)

해양휴양도시 여수의 얼굴 '국동어항'

(잠수 진입도로 삼거리 로터리 개설을……)

전남대 국동 캠퍼스에서 국동 롯데마트까지 156억 원의 사업비를 투입하여 연장 1120m의 국동어항단지~신월로 구간의 4차선 도로를 2000년 실시설계를 시작으로 착공 16년 만에 개통(2016. 04. 01)하였다. 이 도로는 국동어항의 활성화를 기대하며 주변 지역의 교통체증 해소와 국가어항과 경도 돌산 방향으로 소통할 수 있도록 한 4차선 도로이다. 하지만 잠수기 수협으로 진입하는 골목 도로에는 바다낚시를 즐기는 강태공들이 관광버스를 이용해 들어오기 때문에 생각보다 교통난이 심한 편이며 해소의 어려움을 겪고 있다.

여수의 수산 경제의 원동력인 국동어항은 대형 어선 및 소형 선박들이 정박 되어있다. 특히 국동 목넘과 신월 포구는 수백여 척의 소형 선박이 정박되어 있고 어항 관리가 되지 않아 생활 쓰레기 및 폐어구 방치, 무질서한 주차, 수산양식기자재 야적 등 어항의 이미지를 훼손하고 있다. 무허가 무동력 폐선 치리는 많은 비용이 들기 때문에 그대로 방치돼있어 어민에게는 큰 피해가 따른다. 해변 도로변과 백경 선박 주변에는 어구들이 쌓여있고 낚시와 스포츠센터 주위와 수변공원 해변 노상에는 무질서하게 대형버스와 자동차들이 주차되어 있지만 이를 관리하는 요원이 없다. 잠수기 수협과 대경도 선착장 주변까지 공용화장실이 없고 철조망 사이에 잡초와 쓰레기가 쌓여있어 도시 미관에도 좋지 않아 이곳을 찾는 이들은 눈살을 찌푸린다.

이곳에서 평생을 살고 계신 김○순(73세) 씨는 어항의 주인은 우리라면서 어항 환경 개선을 위해 이 항구에 정박되어 있는 무허가 무동력 폐선을 지자체에서 전수 조사하여 감척 및 패선 조치를 해주길 바라고 있다. 어민들이 사용할 수 있는 공용화장실과 이양기 설치를 건의하며 환경이 개선되길 원하고 있다. 철조망 울타리를 철거하고 친환경 자재로 주위를 개선하여 무질서한 주차 문제, 교통문제 해결을 위해 안전요원 배치와 삼거리 로터리를 만들어 골목길 교통을 해결하는 방안을 세웠으면 한다.

전국 국가어항(120개) 중 여수의 국동어항은 원도심 한복판에 자리하고 있다. 돌산대교(당머리)부터 신월동(넘너리)까지 십 리(4km)가 넘는 호수 같은 포구에 풍광만 바라보아도 설레는 해변의 산책로가 있는 이 거리를 필자는 '마도로스 거리'라고 칭한다. 이곳은 관광 명소인 돌산도와 황금의 섬 경도가 있고 포구에 수백여 척의 어선이 정박되어 있다. 새벽 어스름한 여명이 시작될 무렵이면 동양 최대의 다기능 수변공원이 있는 수산물종합센터에서 수산물 경매가 시작되고 대낮에 잠수기 수협 어패류 경매 소리에 수산 시장의 활기로 지역 경제의 큰 축이 된다. 전체적 관점에서 문제를 해결해야 할 것이다.

전남도 내 여수를 비롯한 7개 시와 군 1,320개 모든 여객선 노선에서 177섬 주민 4만 9천여 명은 1,000원으로 여객선을 승선할 수 있어 교통비를 절감하게 되었다. 이에 따라 육지 기준으로 가장 멀리 떨어진 목포~가거도, 여수~거문도 간을 이용하는 섬 주민도 1,000원 단일 요금제 혜택을 받는다.

하지만 황금의 섬 경도를 들어갈 때는 대경도 선착장에서 승선하는데 국동어항에서 5분 거리이지만 경도의 차도선은 마을에서 운영권을 가지고 있어 대합실 매표석에 표를 발급하지 않고 직접 승선 후 도선 안에서 왕복 도선료를 현금으로 받고 있다.

세월호 사고 후 섬을 왕래할 때면 신분증을 제시하고 이동 경로는 전산 기록에 남겨야 하지만 그런 절차 없이 승선하는 무질서한 사례를 보이고 있다. 이는 개선이 필요한 부분이다. 천혜의 자연환경을 지닌 여수는 세계박람회 개최 중 세계 4대 미항으로 선포(2012. 07. 25.)되어 국제 해양관광도시로 기반을 마련했다.

환경이 개선된 국동어항의 거리가 마도로스 거리로 지정받아 관광의 한 축이 되었으면 한다. 여수는 연간 1300만 명이 찾아오는 관광 흥행지다. 해양관광 휴양도시 여수에 아름다운 국동어항의 상품들로 다시 활기를 띠었으면 한다. 잘 정비된 항구의 모습은 여수의 아름다운 풍광을 배가시키며 찾는 이에게는 다시 찾고 싶은 곳으로 인식될 수 있을 것이다.

(2011. 12. 13.)

경도의 당산(堂山)나무는 역사 속으로

(세계적 해양 휴양 명소의 경도를 기대하며……)

물과 인심이 좋고, 겨울에도 영하로 잘 내려가지 않을 정도로 따뜻한 해양휴양도시 여수! 아름다운 바다와 유무인도 365개의 섬이 넓은 바다에 꽃이 피어난 듯 내려앉은 모습이 장관이다. 여수의 바다는 수심이 깊고 항만이 넓어 돌산도와 오동도·장군도·

대경도·소경도·가장도·야도 같은 아기자기한 섬들이 방파제를 이루는 천혜의 항구이다. 그중 황금의 섬 경도는 국동항에서 5분 거리로 육지보다 가까운 섬이다.

이 섬은 2010년 개발공사로 첫 삽을 뜬 이래로 현재 전 홀에서 바다 조망이 가능한 국내 유일의 아일랜드 골프장을 보유하고 있고, 지중해풍 콘도미니엄과 최근 오토캠핑장까지 갖춘 종합형 리조트가 있는 황금 섬으로 다시 태어나 발전 중이다. 필자가 교육의원 시절 전남도지사가 출석한 가운데 전반적인 도정질의(2011.10.27)를 통해 경도해양관광단지는 도선을 이용하는 것보다 횡축간선 도로망(돌산~경도~야도~월호동과 웅천~소호)이 필요함을 강도 높게 질의하였고, 동서횡축간선 도로망 건설의 시급함을 기고(2012. 12. 02.)하였다.

경도는 고려 시대 귀양 온 후궁이 거주하면서부터 경도(京島)라고 불리다가 섬 전체가 고래를 닮았다고 해서 경도(鯨島) 고래섬으로 부르기도 했다. 1910년 이후부터는 섬 주변의 바다가 거울과 같이 맑다고 하여 경호도라 칭하다가 지금은 두 개의 섬 중 큰 섬을 대경도(大鏡島)라 부른다.

경도에는 유명한 당산나무가 있다. 이 당산나무는 500여 년 전 자손이 없던 노부부가 거주하다 두 그루 소나무를 심었고 자식같이 정성을 들여 키우니 마을을 지키는 노거수가 되었다는 이야기가 전해진다. 이 당산나무는 외동에서 내동으로 가는 길 양쪽 몬당에 심어져, 왼쪽은 할머니, 오른쪽은 할아버지 소나무로 불리고 원도심 시가에서 보면 마치 그림엽서에 나와도 될 만큼 아름다운 풍경을 자랑했다. 이 당산 소나무를 지역 주민들은 마을을 지켜

주는 수호신으로 여기며, 매년 음력 선달그믐날(12월 마지막 날)이면 나뭇가지에 비단 조각 오색 댕기를 매어놓고 풍년 농사와 만선을 기원하며 당산제와 풍어제를 지냈다. 이 같은 이야기가 스며있는 당산나무인 할머니 소나무가 병들어 2년을 앓다가 10년 전에 고사하였고 할아버지 소나무도 시름시름 앓고 있었다.

안개가 자욱이 서린 새벽이 걷어지면 섬 아이들을 실은 나룻배들이 학교가 있는 육지를 향해 아침 햇살을 헤치며 이곳저곳에 바쁜 노를 젓기 시작했던 어린 시절, 500여 년 동안 마을과 함께해 평생을 지키고 살아왔던 소나무 당산나무가 이제 역사 속에서 사라졌다. 이 지역 경도 국동 나루터에서 3대까지 살아온 정효길(60세) 씨는 나무가 사라지는 것이 한없이 아쉽고 안타깝지만, 개발의 삽을 들었으니 경도가 세계적인 해양휴양 명소가 되기를 바란다며 철거하는 모습을 한없이 바라보고 있다.

경도 당산나무 철거 전, 후 모습

요즘 횡축간선 도로망인 웅천~소호 지구를 잇는 연륙교는 충무공의 장검과 가막도를 순항하는 요트 교량으로 설계되어 2022년 완공 예정이다. 그리고 월호동~야도~경도 지구를 잇는 1325m로 이치교, 사징교 등의 교량을 총사업비 1,178억 원(국비 40%, 지방비 40%, 민간 자본 20%)을 투자하여 2차선 연륙교로 2024년 하반 준공한다는 언론 보도를 접했다.

그래서 필자는 향후 가고 싶은 야도~가장도와 섬으로 연결되는 노량도와 소경도로 연결되는 아름다운 이곳을 꽃섬으로 단장하고 청정바다의 둘레길을 산책하는 새로운 관광 트래킹 코스의 개발을 위해 '월호~야도'를 잇는 연륙교에 인도를 만들어야 하는 필요성을 기고(2020. 06. 03.)하였다. 이제는 경도의 당산나무는 역사 속으로 사라졌지만, 경도가 새롭게 황금 섬으로 태어나 세계적인 해양휴양 명소가 되어 새로운 역사를 쓰길 모두 기대하고 있다. 경도의 발전을 응원한다.

(2020. 09. 13.)

3) '모정의 뱃길'

눈이 오나 비가 오나 풍랑이 일어도 모녀의 나룻배는 6년 동안 단 하루도 거르는 날이 없었다.

초등학교 졸업식! 학교에서는 6년 개근상을 탄 소녀의 어머니께 '장한 어머니상'을 수상했고 친구와 후배들 선생님은 나룻배 모녀의 사연에 분위기가 숙연했다.

"빛나는 졸업장을 타신 언니께~"

졸업식 노래 첫 구절처럼 소녀의 졸업장이 빛나는 것은 어머니의 지극 정성이 있었기 때문일 것이다. 외딴섬, 가구라곤 세 가구에 열 명이 채 안 되는 주민이 모여 사는 그곳에서 자녀를 학교 보내기 위해 어머니는 나룻배를 저었다. 작은 통통배조차 오지 않던 외딴섬에 나룻배로 육지를 건너다니기는 여간 힘든 일이 아니다. 소녀 아버지의 반대에도 불구하고 어머니는 20리가 넘는 바닷길을 매일 다니며 딸을 학교에 보냈으니 말로만 들어도 대단한 일이 아닐 수 없다.

전기도 시계도 없는 섬마을에서 새벽어둠에 딸을 깨워 밥을 먹이고 나룻배를 저어 학교에 보내며, 공부가 끝나는 하교 시간에 다시 데리러 오는 어머니의 나룻배는 강풍이 불어도 눈보라가 몰아쳐도 단 하루를 쉬지 않았다.

소녀의 어머니 일은 그뿐이 아니다. 병든 아버지를 대신해 농사를 도맡아 했고 장이 서는 날은 채소를 팔아 생필품을 사고 아버지 약도 사며 생계를 꾸려나갔다. 어머니는 공부하는 딸이 대

견스러워 육신의 고달픔도 잊은 채 6년 세월을 나룻배로 통학시켰으니 그 세월 뱃길을 계산하면 3만 4천 리가 된다.

"잘 있거라 아우들아 정든 교실아~"

그렇지 않아도 눈물 나는 졸업식에 소녀도 울고, 어머니도 울고, 모녀를 바라보던 모든 사람들이 눈물바다를 이루었다. 매서운 추위가 가시지 않은 1962년 2월, 여수 국동의 남 초등학교 졸업식은 신문 보도(한국일보 1962. 2. 24.)를 통해 널리 알려졌고 많은 이들의 심금을 울렸다.

그 당시 육영수 여사가 신문기사를 읽고 기사에 나온 섬의 어머니께 편지를 전달해 달라는 부탁을 했었다고 한다. 외딴섬에서 여수 육지까지 20리 바닷길을 나룻배에 딸을 태워 통학시킨 어머니! 남부 지방 사찰을 온 박정희 의장은 여수로 와 이 섬의 모녀(어머니 박승이, 딸 정숙한)를 만나고 육 여사의 편지를 전하여 위로와 격려의 말을 전해 화제가 되었었다.

기사가 나간 후 국내에서 하루 200여 통의 격려의 편지가 왔었고 '모정의 뱃길'의 이름으로 영화가 제작되어 상영되었다. 어머니를 소재로 한 국민가수 이미자의 '꽃 피는 여수 바다'의 가요가 울려 퍼졌고 라디오에 스토리가 소개되면 연속극으로 만들어지기도 했다. 흥금을 울리며 여수를 전국에 알리게 되고 모정의 뱃길은 유명해졌다.

그로부터 40년이 지나고 한국일보가 딸 정숙현 씨의 글을 게재하면서 모녀의 훗날 이야기가 전해지며 다시 한번 사람들의 가슴을 뭉클해 했다.

교육의 섬 가장도!

(월호동~야도를 잇는 연륙교에 인도를……)

인터넷 검색창에 '모정의 뱃길'을 검색하면 '가장도'라는 섬이 나온다. 그곳은 1960년대 어머니 뱃사공의 이야기로 심금을 울렸던 유명한 포구인 여수 국동어항의 끝자락에 자리 잡은 섬이다. 안개가 자욱이 서린 새벽이 걷어지면 섬 아이들을 실은 나룻배가 학교가 있는 육지를 향해서 아침 햇살을 헤치고 이곳저곳에 바쁜 노를 젓기 시작한다. 바다의 길은 육지와 다르다. 대경도는 닿을 듯 말 듯 떨어져 있는 국동항에서 5분 거리인 육지보다 가까운 섬이다. 이 섬은 2010년 개발의 첫 삽을 뜬 이래로 현재 전 홀에서 바다 조망이 가능한 국내 유일의 아일랜드 골프장, 지중해풍 콘도미니엄과 최근 오토캠핑장까지 종합형 리조트로 탈바꿈하여 황금 섬으로 다시 태어났다.

경도의 발전을 보고 있으니 아름다운 이 섬이 자랑스럽게 느껴진다. 국도 17호선과 국지도 22호선 및 지방도 863호선의 연결도로에 대한 자료를 보면 돌산(우두리)~경도(오복)로 연결되는 연도교가 건설부 고시 171호로 도시계획시설로 결정(1986. 4. 25.), 경도~야도~신월 간 연륙교는 전남 고시 241호로 시설결정(2004. 12. 31.), 웅천-소호동 간 연륙교(1909. 5. 4.) 연결은 전남 고시 220호로 도시계획에 결정되어 있다.

그래서 필자는 교육의원 시절 전남도 의회에서 도지사가 출석한 가운데 전반적인 도정질의(2011. 10. 27.)에서 경도해양관광단지를 도선을 이용하는 것보다는 교량 건설인 연륙교 연결을 위해서는 횡축 간선 도로망이 시급하다는 의견을 강도 있게 질의하였다. 횡축간선도로망이란 돌산~경도~야도~월호동과 웅천~소호 지역을 잇는 연도·연륙교를 말한다.

경도 지구 진입도로는 길이 1325m로 아치교, 사장교 등의 교량을 만들기로 했다. 웅천과 소호 지구를 잇는 연륙교는 충무공의 장검과 가막도를 순항하는 요트 교량으로 설계되어 작년에 착공하여 2022년에 완공 예정이다. 그리고 여수 신월동과 대경도를 잇는 경도 해양관광단지 진입도로(연륙교) 개설 타당성 조사 및 기본계획 수립 용역 후 총사업비 1,178억 원(국비 40%, 지방비 40%, 민간 자본 20%)을 투자하여 2차선 연륙교를 2024년 하반 준공 예정이라는 설명회를 가졌다.

그래서 필자는 이번 월호~야도로 잇는 연륙교 사업에 지자체에서 인도를 건의하여 향후 가고 싶은 야도~가장도 섬으로 연결되는 노량도와 소경도로 연결되는 출렁다리를 계획하여 아름다운 꽃섬으로 단장하고 청정바다의 둘레 길을 산책하는 트래킹코스로 추진하기를 건의하고 싶다. 이곳은 '모정의 뱃길'의 훈훈한 미담이 전국적으로 유명세를 타 큰 반응을 일으켰던 가장도가 있는 곳이다. 또한, 야도~가장도가 썰물 시에는 모세의 기적처럼 섬과 섬이 연결되는 곳이기도 하다.

실화를 영화(20분 상영)로 한 육 년을 하루같이 오간 '삼만 삼천리 뱃길'은 바닷길을 노를 저어 딸을 육지로 학교를 보낸 어머니의 희생과 사랑을 담았던 내용이다. 어머니의 깊은 사랑이 담긴 '가장도'가 더 아름납게 느껴진다. 유명한 가수였던 이미자씨의 '꽃 피는 여수 바다' '사랑의 뱃길 삼만 리'라는 노래는 유명해졌고 이를 따라 불렀던 추억의 거리(국동어항)가 시민들에게는 기억 속에 잊혀 가고 있어 그저 안타까울 따름이다.

그래서 교과서에 실린 명필 한석봉의 어머니, 이율곡의 신사임당, 맹모삼천지교와 같은 위대함을 갖추고 있는 우리 지역 모정의 뱃길도 몸을 아끼지 않고 자식 교육에 힘쓴 어머니의 이야기가 훈훈히 전해지며 국동 어항 마도로스 거리가 사랑과 교육열의 상징적 장소이자 국제적 관광 도시로 거듭날 수 있길 기대한다. 해양도서관 및 조형물의 볼거리 등으로 세계적인 명품 해양관광 휴양도시 여수시가 되도록 미래의 청사진을 그려야 할 것이다.

(2020. 06. 02.)

'모정의 뱃길'을 기억하십니까?

참된 교육자를 꿈꾸며 전남 교육계에 첫발을 디딘지도 사십여 년이 되어간다. 내 고장 여수에서 교육 한길만을 걸어왔던지라 우리 지역의 교육사라면 훤히 기억하고 있다. 지금은 타지역에 인재를 조금씩 빼앗기는 실정이지만 과거 여수의 교육열을 떠올려 보면 전국에 맹렬하게 이름을 떨치고 기세가 드높던 시절이 있었다.

내가 몸담은 학교의 발전을 위해서라면 물불을 가리지 않던 정열의 선생님들과 함께했던 평교사 시절이 아직도 생생하다. 명문학교를 만들겠다는 목표하에 열정을 다하던 동료 선생님들과 함께 한 교사 시절, 그 기대에 부응해 향학열을 불태우던 학생들!

남단의 조그만 항구도시 여수시가 높은 교육 수준으로 전국을 평정해 나가던 그때, 한 학교에서 서울대 25명을 합격시킨 신화를 한창 써 내려갔던 시절도 있었다. 하지만 단지 교사와 학생들만의 노력으로 해낸 것은 아니었다. 비상의 힘찬 날갯짓 뒤에서 묵묵히 지원을 아끼지 않던 시민들, 그리고 저녁 도시락을 들고 교문 앞에서 자식들을 기다리는 어머니들의 값진 희생이 없었다면 이룰 수 없었을 것이다.

우리 지역 어머니들의 교육열은 능히 전국 최고 수준이며 그 뜨겁고 강렬한 교육열은 유서가 깊기도 하다. 대표적인 사례로 '모정의 뱃길'이라는 훈훈한 미담을 들 수 있다.

전국적인 반향을 불러일으켜 많은 사람에게 우리 지역 어머니의 사랑과 교육열을 각인시키기도 했던 '모정의 뱃길' 이야기다. 미담의 배경이 되는 여수시 국동에 소재한 남 초등학교는 필자의 모교이며 이야기의 주인공은 필자의 1년 후배이다. 지금은 이 이야기의 기억이 희미할듯하여 새삼스레 본 이야기를 소개해 보고자 한다.

1960년대는 모두가 먹고살기 힘들었던 시절이다. 섬에서 초등학교 6년을 다닌다는 것은 지금 대학을 졸업해 학위를 받는 것만큼이나 어려운 일이었다. 뭍(육지)에 사는 학생들도 다니기 어려웠던 학교를 섬마을 소녀 정숙현 양은 변변한 교통수단도 없이 어머니의 나룻배를 타고 통학했다. 어머니가 직접 노를 저어서 등교시키고 수업이 끝날 시간이면 다시 하교시키는 '모정의 뱃길 삼만 삼천 리'는 전국으로 알려졌다. 숙현 양의 어머니 박승이 여사가 살던 가장도는 신월동 앞 야도(불모섬)와 소경도 사이에 위치한 아주 조그마한 섬이다. 여자는 공부할 필요 없다고 말씀하셨던 아버지의 완고함에도 어머니는 딸을 교육하겠다는 신념을 굽히지 않았고 남편 몰래 육지의 학교에 입학시켰다. 매일 아침밥을 해먹이고 나룻배의 노를 저어 뭍으로 향했다가 다시 노를 저어 섬으로 들어오면 밭일과 갯(바다)일을 하셨던 어머니다. 숙현 양이 끝날 시간이 되면 딸을 싣고 섬으로 다시 돌아오는 지극한 정성 속의 매일을 보냈다. 강풍이 불어도, 눈보라가 몰아쳐도 어머니의 노질은 멈추지 않고 오직 딸만을 위한 뱃사공이 되어 육 년을 통학시키고 그 뱃길이 무려 삼만 삼천리가 된다. 어머니의 정성으로 숙현 양은 졸업을 맞고 무려 6년 개근상을 타게 되었다. 위대한 사랑을 기리고자 그녀의 졸업식 때 어머니는 '장한 어머니상'을 수상했고 입에서 입으로 그 미담은 전해졌다. 어머니의 사랑은 대통령 표창으로 이어졌고 전국적 유명세를 치르면서 '꽃 피는 여수 바다''사랑의 뱃길 삼만 리'라는 노래로 불려졌으며 영화 소재로도 쓰이고 라디오 연속극으로 만들어지기도 했다.

모정의 뱃길은 여수가 전국적으로 유명세를 치렀던 이야기다. 하지만 지금은 시민들의 기억 속에서 잊히고 있어 안타까울 따름이다. '모정의 뱃길' 이야기는 한석봉의 어머니, 이율곡의 신사임당, 맹모삼천지교와 비견될 위대함을 갖추고 있다고 필자는 생각한다. 어머니의 사랑이 귀감이 되어 그 미덕을 계승했으면 하는 마음이 있으나 이를 체계적으로 홍보할 수 있는 수단이 전무하다.

필자는 마도로스 거리의 해양 산책로를 조성하자는 기고문을 썼다. 그 해변의 거리가 당시 원도심의 풍경을 재현하여 '모정의 뱃길 영상'(19분 30초)을 상영할 수 있는 작은 공간과 해양수산과 잠수기의 역사가 있는 박물관을 만들어 전시하고 조형물을 설치해 관광 상품화시키기를 제안한다. 전국의 관광객이 볼거리가 풍부한 해안가를 찾아와 역사와 스토리가 있는 상품으로 이곳을 찾아 체험하고 간다면 하나의 관광코스로 각광받을 수 있을 것이다.

여수의 교육열을 알리고 세대를 이어 전해질 수 있는 이야기의 주 무대가 되는 가장도를 보존해 꽃길 조성과 현대 역사 교육의 발자취로 체험할 수 있는 상품을 개발한다면 침체된 지금의 여수 교육의 일신과 향학열을 자극할 수 있을 것으로 기대한다.

미담의 주인공 정숙현 씨는 교육자로 퇴임 후 서울에서 어머니 박승이 여사를 모시고 살고 있다. 고난 속에서도 교육에 대한 열의를 잃지 않았던 두 모녀가 우리 여수 어머니의 조건 없는 사랑을 보여주는 것만 같아 뿌듯하다. 교육여건을 대폭 개선하여 우수한 지역 인재를 육성하고 복지사각지대가 없는 건강하고 더불어 잘 사는 강한 여수를 다시 한번 함께 만들어나갔으면 한다.

(2015. 01. 12.)

40년 후 정숙현 씨의 글

나는 모른다.

물결 위에 일렁이는 그림자를.

몇 억겁이 지난 후의 이 파도 위에도 한 오라기 주름살이 굽이칠까.

어린 시절에는 어머니의 뱃길 따라 왜 오고 갔는지를 나는 모른다.

깊고 또 깊은 곳에 남아 있어라.

물보라가 그리는 한 장의 초상화.

아, 나의 어머니 모정의 뱃길~

거창하게 시(詩)라고 말하지 않아도 좋다.

단지 물길처럼 마음 또한 이렇게 흐르는 것을.

1962년, 모두가 먹고살기도 힘든 시절, 초등학교 6년을 졸업한다는 것은 지금의 대학을 졸업한다는 것보다 더욱 귀한 일이었다. 그것도 열 명이 채 못 사는 자그마한 섬마을 출신의 여자아이에게는 불가능에 가까운 일이었다. 말이 좋아 섬마을이지, 내 가족을 포함해 겨우 세 가구가 살았던 그 섬에서는 생계를 위해 약간의 채소와 나물을 육지에 팔러 나가기 위해 이용했던 나룻배 한 척만이 외부를 잇는 유일한 교통수단이었다.

어머니는 남들이 다 자는 깊은 밤, 달빛에 의지해 혼자 노 젓는 방법을 익히셨다. 병중인 아버지와 늙은 시어머니를 모시며 오랜 세월 동안 배우지 못한 것을 원통하게 여기신 어머니는 절대로 딸에게 문맹을 대물림할 수 없다고 결심하셨다. 내 어머니 박승이는 그렇게 6년간 전남 여천군(현재 여수시) 가장도에서 국동까지 20리 바닷길 노를 저었다. 시계는커녕 수탉도 없던 새벽, 어머니는 오직 바람 소리와 파도 소리로 그날의 날씨를 가늠하며 조각배를 띄웠다.

초등학교 3학년 때 태풍 사라 호로 산산조각이 난 배의 파편을 안고 통곡했던 어머니, 한겨울 추위에 갈라진 손등으로 여자도 배워야 한다는 일념만으로 파도를 헤쳐나가던 어머니였다.

말로는 표현 못 할 6년의 세월. 마침내 졸업식 날이었다. 어머니는 박수갈채와 울음 바닷속에 '장한 어머니상'을 받았다.

그리고 당시 우리의 사연을 취재했던 한국일보 이문희 기자로 인해 '모정의 뱃길 3만 4천 리'는 전국 방방곡곡에 알려지며 우리 모녀는 한국일보와 인연을 맺게 됐다.

1962년 2월 14일 자로 기억한다. 그때 받은 격려 편지는 국내외에서 하루 200여 통 이상이었다. 얼마 지나지 않아 '모정의 뱃길'이란 이름으로 영화가 만들어졌고 어머니를 소재로 한 노래(필자주: 이미자의 '꽃 피는 여수 바다')도 불렀고, 라디오 연속극까지 만들어졌다. 당시 박정희 대통령이 여수에 내려와 어머니와 나를 격려하며 장학금을 주던 일을 잊을 수 없다. 그 후 나는 여수에서 중고등학교를, 서울에서 성균관대 국문학과를 나왔다. 이제 아이 세 명을 키우는 나는 당시의 어머니보다 나이가 많다.

딸 가족을 위해 새벽 기도를 다녀온 후 낮은 목소리로 찬송가를 부르는 어머니의 얼굴은 마냥 평화롭다. 내가 한석봉이나 이율곡이나 맹자처럼 훌륭하지 못한 탓으로 내 어머니가 그들의 어머니처럼 길이길이 기억되지 못한다는 안타까움이 있다. 그러나 이젠 거의 잊혀 가고 있는 어머니를 기억해 이런 지면을 통해 어머니에게 감사와 사랑의 글을 올릴 수 있게 해준 한국일보에 감사한다.

또한, 어머니의 발끝에도 전혀 미치지 못하나마 당신의 모습을 닮으려 한다. 이제 57세가 된 정숙현 씨는 서울 강남구 도곡동에서 아직도 정정한 80세 어머니를 모시고 행복하게 살고 있으며, 1986년부터 공생복지 재단 산하 서울특별시립 한남직업전문학교 미용과 교사로 일하고 있다.

(2004. 7. 8.)

60년 후 정숙현 씨의 글

진부한 비유지만 인생을 강에 비유할 때가 있다. 둘 다 시간을 타고 끊임없이 흐르고, 또 결코 거슬러 올라가지 못하기 때문일 것이다. 하지만 강에서 빠져나와 잠시 둔덕에서 몸을 말리고 있을 때 우리는 우리의 뒤를 조용히 따라왔던 과거를 조금 더 자세히 볼 수 있게 된다.

앞만 보고 가느라 미처 돌아보지 못했던 그 시간들이 윤슬처럼 내내 반짝이고 있었다는 것도. 지금이야 이른바 라테의 과거사라며 말할 수 있을 정도의 시간이 흘렀지만 나와 나의 부모님 세대는 최대한 긍정적으로 말해도 그리 풍요로운 시대가 아니었고, 역사적으로도 상당한 격변의 시대였다. 그 혼란의 와중에서 먹고 살아남는 것이 지상 최대의 관심사였던 시대에서 나의 어머니 박승이 여사는 지금 기준으로 생각해도 실로 굉장한 분이셨다.

전쟁으로 인해 가족이 뿔뿔이 흩어져 어린 남동생 하나만 데리고 남으로 피난을 왔던 어머니는, 그나마 그 남동생마저도 전쟁 통에 헤어지고 당장 호구책을 마련해야만 했다. 그렇게 흘러 여수까지 내려온 어머니는 아버지를 만났고, 그야말로 잠자는 시간 이외엔 집안일과 농사를 전부 혼자 하다시피 몸이 부서져라 일하셨다. 한 마디로 먹고 잠자는 시간 외엔 무조건 일만 해야 했던 때였다.

그러나 그런 가운데서도 내가 7살이 되자마자 어머니는 나를 교육시키기 위해 학교를 알아보고 아버지를 설득하셨다. 아버지는 당연히 탐탁지 않게 여기셨다. 서예와 글은 물론 그림을 비롯하여 각종 잡기와 풍류에도 능하셨던 아버지였지만, 그 시대의 보통 아버지답게 보수적인 분이셨다. 하나밖에 없는 딸을 무척 예뻐하셨지만, 그와는 별개로 여자가 배워봤자 아무짝에도 쓸모없고 시대가 시대이니만큼 배우면 헛바람이 들고 오히려 더 위험하지 않을까 걱정하셨다. 집이 가난한 것도 아니니 적당히 있다가 시집을 잘 가면 그게 더 행복하리라 생각하셨을 것이다.

하지만 어머니는 뜻을 굽히지 않으셨다. 내가 공부를 해야 하는 이유는 간단했다. 당신 같은 삶을 살게 하지 않기 위해서, 배우지 않으면 이 작디작은 섬에서 절대 벗어나지 못해 아무것도 할 수 없다는 것이었다. 오랜 실랑이 끝에 아버지는 조건부 타협안을 내놓으셨다. 섬에 사는 인구 다 합쳐봐야 스무 명도 채 안 되는 작은 섬에 학교가 있을 리는 만무하고, 결국 학교에 가기 위해선 뭍으로 가야 했다. 가장 가까운 학교가 왕복 뱃길 20리의 여수에 있는 초등학교였다. 어머니가 직접 매일 등교를 시킬 수 있다면 학교에 가도 좋다는 것이었다.

섬이 워낙 작다 보니 뭍으로의 왕래는 거의 없었고, 어쩌다 생필품 등을 구하기 위해 섬을 나가려면 아예 일정한 인원이 모인 후, 날을 골라 조각배를 타고 나가야 했다. 그런데 매일매일 월요일부터 토요일까지 고작 쪽배 하나로 아침과 오후 물길을 타야 한다는 것은 불가능에 가까운 일이었다.

어머니는 노동이 주였던 고된 하루 일을 마치고 모두가 깊이 잠든 시각 몰래 나와 노 젓는 연습을 했다. 그 당시에도 뱃일은 남자가 주력으로 하는 일이었고, 몇 시간이고 작은 노 하나로 물을 헤쳐나가는 일은 정말이지 고된 일이었다. 안 그래도 부족한 수면시간을 더 쪼개 그렇게 노 연습을 하신 어머니는 기어이 나를 학교에 입학시켰다. 물론 입학은 그저 시작일 뿐이었고, 어머니의 뱃길은 바다 결을 따라 6년 동안 지속되었다.

새벽에 일어나 식구들의 아침을 준비하고 노를 저어 나를 등교시킨 뒤 어머니는 다시 섬으로 돌아와 농삿일을 하다가 하교 시간에 맞춰 다시 배를 타고 육지로 가 나를 데리러 오신다. TV는 물론이고 라디오나 시계도 없던 그 시절에 어머니는 어김없이 하교 시간에 맞춰 데리러 오셨다.

물론 6년간의 뱃길이 언제나 잔잔하지는 않았다. 그저 '모정의 뱃길'이라는 단순한 제목 뒤로는 엄청난 일들이 많았다. 잘 닦인 길에서도 사건 사고는 끊임없이 일어나는데 하물며 바다 위에서라면 두말할 것도 없다. 바다 위에서 비바람이 약간만 불어도 작은 배는 생각대로 나아가주질 않는다. 폭풍이나 태풍이 불어 닥친다면? 학교는 고사하고 당장 배와 함께 생명이 위협당한다. 그나마 나는 어머니한테 온전히 의지할 수 있었지만, 그 망망대해에서 어머니가 의지할 수 있는 건 두 사람이 몸담기도 빠듯한 작은 배와 자신의 팔 힘뿐이었다. 그리고 더는 어찌할 수 없는 하늘의 뜻. 풍랑에 밀려 정신을 잃은 채 무인도에 좌초되었다가 다음 날에야 근처를 지나가는 배를 보고 소리를 질러 구조되기도 하고, 여울에 휘말려 배가 가라앉을 뻔하기도 했다. 태풍 사라가 왔을 때는 아예 배가 박살 나기도 했었다. '운이 좋았다.'라고 말할 수 있겠지만 지금 생각하면 그것도 다 하나님의 뜻이었다.

온종일 피곤했을 텐데도 어머니는 절대로 쉬지 않고 기어이 6년을 채워 나를 학교에 보냈다. 어머니는 노를 젓고 나는 그 맞은편에 앉아 노 젓는 것을 하릴없이 바라보던 때, 바닷길을 가늠하며 노를 젓는 그 얼굴엔 가끔 단단한 무언가와 함께 미소 비슷한 것이 떠올라 있을 때도 있었다.

나는 그렇게 무사히 초등학교를 졸업했고, 졸업장과 함께 개근상도 받았고 모범상도 받았지만, 그 개근상에 담긴 의미는 특별함 그 이상일 수밖에 없었다. 그 개근은 어머니가 수없이 노를 저어가며 바닷길을 살폈기에 가능한 일이었다.

그 이후 박정희 대통령이 전라남도 시찰 중 직접 어머니와 나를 만났고 중고등학교는 물론 대학까지 장학금을 약속하셨다. 어머니의 뱃길 소식은 우리나라는 물론 널리 해외까지 알려졌고 나를 위한 어머니의 뒷바라지는 멈추지 않았다. 공부와 함께 그 당시 쉽게 경험할 수 없는 많은 것들을 경험했었다. 영화, 라디오 성우, 졸업 후에는 어머니와 함께 서울로 올라왔다. 나는 대학을 갔고 기자가 됐고 결혼을 했다. 쉬운 것들은 하나도 없었다. 모든 게 정신없이 변하는 시절에서도 다시 나는 내 자리를 찾고 교사가 되어 학생들을 가르쳤다. 어머니가 만들었던 바닷길은 끝이 났지만, 새로이 펼쳐진 나의 길도 어머니의 길은 계속 겹쳐져 있었다. 그 모든 순간에 어머니는 나와 함께 했었다.

6년 동안의 그 뱃길은 어머니의 인생과도, 그리고 나의 인생과도 닮아 있었다. 잔잔할 때도 있었고, 격랑이 소용돌이칠 때도 있었다. 때로는 폭풍에 길을 잃고 다른 곳으로 흘러 들어갈 때도 있었다.

그러나 내 인생에서 가장 아름답고 찬란하게 빛났던 때, 흔히 말하는 리즈시절을 꼽으라 하면 나는 주저 없이 그때 그 시간을 말할 것이다. 노를 젓는 어머니의 맞은편에 앉아 바다를 보고 꿈을 꾸고 행복했던 시절. 어머니가 있었기에 내가 빛날 수 있었음을 안다. 귀하지 않은 삶이 없지만, 그 시절 남들의 시선에 아랑곳하지 않고 묵묵히 자기의 뜻을 관철했던 초인과도 같은 어머니의 신념과 가르침이 아니었으면, 나는 결코 많은 것을 경험할 수 있는 삶을 가지지 못했을 것이라 확신한다.

모정의 뱃길 정숙현 출연

시니어 토크쇼 황금연못 토요아침(2022. 01. 08.) 토크쇼에 출연

KBS 동네 한바퀴(여수편) 2022. 07. 30. 토요일 저녁 7시 10분 방송

1960년대 여수에서 흉금을 울었던 모정의 뱃길이 60년 만에 재조명되었다. '모정의 뱃길'의 훈훈한 미담은 모두가 먹고살기 힘들었던 시절 60년대 섬마을의 생활 모습을 보여주며, 육지에 사는 학생들도 다니기 어려웠던 학교를 섬마을 소녀 정숙현(72세) 씨가 매일 바다에서 통학했던 이야기다. 변변한 교통수단도 없는 곳에서 숙현 양의 어머니는 작은 나룻배를 직접 저으며 매일같이 학교를 통학시켰다.

어머니의 정성과 사랑, 교육에 대한 열정이 전국으로 알려지며 유명해졌지만, 지금은 시민들이 기억 속에서 잊혀가고 있어 안타깝다. '모정의 뱃길' 이야기는 한석봉 어머니, 이율곡의 신사임당, 맹모삼천지교와 비견될 위대함을 갖추고 있다고 필자는 생각한다.

조건 없는 무한한 사랑을 주셨던 어머니! 어린 딸을 교육하기 위해 육 년이란 긴 세월을 하루도 쉬지 않고 노를 저었던 어머니의 사랑! 이 이야기를 널리 알리고 그 미덕을 계승해야 마땅하나 체계적으로 홍보할 수 있는 수단이 전무한 형편이다.

필자는 모정의 뱃길(마도로스 길) 보존회 사단법인을 만들어 여수가 모정의 뱃길을 통해 교육 중심의 도시로 발전하기 위해 공동의 노력을 다하자는 기고를 하였었다. 모정의 뱃길 정신이 여수에 깃들어 교육도시로 역할을 다할 수 있기를 기대한다.

야도와 가장도를 꽃섬으로 만들자

여수의 작은 섬마을 가장도에서 육지로 학교를 보내기 위해 매일 노를 저었던 어머니의 이야기 '모정의 뱃길'의 훈훈한 미담이 KBS 방송국 시니어 토크쇼 황금 연못에서 다뤄졌다. 토요일 아침 9시 시사 교양 토크쇼에서 60년대 심금을 울렸던 이야기 속 주인공의 딸 정숙현(72세) 씨가 출연해 그 시절 이야기가 재조명되었다. 모정의 뱃길은 여수시 월호동 앞 외딴섬 가장도에서 6년 동안 3만 3천 리의 바닷길을 어머니가 저어 움직이는 나룻배로 육지 학교를 통학한 실화로 어머니의 사랑과 교육열을 전국에 알렸던 이야기다. 당시 대통령께서 여수로 내려와 주인공이신 박승이 여사와 딸을 만나 화제가 되었었고 줄거리가 소재가 되어 영화와 라디오 노래 등으로 만들어지며 전국에 알려졌다. 인터넷에 '모정의 뱃길'을 검색하면 19분 30초의 영상이 나온다. 이 영상을 그냥 방치하지 말고 지자체에서 보존해 기억 속에서 잊히지 않고 귀감이 될 수 있는 방안을 모색했으면 한다.

80년대 작은 항구도시 여수의 교육열은 전국 최고 수준이라고 할 만큼 뜨거웠다. 3여 통합이 되며 인구 34만 명의 전남 제일의 도시였으나 현재는 인구가 감소하고, 방향이 고려되지 않은 교육정책 등으로 교육도시 여수의 이미지가 지워지고 있다.

모정의 뱃길은 여수 어머니들의 교육열을 그대로 보여준다.

말로만 들어도 힘든 그 일을 해내신 어머니의 나룻배! 모정의 뱃길 선착장이었던 국동어항은 현재 수변공원과 수산물 종합센터, 어패류 경매장 등 볼거리가 많은 항구로 변했다. 이곳은 계절 음식의 맛집 골목이 들어서 있고 국동어항에 정박돼 있던 관용선과 약무선, 해경부두에 정박된 선박이 신북항으로 이동 준비를 하고 있어 국동항이 새롭게 정비되길 기다리고 있다. 정비를 통해 국동어항 마도로스 거리가 지역 대표 거리로 관광 상품화되길 기대한다.

필자는 원도심 10개동(동문·한려·중앙·충무·광림·서강·대교·국동·월호·만덕)에는 시립도서관이 없어 시민들의 불편이 있기 때문에 국가어항 마도로스 거리에 해양수산, 잠수기, 모정의 뱃길의 지역 역사와 자료가 있고 시민이 이용할 수 있는 해양도서관의 필요성을 기고하였다. 월호 앞 야도와 가장도는 육지와 가까운 섬이기에 출렁다리(1154m)의 연결로 관광 명소로 흥행을 한 강진 가우도를 벤치마킹하여 국동어항의 끝자락 '넘너리~야도'에 출렁다리를 연결하여 야도와 가장도에 꽃섬을 조성하자고 기고(2015. 01. 12.)도 하였었다.

해양도서관과 가장도 꽃 섬 개발로 잊혔던 활기를 되찾으며 지역의 연관 이미지가 덩달아 활황기를 맏길 바란다. 천해의 청정바다를 끼고 있는 해안 탐방 트래킹코스 '넘너리~야도'를 잇는 출렁다리가 교육의 섬 가장도에서 소경도가 꽃섬으로 만들어진다면 새로운 명소가 되지 않겠는가?

(2022. 04. 20.)

마도로스 거리에 해양도서관을……

전라좌수영의 본영이며 임진왜란 전란사에 기록된 '호남이 없었으면 나라도 없을 것이다', '약무호남 시무국가'(若無湖南是無國家)의 고향 여수! 호국 충정의 혼이 남아 있고 이충무공 어머니가 사시던 웅천지구 156번지 일원에 이순신 도서관('19.12.27)이 개관되었다. 총사업비 200여억 원이 투자되어 지하 1층, 지상 4층의 전체 면적 5622㎡으로 지난 2018년부터 약 2년간의 공사 끝에 전남 동부권 최대 규모로 개관되어 쌍봉·현암·소라·율촌·환경·돌산과 함께 총 7개의 지역에 시립도서관이 운영되고 있다.

얼마 전 시민회관에서 여수의 10개 동(동문·한려·중앙·충무·광림·서강·대교·국동·월호·만덕) 주민 및 시민들과 시장의 대화가 있었다. 시는 시민들의 목소리를 잘 새겨들어 시정의 밑거름으로 삼겠다면서 민선 7기 비전과 시정 성과, 2020년 주요 업무계획 등을 직접 보고하였다. 필자는 원도심인 지역 내에는 시립도서관이 없어 시민들이 불편을 느끼고 있으니 국가어항 지역에 모정의 뱃길 마도로스 해양도서관을 건립해 주기를 요청하고 기고(2015. 01. 12.)하였다.

'모정의 뱃길'의 훈훈한 미담은 60년대의 가장도의 섬에서 국동 포구 앞 학교로 딸의 교육을 위해 육 년 동안 '삼만 삼천 리'의 바닷길을 노질해 통학시킨 어머니의 사랑과 교육열을 보여주는 일화이다. 그 시절 '모정의 뱃길' 이야기가 전국에 알려지며 영상(19분 30초)이 제작되었으나 지역사를 관리하지 않고 기억과 역사 속에서 잊혀가고 있어 안타까울 따름이다. 교과서에 수록된 한석봉 어머니, 이율곡의 신사임당, 맹모삼천지교의 교육열처럼 우리 지역의 '모정의 뱃길'도 위대함이 크다고 생각한다. 둘째가라면 서러울 교육열을 자랑했던 남단의 조그마한 항구도시! 비상의 힘찬 날갯짓을 했던 학생들, 그 뒤에서 묵묵히 지원을 아끼지 않았던 시민들, 저녁 도시락을 들고 교문 앞에서 자식들을 기다렸던 우리 지역 어머니들의 교육열은 능히 최고 수준이며 열정이 뜨겁고 강렬했었다.

국동어항의 '모정의 뱃길' 항구는 크고 작은 어선의 정박과 주변은 어업인 편익시설을 갖춘 수변공원, 동양 최대의 수산물 종합센터가 있고 새벽부터 수산물 경매를 시작으로, 대낮에도 멸치를 터는 소리, 잠수기 수협의 어패류 경매장, 갈치낚시, 경도 골프장 등의 볼거리가 많다. 그리고 이 지역의 맛! 게장백반·참(갯)장어·통장어탕·전어·키조개·피조개·새조개·정어리·갈치 등 계절 음식의 먹거리가 많으며 어선 선원들이 다니는 국동항의 마도로스 거리로 이곳은 활기차다.

여수세계박람회 이후 교통 인프라 구축과 해양 케이블카 운행 등으로 지난해 여수를 찾은 관광객이 많고 여수는 관광 흥행을 크게 거두었다. 민선 7기는 여수의 수산업, 석유화학산업과 더불어 문화 관광산업을 여수의 발전의 큰 축으로 보고 있다. 관광으로 인해 시민이 겪는 불편의 문제를 해소하고 시민과 함께하는 해양관광 휴양도시가 되기 위해 노력하고 있다. 하지만 전남 서부 쪽 천사대교와 목포 케이블카 개통으로 관광객이 분산되고 있어 새로운 제2의 휴양도시 테마를 준비하여야 한다. 필자는 국동어항 해양 산책로 길에 모정의 뱃길 마도로스 해양도서관을 유치하여 그곳에 해양수산·잠수기·모정의 뱃길 역사와 유물을 전시하고 해변의 공간에 조형물을 세워 활용하길 제안한다. 국가어항인 신월리~야도(불모섬)로 연결하는 출렁다리가 만들어져 가장도~소경도를 꽃섬으로 조성하고 모정의 뱃길의 발자취를 체험할 수 있는 관광 상품을 연계해 보길 바란다. 먹거리, 볼거리가 많은 해양 산책로가 있는 휴양도시의 코스가 만들어진다면 주변 환경도 개선되고 해양관광도시의 발전에도 기여할 수 있을 것으로 기대된다.

(2020. 01. 22.)

4) 국동어항은 수산 1번지

원도심 한복판에 현대식 수변공원과 돌산대교(당머리)에서 월호동(넘너리)까지 십 리(4km)가 넘는 항구에 수백여 척의 어선이 정박하고 있다. 새벽부터 어류판장에 이동하는 어선들의 바쁜 움직임으로 하루가 시작되고 마도로스 거리는 바빠진다.

과거의 국포(여수시 국동) 항구! 지금은 매립되고 흔적은 찾을 수 없지만 새롭게 단장된 국동어항 단지 내에는 수백여 척의 어선이 정박되어 복잡스러운 바다가 시원한 바다 내음과 함께 아침을 열어주고 있다.

필자의 부친은 어린 시절부터 어선(풍선)의 밥을 지어주는 선원(화장)으로 시작하여 선장과 선주가 되기까지 수년 동안 모진 풍파와 싸워가는 세월을 사셨다. 물의 경과와 시와 때를 잘 맞추며 바다를 잘 파악하고 바다의 흐름을 잘 아는 '물까마귀'라는 별명으로 불리는 어부였다. 범(목)선으로 국동 해안가를 넘나들며 생계를 유지했던 수십 년이 지난 그때의 기억! 아버지의 희생으로 집안 살림 어렵지 않게 나는 그늘 없는 유년을 보낼 수가 있었다.

바람을 이용하여 고기를 잡아 오는 목선으로 운영하다 차츰 동력선으로 바꾸고선 많은 고기를 잡았었다. 그 동력선은 현재의 소형기선저인망이다. 국동어항에는 소형기선저인망(고대구리)이 즐비했고 연안에서 잡아 온 생선은 남산동 어판장에서 경매하며 여수의 경제를 이끌었다. 국동어항의 쥐치는 오천 가공 단지에서 쥐포가 되어 지역 경제 활성화에 크게 기여했다. 70~80년대 안강망에서 잡힌 쥐치는 흩어져 있던 쥐치 가공공장으로 이동되어 쥐포로 새롭게 태어났다. 80년대 가공공장을 오천 지구로 옮기면서 만성리 해변을 통과하던 쥐치가 82년 진입도로를 만들게 되며 쥐치의 악취를 해결하고 쥐포의 가공 기능도 활발히 진행되었다.

일본인들은 여수에서 가공한 쥐포를 선호했다. 여수의 쥐포는 맛이 있고 오천동에서 구미에 맞게 쥐치를 가공하면서 선풍적인 인기를 누리게 되고 쥐포 공장은 황금알을 낳는 수산물 가공으로 빛을 보게 되었다. 인근 시에서 가공한 쥐치들은 여수에서 다시 한번 가공되며 쥐포가 되었고 일본으로 전량 수출되었다. 쥐포를 전량 수출하다 보니 오히려 내국인들은 쥐포를 맛보지 못했었다.

쥐치는 원래 동해안에서 나는 말쥐치를 말하는데 청어나 정어리와 같이 많이 잡히는 생선이라 먹지 않고 버리거나 거름으로 사용하였다. 청어나 정어리는 기름으로 사용하였지만, 말쥐치는 기름이 적고 맛도 없어서 대부분 버려졌다. 어부들은 수많은 쥐치가 그물에 걸리면 '어유 재수 없는 놈'이라고 버리기도 했다고 하는데 말쥐치가 가공식품으로 활용되면서 물량이 부족해 남태평양에서 나는 쥐치를 말쥐치로 가공하여 팔기도 했었다. 인기 없던 말쥐치가 쥐포로 변한 것이다.

쥐포는 말쥐치를 가죽 채 포로 떠서 말린 것을 말하고 쥐치포는 조각조각 난 쥐치를 조미료를 넣고 가공하여 넓게 붙인 것이다. 맛은 비슷하지만, 쥐포가 훨씬 고급스럽다. 쥐포가 수출품 1

위로 자리 잡자 여수 오천동은 쥐치포 공장이 우후죽순처럼 생겨났다.

여수시민들은 황금알을 낳는 쥐치 공장에 투자를 앞다투었고 아낙들은 수입이 짭짤한 쥐치포 공장으로 모여들었다. 일손이 모자라서 여수. 남해, 광양, 순천, 고흥의 아낙들이 여수 오천공장으로 돈을 벌려고 모여들었다. 쥐치를 실은 만선이 도착하면 국동어항에 하역 수부들은 비린내 나는 쥐치를 공판장에 내려놓으면 경매가 시작되고 경매로 팔려나간 쥐치는 작업이 분업으로 이루어진다.

곧장 가공공장에서 내장을 털고 껍질을 벗기고 포를 뜬 쥐포는 세척소에서 씻고 조미료를 발라 보통 바람과 자연 빛을 이용해 건조하지만, 물량이 달릴 땐 건조기에 들어갔다 나오면 상품이 된다. 가공 조미료의 맛에 따라 쥐치포의 맛이 달라지고 값도 달라진다. 이때 '여수 가서 돈 자랑하지 말라'는 말이 무성하도록 지역의 수산 경제는 활기를 띄었다.

한국과 중국의 어업분쟁을 해결하고자 체결한 2001년 한중어업협정과 2004년 소형기선저인망 감척 사업으로 우리의 어선이 줄고 수산업 활동에 제약을 받게 되면서 수산업의 형태도 많이 변했다. 잡는 어업에서 기르는 어업으로, 섬 지역 청년은 떠나가고 활기를 띠던 쥐치의 생산량은 크게 줄었다. 시대가 바뀌고 소비문화가 바뀌었다. 수산 1번지의 명성을 이어가기 위해 어업인의 삶의 터전, 지역 경제의 견인차 역할을 했던 수산업의 경쟁력 강화를 위한 대응이 필요할 때다. 여수의 수산업이 다시 활기를 띠고 국동어항이 수산 1번지의 명성을 되찾기를 바란다.

소형기선저인망 합법화 추진하라!

전라남도의회 안전행정환경 위원회 윤문칠 의원(여수 1)은 지난 20일 열린 제304회 임시회 제2차 본 회의에서 소형기선저인망의 합법화 추진 등에 대해 도정 질문을 펼쳤다. 윤 의원은 "소형기선저인망 어선이 바다 생태계 위협을 준다는 이유로 지난 2004년 국회가 특별정리해고 법안을 발효, 연근해 저인망어선이 사라진지 10여 년이 됐다"라며 "이 때문에 지금의 바다 밑은 단단하게 굳어져 생태계를 변화시켜 바다 밑 갯벌은 썩어 침전물의 퇴적으로 처참하게 황폐화되고 있다"라고 지적했다. 특히 윤 의원은 "높은 수온 변화에 따른 불가사리와 해파리 서식이 증대했고, 플랑크톤이 폭발적으로 발생해 유행성 적조 현상이 생기면서 매년 큰 피해를 입고 있다며", "소형기선저인망 어업을 다시 활성화시켜 황폐화되어가는 바다 밑바닥 생태계를 살리고 청년이 다시 돌아오는 어촌을 만들어서 한다."라고 정책대안을 제시했다. 윤 의원은 도정질의에서, "한중어업협정에 따른 중국어선이 우리 정부에 신정한 어선 1,564척이 우리 배타석 경제수역에서 모두 5만 9,996톤의 고기를 잡아간 것으로 작년 한 해 집계됐다"라며 "올해도 1,600척, 어획 할당량 6만 톤까지 지난해 수준으로 허용해 문제다"라고 지적했다. 이어 윤 의원은 "우리 정부가 합의해 준 중국 어선 가운데 48% 768척에 달하고 조기와 꽃게, 대게를 싹쓸이해가는 유자망 어선이 972척 42%에 이른다."라면서 "우리나라 저인망은 전국 142척이고 그중 전남 32척에 이르고 근해자망은 전국 567척 중 전남 188척이 허가 어선으로 전남 어민들이 상당 부분 피해를 보고 있다"라고 밝혔다. 윤 의원은 이에 "우리 어선은 '묶고' 우리 근해 해역에서 새까맣게 무리 지어 불법조업을 하고 있는 대형(180t) 중국 어선에 대해선 사실상 '묵인'함으로 어족자원 고갈은 물론 국내 어민들의 생계를 위협하고 있다"라며 대책을 주문했다. 윤문칠 의원이 "중국 어선 불법조업을 사실상 묵인하면서 서남해 어족자원이 고갈돼 결국 섬 주민이 줄어들고 있어 이에 대한 대책이 시급하다"라고 따지자 이낙연 전남도지사는 중국 어선 서해 불법조업 문제를 대통령이 앞장서 풀어야 한다는 의견을 제시했다.

이 지사는 20일 오전 전남도의회 본회의에서 "한·중 정상회담이 그렇게 많이 있었는데, 왜 중국 어선 불법조업 문제에 대해서는 우리 대통령이 한 번도 거론하지 않은 것인지 이해되지 않는다."라면서 이같이 밝혔다. 이 지사는 "대통령과 외무 당국이 중국과 교섭할 때는 서해 불법조업 문제를 꼭 거론을 해서 시정되도록 노력했으면 좋겠다"라고 덧붙였다. 이 지사는 자신도 불법조업 문제 해결에 힘을 보태겠다는 뜻을 드러냈다. 이 지사는 "지난해(4월) 중국 저장성 성장과 회담할 때 한 · 중 어업분쟁이 심각하다는 의견을 제시했을 때 서해 불법조업 어선은 대부분 산둥성 근방에서 온 것으로 확인해 줬다."라면서 "산둥성 성장을 만나면 이 문제를 풀 수 있도록 하겠다"라고 말했다.

(기사 내용발췌 2016. 04. 28.)

수산 1번지의 명성을 되찾자

여수시는 1917년 한국 최초 수산교육기관이었던 여수공립간이수산학교가 설립되며 여수대학교로까지 이어진 수산교육의 역사가 있고 수산업의 발달로 지역 경제의 주축 역할을 해왔다. 수산 1번지 하면 여수를 떠올리는 이들이 많았으며 작은 항구도시 여수는 남해안 수산업 중심 도시로 나아갔다. 하지만 안타깝게도 역사가 깊은 여수대학교가 전남대학교로 흡수되면 특색을 잃었고 지역 이름이 없어지고 학과도 축소되어 학생 인구 감소와 관련 연구 인구 감소 등 인구 감소의 희생 도시가 되었다. 관공서에서도 여수 수산 출신 인재 공무원이 많았었으나 요즘 찾아보기 힘들고 우리 지역 수산업이 침체되며 여수가 수산업의 1번지였다는 과거의 명성은 잊혀간다.

전라남도의 해양수산 본원과 해양수산과학원, 해양수산기술원, 수산 마이스터고가 완도군으로 이전되었다. 목포 서남권이 북항을 수산업 중심 수산 식품 제1 도시로 도약하기 위해 많은 예산을 투입해 올해 수산종합지원 단지 준공을 앞두고 있다. 해양산단 수산물 식품 수출 단지가 5층 규모로 1089억 원을 투입해 2022년까지 조성 예정이 돼 있고, 2021년부터 2023년까지 전라남도 최초 HACCP 시설을 갖춘 연육 생산 스마트 공장과 100억 원을 투입한 특화 어묵 개발 등 수산업 발전에 활기를 띠고 있다. 그렇다면 우리 지역은 어떠한가? 서부권과 다르게 침체되어 있는 수산행정이 안타깝기만 하다.

우리나라는 해양 면적이 국토 면적의 4~5배에 달하는 해양 국가다. 그중 전남은 16개 시군이 바다를 끼고 전국의 65% 차지하는 2219개의 유무인의 섬이 있으며 42% 갯벌을 보유하고 있어 가장 풍부한 해양자원의 보고이자 어업인의 삶의 터전이라 할 수 있다. 국민의 정부 시절 '한중어업협정'에 의해 어선이 신고 없이 우리 배타적 경제수역에서 자유롭게 조업할 수 있도록 협정을 맺어 올해 중국 대형 어선(180t) 1500척이 우리 수역에서의 어업 활동이 허가가 되었다. 하지만 근 70년 이상 지속된 어촌의 영세어업 형태 '소형기선저인망'어선은 특별정리해고 법안(2004년)이 발효되어 전남에서 6천여 척이 감척되고 또 계속 감척하고 있다. 어떠한 이유에서 소형기선저인망이 감척 되어야 하는지 정확한 이유는 듣지 못하고 가짜 뉴스에 영세어민의 소형 선박은 감척의 대상이 되었다. 중국의 대형 어선은 되고, 우리의 영세어민의 소형어선은 되지 않는 상황! 소형기선저인망의 감축으로 과연 바다 생태계는 좋아졌을까? 한때 여수 초도가 어선의 전진기지로 그 역할을 톡톡히 할 때 초도의 학생 수는 533명이었다. 하지만 현재는 학생이 한 명도 없는 섬이 되면서 학교도 폐교가 되었고 섬 거주 인구에 대한 문제가 사회적 문제가 되었다.

무릇 농촌의 논밭도 1년을 묵혀두면 잡초가 무성하고 단단하게 굳어진다고 한다. 바다도 마찬가지다. 소형 선박 감척 후 15년이 지난 지금 연안 지역에서 바다 밑을 훑지 못하게 되며 현재 바다 밑은 단단히 굳어졌고 갯벌은 침전물의 퇴적으로 이미 심한 악취를 풍기며 생태계를 변화시켜 처참히 황폐화되어가고 있다.

필자가 도의원 시절 도정질의에서 중국어선의 어업 행위는 묵인하고 우리 어선의 어업 행위는 묶는 행정은 영세어민을 죽이는 행정이라 생각되어 수산업법 수정 발의와 20톤 미만의 소형 어선을 다시 활성화시키는 방안으로 바다 생태계를 살리고 청년이 돌아오는 어촌을 만들자고 건의하였다.

수산업의 체계적 육성은 우리 지역 경제의 발전과 관광산업 발전에도 많은 도움을 줄 것이며 지역의 풍부한 수산 자원과 우리 지역의 해양관광은 고부가가치의 산업으로 함께 추진될 수 있다. 깨끗한 바다 환경과 연안 지역의 수산업이 다시 활성화되어 경제가 신성장하고 어항의 정주 환경이 개선되어 우리 지역이 수산 1번지의 명성을 되찾을 수 있도록 모두 관심을 가져야 할 것이다.

(2021. 01. 05.)

여수의 미래, 가막만이 보인다

우선적 과제는?

월호동 끝자락에 위치한 조그마한 어촌마을 넘너리 고갯길을 넘으면 탁 트인 아름다운 바다를 볼 수 있다. 거울 같은 호수처럼 보인다고 하여 경호(鏡湖)라고 불렸던 여수의 명경지수 가막만이다. 국동에서 나고 자란 필자는 가막만의 아름다운 자연경관을 보고 자라왔다. 샘기미 고갯길을 걸어 다니며 수채화처럼 아름다운 가막만의 풍광을 눈에 담았다. 지금도 그 길을 지날 때면 그때의 기억 속 풍광이 지금의 풍광과 어우러지며 의미를 더하기도 한다.

가막만은 돌산도, 신월, 소호 화양을 마주 보고 백야도, 제리도, 개도, 금오도, 화태도를 중심에서 품고 있다. 최근 활발히 진행되고 있는 웅천지구 개발을 고려한다면 가막만은 지정학적으로 여수의 중심이라 할 수 있을 것이다. 만약 신항 무역항이 그 자리 그대로 있고 여수세계박람회 장소가 가막만 일대로 선정되었다면 어땠을까? 하는 생각을 해봤다. 여수의 지정학적 중심지고 접근성이 용이해 산개해 있던 섬과 섬이 연도교로 연결되었다면 빼어난 한려수도의 경관을 관광자원으로 십분 활용할 수 있었을 것만 같다는 생각이 든다. 마치 홍콩, 상해, 시드니처럼 환상적인 해양관광 레저 스포츠 도시로서 새롭게 태어나지 않았을까? 아쉬움에 이런 생각도 해보았다.

지금은 여수세계박람회가 막을 내리고 여수가 국제 해양관광 레저스포츠 도시로 변모하기 위한 계획이 본격화되고 있다. 박람회를 통해 인지도가 높아진 시점에 관광 인프라 등 새로운 도시 여건에 맞춘 종합적 발전전략을 수립하며 추진 중이다. 하지만 가막만은 여수의 중심지라는 지리적 조건에도 불구하고 상기의 여수시 미래 성장을 위한 마스터플랜에서 배제되어 있다. 여수시의 발전된 미래를 위한 청사진에 가막만 일대의 계획은 반드시 반영되어야 한다.

'해양관광레저 스포츠의 도시' 활성화를 통한 미래 개발을 위해서는 우선적 해결해야 할 사항들이 있다. 가막만 바로 앞 여순사건의 발원지(현 한화 화약)의 장소 이전 문제다. 가막만을 앞에 한화화약의 70만 7천여 평(10만 평은 국유지) 부지를 활용하지 못한다면 2020년의 해양강국과 세계 4대 미항 여수 국제 해양관광레저 스포츠의 도시 여수건설의 꿈의 개발에는 제약이 따를 수밖에 없다. 이미 공장이 건립되어 있고 정상적 생산을 진행하고 있는 한화 화약을 이전해야 한다는 말이 다소 의아하고 의미 없게 들일 수 있을 것이다. 하지만 해당 부지는 여수 현대사에서 매우 중요한 의미를 지닌 장소이며 미래지향적 개발이 이루어져야 한다고 강조하고자 한다. 과거 당 부지는 14연대가 주둔했던 장소로 여순사건의 발원지다. 비록 과거사 진상조사 위원회에서 여순사건에 대한 진상 규명과 명예 회복을 시도하였으나 유족들에 대한 실질적 보상이 이루어지지 않았고 여수시민에 대한 명예 회복도 원상복구도 요원하기만 하다.

필자는 제주 4·3사건과 같이 특별법을 제정해 보상의 근거를 마련하고자 '여순사건으로 희생된 민간인 보상과 명예 회복에 관한 특별법'을 제정해 결의안과 함께 2011년 6월 전라남도의회에서 만장일치로 통과시켜 국회에 제출한 바 있다. 한화 화약이 현 부지를 차지하게 된 과정도 매끄럽지 못하다. 당 토지는 여수시에서 관리하다 박정희 정부 시절 한화 화약 측에 넘겨주게 되었는데 토지 이양에 대한 문서 내용을 보지도 못하고 서명하게 되었다는 당시 여수시 담당자의 증언이 있다. 현 한화 화약 부지는 여순사건의 발원지로서 여수시민의 명예가 담겨있는 땅이고 여전히 현재 진행형인 현대사의 중요 지점으로 특별 관리해야 할 필요가 있다.

(여수 가막만 일대)

필자의 건의, 제안사항은 다음과 같다. 이번 여수의 교육국제화 특구 지정으로 새로운 교육도시로서의 면모를 살리고 국제 교육도시로 발돋움하는 교두보를 마련하려면 여순사건 화약고 부지를 타 지역이 아닌 여수지역 적정 장소의 이전 추진을 건의하고 그 자리에 '세계 자유평화공원'과 역사적 전시 체험장인 '추모기념박물관' 65년의 숙제가 되어버린 희생 시민의 '영령관'등 현대사 교육을 바탕으로 하는 미래 지향적 기획으로 억울한 희생의 진실 규명과 이를 기억해 주는 참된 장소를 건립하기를 건의한다. '여순사건 발원지 이전추진 위원회' 민간 구성을 이 지면을 통해 공식 제안하면서 실현을 위해 관계 기관이 앞장서기를 간청한다.

호수 같은 천혜의 가막만이 여수의 과거와 미래의 비전을 함께 보여줄 수 있고 조화로운 개발 모델이 될 수 있게 시민 동참을 환영하며 여순사건의 원한의 숙제를 풀어야 여수의 발전적 가치가 있다고 생각한다.

필자는 여수를 사랑한다. 여수시민도 그 누구보다 여수를 사랑할 것이다. 우리 여수는 한려수도의 시작점이고, 전라좌수영의 본영이고, 구국의 성지이며, 세계엑스포 개최 도시다. 자랑스러운 여수의 시민으로 누구보다 여수를 사랑하는 한 사람으로서 여수의 눈부신 발전을 고대하고 있다. 그 발전의 중심에 여순사건 발원지를 중심으로 가막만 일대의 발전이 매우 중요하다는 것을 강조한다.

(2012. 10. 02.)

'묶고, 묵인'하는 한국의 바다

삼면이 바다로 둘러싸인 해양국가! 국토는 세계 육지의 면적의 0.07%밖에 되지 않지만, 해양 면적이 국토의 4~5배에 달하며 큰 비중을 차지하는 곳, 특히 전라남도는 16개의 시와 군이 바다와 맞닿아 넓은 해안을 보유하고 있고 다도해 해상국립공원으로 일컬어지는 전국의 65%의 유무인의 섬과 42%의 갯벌을 품고 있는 풍부한 해양자원의 보고이며 어업인의 삶의 터전이다.

2001년 '한·중 어업협정'에 의해 어선은 신고 없이 우리 배타적 경제수역에서 자유롭게 조업할 수 있는 협정을 맺었다. 그렇다 보니 올해만 중국 대형 어신(180t) 1,500척이 우리 배타직 경제수역에서 어업 활동이 허가되었다. 그뿐만 아니라 중국의 2만여 척의 어선이 우리 영해를 넘어와 불법으로 조업을 하고 있지만, 어선 적발을 하지 못하고 사실상 어업 활동을 할 수 있게 '묵인'해주고 있는 실정이다.

우리 어선들은 어떠한가? 정부가 근 70년 이상 지속되어 왔던 어촌의 영세어업 형태에 대해 발전적 방향으로 전환시키지 못하고 입법적으로 2004년 국회를 통해 소형기선저인망 어선 특별정리 해고 법안을 발효했다. 어촌 어민들의 생계수단인 연안, 근해 해역에서 망구 전개판을 달고 저인망 어업을 하는 소형기선저인망 어선이 싹쓸이 어선이라는 가짜 뉴스에 생계 어업의 영세어민이 운영하는 소형 선박을 감척시키고 지속적으로 계속 감척하고 있다. 감척의 대가는 어망 입구에 막대(8m)를 설치하여 육지에서부터 가까운 연안의 수역을 정해놓고 전남지역은 남면 금오도 해역, 손죽도 해역. 초도 해역, 삼산면 삼부도 해역 등 일원 6050ha에서만 소형(5t 미만)의 선박을 이용하여 어구 망에 망구 전개판(Otter)을 부착하는 것을 금하고, 새우류를 포획하라는 새로운 수산업법을 만들어 새우조망의 허가를 주는 영세어민만 규제하고 있다.

인근 일본·중국에서는 기선저인망과 트롤어업을 구분하지 않고 어군탐지기를 설치한 망구 전개판(Otter)을 이용한 어선이 연안 · 근해 · 배타적 경제수역(EEZ)에서 합법적으로 어로 행위 중이다. 그런데 왜! 150여 척도 안 되는 우리나라 중·대형 저인망어선들은 외국에서 규제도 하지 않는 망구 전개판을 설치하지 못한 채, 구식의 갯대를 단 어망을 달고 EEZ에 나아가 어로 행위를 해야 하는 것일까? 중국 어선들은 고기를 포획하라고 '묵인' 하면서 우리 영세어민들은 고기를 잡지 못하게 '묶어'두는 저인망 수산행정은 유독 잘못된 규제가 아닌지 생각하게 된다.

영세어민만 힘들어지는 것이 아닌가? 그렇다면 저인망 규제 후, 과연 바다의 생태계는 더 좋아졌을까? 무릇 농촌의 논밭도 1년을 묵혀두면 잡초가 무성하고 단단하게 굳어지는 것처럼, 15년이 지난 지금 저인망어선이 연안 지역에서 바다 밑을 훑지 못하게 된 현재의 바다 밑은 단단하게 굳어져 있고, 갯벌은 침전물의 퇴적으로 이미 심한 악취를 풍기며 생태계를 변화시켜 처참하게 황폐화 되어가고 있다.

필자는 2016년 도정질의에서 중국 어선들은 고기를 포획하라고 '묵인' 하고 우리 영세어민들은 고기를 잡지 못하게 '묶어'두는 수산행정이 바로 우리나라뿐임을 항의하고, 영세어민의 생존권 보장을 위한 수산업법을 새로이 개정하여 20톤 미만의 소형 저인망 어업을 다시 활성화시켜 황폐화 되어가는 바다 생태계를 살리고 청년이 다시 돌아오는 어촌을 만들어야 한다고 정부에 건의했다. 하지만 아직 해결되지 못한 채 그대로의 행정을 유지하고 있다.

요즘 섬 지역은 학생이 없어 학교가 폐교되고 인구가 줄어드는 심각한 위기에 봉착해 있다. 이제라도 수산당국의 잘못된 규제를 인지하고 인근 나라의 수산업들을 벤치마킹하여 우리나라에 맞는 새로운 수산업법을 수정 · 발의하여 현재 새우조망의 허가 구역을 해제하고 망구 전개판을 부착하여 연안에서 조업할 수 있도록 해야 한다. 20톤 미만의 소형 저인망어업 신규 허가 규정을 신설하여 귀중한 바다 밑의 자원을 잘 보존해 어업인의 삶의 터전에도 인구가 늘어나는 살기 좋은 지역을 만들어야 할 것이다.

(2019. 01. 03.)

선소대교

윤문칠

동동
북을 치며
거북선이 입항한다

문화 예술
삶의 터가
절로 환히 열리고

부신 햇살
끝자락에
부지런히 잇는구나

(그림 : 김규리)

4.

국제무역항은 여수시민의 땅

1) 국제무역항

1876년 맺어진 강화도조약으로 부산과 원산 제물포의 세 항구를 개항하고 여수항도 개항되었다. 일제 강점기 동안 항만 개발 및 운영에 대한 업무는 조선총독부에서 관활하면서 여수항은 1918년 지정항으로 시작하여 1930년 전라선이 개통되고 1943년 여수항에 1, 2, 3 부두가 개발되며 1만 톤급 선박(L=132m)이 접안할 수 있는 대형 부두가 건설되었다. 전라선 개통 때는 남산 아래 해안의 바위나 암석을 오동도 방파제 공사에 사용하며 준장비 없이 산머리를 깎은 흙을 레일로 깔고 밑으로 실어 내리는 과정에 많은 희생자를 발생시켰었다. 오동도 연륙교와 주변 매립으로 방파제가 생기고 무역항으로 여수 해상 교통이 크게 좋아지면서 여수와 일본의 시모노세키를 연결하는 정기 여객선이 드나들게 되었고 당시 일본에서 여수는 살기 좋은 곳으로 알려져 일본의 영세어민들이 본격 이주하고 동정에서 집단으로 거주하며 일본인 자녀만 다니는 학교가 세워지기도 했다. 여천 심상소학교(1939년)가 여천 공립 초등학교(1941년)로 해방 후 동초등학교(1949년)으로 교명이 변경되며 개교했다.

해방 후 60년대 초부터 경제개발계획에 따라 본격적인 경제발전이 추진되었으며 항만의 개발과 관리를 체계화할 수 있는 항만법(67년)이 제정되면서 여수항이 1종항으로 지정되었고 본격적으로 발전하기 시작했다. 70년대 국가산업단지가 조성되면서 화학공업단지를 지원하는 삼일항(현 여천항)이 조성, 90년대 하반기에는 우리나라 주요 거점별 신항만 개발을 신속하게 추진하기 위해 각종 인허가 사항을 간소화하고 인근 산업 지원과 항만 활성화를 위해서 '신항만 촉진법'을 재정(1997)하였다. '제4차 전국 무역항 기본계획'까지 총 6번에 걸친 기본계획이 수립되면서 국민에게 안전한 친환경 항만시설을 제공할 수 있는 기틀 마련에 나서 광양항을 제2 컨테이너 부두 중심 항으로 개발하게 된다.

국민의 정부(2000년)가 들어서면서 항만의 가장 큰 변화로 정치에 밀려 여수세계박람회의 개최지를 기존 장소가 아닌 100년 된 국제무역항을 후보지로 확정하면서 항만의 경쟁력을 확보하기 위해 항만공사법을 제정(2003)하고 광양항에는 여수광양항만공사(YGPA) 등 항만별 민간 주도의 전문성을 갖춘 항만공사가 탄생되었다.

여수시민들은 10년 동안 세계박람회 계획을 세웠으나 중국 상해에 밀려 2010년 세계박람회(등록) 유치에 실패하고 그 후 인정 세계박람회 유치 성공으로 '살아있는 바다, 숨 쉬는 연안'이란 주제로 여수세계박람회를 개최하였다.

화물선이 입출항하며 항상 묵묵히 뒤에서 여수의 경제를 지켜주는 든든한 지원군 역할을 수행해 오면서 세계에서 유례가 없는 국가 경제의 버팀목이 되어왔던 여수 국제무역항이 '2012 여수 세계박람회'로 지방항으로 전락되고 국제무역항은 역사 속으로 사라졌다.

2012년 여수세계박람회는 '살아있는 바다와 숨 쉬는 연안'을 주제로 마스코트를 바닷속 플랑크톤을 형상화한 '여니 와 수니'로 2012년 여수 엑스포를 치렀다. 불과 93일의 행사지만 12년을 준비하여 관람객 820만 명을 불러 모으며 여수엑스포를 성공적으로 개최했다. 하지만 이로 인해 얻은 것도 많으나 100년의 역사 국제무역항을 잃게 되고 6만의 인구도 감소한 항구도시가 되었다.

여수시민들은 정부만 믿고 세계박람회만 성공적으로 치르면 국제적 도시로서 위상이 높아지고 지역이 풍요로워질 것으로 생각했지만, 텅 비어있는 박람회장을 바라보며 엑스포가 막을 내린 지 10년이 지난 지금의 상황에 삼일 부두의 여수 항명마저 잃어버렸고 오동도 앞바다로 1년에 6만여 화물선이 입·출항하고 있으나 여수항으로 입항하는 선박은 한 척도 없음에 씁쓸해하고 있다.

국가 계획으로 확정했던 세계박람회장 사후활용은 아직도 구체적 계획도 없이 말뿐인 약속만을 되풀이하다가 정권이 6번이나 바뀌었지만, 지금까지 관심도 의지도 보여주지 않고 전문적인 무엇 하나 보여주지 않고 있다. 정부가 책임 있는 자세로 국제무역항에 버금가는 박람회장 활용에 대한 적극적인 대책과 구체적 대안을 마련하여 여수시민들의 눈물을 닦아주어야 할 것이다.

‘麗니 와 水니’의 눈물(1)

여수 국가산업단지 내 삼일항 부두가 개항(1969.4) 되었다. 광양제철소 배후항만으로 광양항도 개항(1986) 되었고 현재는 여수시민들도 모르는 사이 삼일항을 광양항에 일방적으로 편입시켰다. 여수세계박람회로 인한 100년의 역사 '신항 국제무역항'이 사라지고 광양항 내 마린센터를 마련해 여수시에 주소를 둔 해양수산청과 해양경찰서, 국립여수검역소, 출입국외국인 정책본부 등이 광양항만공사('11.08.19)로 소속되면서 정식 출범했다. 여수항이 개항(1923.6) 하여 국제무역항(1991.10)으로 지정되었고 2023년 개항 100주년을 기념하면서 여수시민들은 잃어버린 여수 항명으로 되찾아야 한다고 목소리를 내고 있는데 국회에서는 여수세계박람회장 운영 주체를 여수광양항만공사로 승계하기 위한 박람회 특별법을 대표 발의해 인계 작업이 시작된다는 언론보도를 접했다. 한때 박람회장에 대형 아웃렛이 들어선다며 유치에 반대하더니 여수시민의 땅을 시민들에게 묻지도 않고 혈세를 핑계로 재단의 권리를 광양항만 공사로 이관을 해버려 결국 뻐꾸기 소리만 나는 뻐꾸기 둥지 신세가 된 것은 아닌가? 국제무역항에 버금가는 사후활용으로 큰 미래를 내다보는 방안은 생각하지 않고 어찌하여 이런 결정을 하게 되었을까?

여수세계박람회장은 여수 화양면 망끝 지구가 최적지로 선정되어 지역 사회의 경제적 발전 효과를 꾀하고자 했었지만 중국 상하이의 2010세계 박람회 유치 의사에 의해 정치에 밀린 국가계획으로 후보지를 100년의 역사를 지닌 국제 무역항 신항지구로 확정하고 국무총리 명의로 BIE에 유치 신청서('01.05.02)를 제출했다. 세계박람회만 잘 치르고 나면 인구가 늘어나고 활성화되는 도시로 거듭날 수 있다는 생각에 정부만 믿고 여수 시민들은 유치 경쟁에 뛰어 들었고 2010년(등록)은 실패하고 2012년(인정)의 유치에 성공하며 2012여수세계박람회를 성공적으로 개최했다. 바다생물 플랑크톤을 모티브로 아름다운 빛을 담은 '여니 와 수니'도 여수의 상징이 되어 그 몫을 독톡히 해냈지만 박람회가 끝나고 박람회장의 사후활용에 정부는 책임 있는 역할을 다하지 못하고 있다. 대선 때마다 건의하고 공약과 전문성을 보여주길 기대했으나 아직도 박람회장은 비워져 있다.

여수반도는 여수읍이 1949년 8월 여수시로, 9개면은 여천군으로 명칭이 변경되고 국가산업단지가 들어서면서 1986년 1월 여천군 삼일읍과 쌍봉면이 여천시로 행정구역이 분리되었다. 3려(麗) 시 군이 여수의 한 뿌리임을 강조하며 여수시로 통합('98.04.01) 되면서 34만의 인구, 교육과 수산, 국가산업단지로 유명한 전남 제일의 도시가 되었다. 세계박람회 이후 여러 공모유치에 여건이 가장 좋다고 평가받는 여수시가 정치에 밀려 공모에 잇따라 실패하고 둥지 밖으로 밀려나고 있는 모습에 뻐꾸기의 탁란이 떠오르며 계속되는 지역 인구 감소에 마음이 무겁기만 하다. 미래의 여수의 모습은 현재의 선택이 만들어 가는 것이다. 명분도 없는 순간의 결정이 미래의 후회로 남게 되지는 않을지 생각해야 한다.

'뻐꾸기의 울음소리가 유난히 서글프게 들리지만 정말 슬퍼서 우는 것일까?'

(2022. 12. 13.)

'麗니 와 水니'의 눈물(2)

여수세계박람회장은 여수시민의 땅이다. 문전옥답(門前沃畓) 같은 시민의 혈맥(血脈)인 세계박람회장을 정부에서 적극적인 대책과 구체적 대안을 마련하여 여수시민들의 눈물을 닦아주어야 한다며 필자는 몇 차례 기고를 했었다. 큰 정치의 힘으로 명분도 없이 시민의 소리를 듣지도, 묻지도 않고 국회에서 특별 법안을 발의하여 박람회장 부지를 광양항만공사로의 이관을 경축한다는 현수막이 시내 곳곳에 걸어져 있다. 어찌! 이런 일이 있을 수 있을까?

미래의 여수의 모습은 현재의 선택이 만들어 가는 것인데 광양항만공사의 전담으로 밀어붙이는 순간의 결정이 천추에 후회로 남게 되지는 않을지 걱정이다. 여수세계박람회장은 1917년에 개항한 100년이 넘은 국제무역항으로 지역 경제의 한 축을 담당했던 해상국제무역의 중심지였다. 여수시민들은 정부만 믿고 세계박람회만 치르면 크나큰 발전을 이뤄 잘 살 게 될 것이라는 희망을 가졌다. 여수세계박람회가 막을 내린 지 10년이 지난 지금 새로운 정부가 들어설 때마다 시민들도 몰랐던 박람회 부채를 정부에서 탕감해 주고 국제무역항에 버금가는 대안을 만들어 시민에게 돌려주기를 바란다는 기고를 하고 목소리를 냈지만 관심을 갖는 정치인이 없어 실망했다. 하지만 텅 비워진 박람회장과 인구가 줄어가는 모습을 바라보면 이제는 지역의 민심을 제대로 읽고 누구나 살고 싶은 여수를 만들어 가야 하지 않겠는가? 여수반도 해안을 따라 우후죽순 들어선 호텔과 펜션 등의 무분별한 난개발은 5층 이하로의 고도제한, 거리 제안 없이 8층, 15층, 40여 고층건물 허가로 이뤄지고 있다. 산과 바다가 막혀 천혜의 자연경관을 훼손하며 조망권이 사라지는 모습을 보니 요즘 이슈가 되고 있는 정치적 사건들이 생각난다. 뻘 생각하다가 웅천지구 정산금 반환 소송 패소로 485억, 돌산 마린 엑스포 주택 건설 손해배상금 23억, 해산가압장 전력 사용 전기 요금 위약금 10억 5천만 원 등 시민의 혈세가 줄줄 세고 있다는 언론 보도를 접했다.

지금 여수는 100년의 역사인 국제무역항과 여수 항명을 잃어버리고 오동도 앞바다로 매년 6만여 화물선이 입출항 하고 있지만 여수항으로 입출항 하는 선박은 한 척도 없다. 우리지역은 지도자의 오판과 정치의 희생양이 되어 인구감소의 원인이 되어도 누구 하나 책임지는 이가 없지만 역사가 말할 것이다. 2012년 여수세계박람회는 1993년 대전세계박람회처럼 93일 동안 개최된 행사로 성공적인 국제 행사였다. 대전 세계박람회는 정부에서 재원을 전부 투자하여 93일간 대전 대덕연구단지 일대에서 열렸다. 29년이 지나 당시의 모습은 거의 찾아볼 수가 없지만 높이 93m, 벽돌 1993개로 만들어 놓은 엑스포 기념 한빛탑 주변의 부지에 시민공원(34,000㎡)으로 조성하여 시민들에게 돌려준 대전시와 여수세계박람회장의 사후활용은 비교가 되지 않을 수 없다.

남의 둥지에 몰래 알을 낳아 두는 뻐꾸기, 둥지 주인은 다른 새가 자기 새끼인 줄 알고 키우지만 본인 새끼들은 죽어 없다. 우리 지역이 뻐꾸기의 둥지만 되어서는 안 될 것이다. 내 둥지에서 '뻐꾹뻐꾹' 소리만 내는 뻐꾸기를 그대로 보고만 있을 것인가?

선거 때마다 공약을 놓고 이리저리 계산을 좀 더 해야 나아지는 것일까? 여수 시민들이 미래를 내다보며 관심을 갖고 생각을 바꾸어 뻐꾸기의 공격에 둥지의 알을 좀 더 챙길 수 있어야 하지 않을까? 엑스포 정신을 계승하지 못하고 남의 손으로 넘어가는 모습에 뻐꾸기 울음소리가 유난히 서글프게 들린다. 정말 서글퍼서 우는 것일까?

(2022. 12. 24.)

그때 그 생각을……

전국 최초! 체험학습비, 수학여행비 무상 지급!

교육에는 왕도가 없다. 교육은 백 년을 내다보는 일이며 백 년을 준비하는 일이라는 말이 선조들은 얼마나 교육을 중요하게 여겼는지 알 수 있다. 역시 교육은 백년대계다. 21세기에 들어서며 우리나라를 비롯해 많은 선진국은 총의 전쟁이 아닌 지식, 두뇌 전쟁에 사활을 걸고 있다. 국가 차원의 브랜드의 가치를 높이고 경쟁력 있는 강국을 만들기 위해 인재 육성에 최선을 다하고 있다. 그렇다 보니 각 나라는 신성장산업에 연구개발비를 증액하고 투자한다. 세계가 4차 산업을 본격화하고 있고 창의 인성을 갖춘 글로벌 지도자를 필요로 하는 시대적 상황에 직면했다. 이 모든 것은 교육을 통해서 시작한다.

필자는 교장 시절(2009년) 고등학교 1학년 350명과 함께 수학여행을 제주도로, 야영수련 활동을 경남 산청으로 계획했었다. 그때 사제 간 등산으로 정상 정복을 목표하며 3월 한라산 백록담(1950m), 8월 지리산 천왕봉(1915m)을 정복했다. 할 수 있다는 꿈과 희망을 심어주기 위해 계획했던 행사였고 우리 학생들과 선생님들은 모두 함께 정상을 밟는 그 목표를 이루었다. 교육 활동의 하나로 모두가 함께 참여할 수 있어 좋았고 학생들이 경험으로 견문을 넓힐 수 있는 계기가 되어 좋았다.

교육현장에서 많은 경험을 하니 행정의 문제점, 안타까운 점 등이 보이기 시작했고 개선방안을 고민하게 되었다. 민선교육의원이 되면서 그때 그 시절의 문제와 안타까웠던 제도 개선을 위해 힘써보고자 전라남도의회 제263회 임시회(2011. 10. 27.)에 장만채 교육감이 출석한 도정질의에서 초·중·고 수학여행비와 현장체험학습비 등 교육적 단체 활동에 관한 무상 지원 대책을 건의하고 질의했다.

당시 언론 보도에 학생 1인당 354만 원을 부담하며 해외 수학여행을 다녀온 학교의 사례와 외국어고, 과학고 등 특수 목적고의 수학여행 비용이 일반계 고교의 배에 이른다는 통계치 발표가 있었다. 새로운 문물을 접하는 문화 체험의 의미에서 해외 수학여행의 필요성은 나름대로 인정하고는 있지만, 경제적 부담으로 함께 하지 못하는 학생들에게는 위화감을 조장하기도 하여 그 필요성에 대한 의문이 제기되기도 한다.

교육감께 과다한 비용이 드는 해외 수학여행에 대한 견해와 경제적 부담으로 함께 하지 못하는 학생들에 대한 지원책은 무엇이 있는지 질의했다. 교육감의 핵심 공약 가운데 하나인 전남지역 초·중·고등학교 학생에 대한 수학여행비, 현장체험학습비 등 교육적 단체 활동에 대한 무상 지원 대책을 건의하였고 교육감께서 쾌히 승낙하여 2012년 3월부터 체험학습비, 수학여행비, 야영수련활동비 등을 전국 최초로 전라남도에서 무상으로 지원하는 성과를 이루었다.

2012년 여수세계박람회 기간에 전남교육청에서 체험학습비를 지원받은 전남지역의 학생들은 2~3차례 의무적으로 여수세계박람회장을 찾아 관람하고 체험하며 미래의 발전된 전망을 경험하는 기회를 얻었다. 무상 지원 제도가 인정을 받으며 10년이 흐른 현재는 전국의 교육정책으로 자리 잡아 지자체마다 학생들에게 체험학습 단체 활동비 등을 무상 지급하고 있다.

코로나 19 바이러스 감염병이 전 세계적으로 확산되며 비대면이 일상화되고 있다. 비대면 화상 수업 등 학교 현장도 변화하고 있다. 전 세계적으로 언택트 산업과 기술교육 등이 빠른 속도로 자리 잡고 있고 언택트 현상은 한동안 지속적일 것이기에 변화에 대비하고 준비해야 한다.

미래의 교육은 학교 교육뿐만 아니라 가정교육과 평생교육 등이 통합되는 큰 틀에서 접근해야 한다. 모든 구성원의 가치와 경쟁력 있는 강한 비전을 담은 교육정책으로 본연의 가치를 시대에 맞게 새롭게 구축해야 나가야 한다.

백 년을 내다보고 백 년을 준비하는 교육은 지역교육의 비전과 발전 방향을 잡을 수 있다. 코로나 팬데믹처럼 불확실성이 높은 요즘은 미래의 다양한 문제에 창의적으로 대응할 수 있는 창의적 성장과 발전이 중요하게 영향을 끼친다. 스스로 발전시킬 수 있는 교육 환경 제공과 미래 세대를 위한 교육 지원에 있어서는 멈추지 않는 고민을 지속해 가야 할 것이다.

여수시민이 사랑하는 오동도

(총체적이고 단결된 여수시민의 힘 보여줘야……)

2012 여수세계박람회 개최가 얼마 남지 않은 현시점에 국립공원인 오동도에 대한 관리권이 여수시에서 환경부로 환원된다는 슬픈 소식이 전해졌다. 국내에서는 한라산과 오동도가 유일하게 지자체에서 관리권을 갖고 있었으나 내달부터 오동도에 관한 관리권이 환경부로 환원된다는 것이다. 이 같은 조치는 지난 5월 대통령 소속 지방분권 촉진위가 국립공원 관리 업무 일원화 차원으로 결정하여 최근 여수시에 통보해 왔다.

오동도는 내년 여수 세계엑스포 개최를 앞두며 예술 문화공원과 해양레저문화 관광단지가 어우러지며 개발 기대감이 높은 여수 관광의 중심 역할을 하는 곳이다. 여수시가 그동안 관광객 유치를 위해 오동도 내 시설 개선과 둘레길 조성, 스토리텔링 개발 등 다양한 관광 인프라 구축을 위해 노력해왔다. 우리 지역 관광 핵심 오동도의 관리권 이관에 따른 대응책 마련이 시급하다. 관리권을 넘기면 다시 돌려받기는 어렵고 각종 행사 등 추진 시 관리공단과 협의해야 하기 때문에 이용에 큰 제약이 생길 수밖에 없다. 여수 오동도가 국립공원이지만 단일 행정구역 내 포함되어 관리가 용이할 뿐만 아니라 시민들이 애용하는 한해 100만 명이 찾는 휴식공원이기에 도시공원 차원에서 여수시가 지속적으로 관리하는 것이 바람직하다고 여수시 관계자들은 밝히고 있다.

붉은빛 동백꽃이 가득 메운 오동도! 여수시민의 자랑이고 지역민과 함께한 자연의 보고 오동도는 여수시와 함께해야 하지 않겠는가? 지조와 절개를 지키다 오동도 낭떠러지에서 떨어져 붉은빛 동백꽃으로 피어난 전설 속 오동도의 연인처럼 올곧게 우리 여수시민들도 오동도를 지켜내야 하지 않을까?

오동도는 여수시민의 땅이다. 오동도를 일제가 강탈했을 때 한 맺힌 토지를 해방 후 적산으로 여수 교육지원청이 물려받았으나 관리의 어려움으로 69년 9월 11일 여수시에 2천만 원을 받고 권리를 양도한 이래 오동도는 여수시의 소유지가 되었다. 그 후 오동도는 국립해상공원으로 지정되어 전라남도 관리하에 있었지만 1985년 9월 16일 공원관리권이 전라남도에서 여수시로 이양되며 한려수도의 동백섬으로 자리 잡게 되었다. 엑스포를 목전에 두고 여수시민들은 엑스포 성공개최의 염원이 뜨겁다. 성공적 행사를 위한 일환인 핵심사업으로 육성 중인 오동도 관광단지에 대한 효과가 가시적으로 나타나고 있는 현시점에서 관리권 환원은 청천벽력 같은 일이 아닐 수 없다. 여러 곳곳의 지원이 절박한 지금 여수시는 오동도 관리권을 환원해야 한다는 슬픈 현실에 망연자실하지 않을 수 없다. 총체적이고 단결된 여수시의 민의를 보여줄 때다. 정부 부처를 방문해 관리권 환원 결정을 제고해 줄 것과 지방분권위, 환경부, 국무총리실에 '국립공원 업무 국가 환원 사무 결정에 따른 의견 반영 요청서'를 제출해서 꼭 환원되어야 된다는 권리를 주장해야 된다.

우리 조상이 대대로 물려준 우리의 땅 오동도는 여수시민의 땅이다. 까마득한 절벽 아래 넘실대는 바다와 남해로 탁 트인 조망권이 확보된 쾌적한 자연 그대로 새로운 벼랑길이 있는 오동도를 핵심 관광지로 육성, 보전하여 여수를 찾는 관광객들에게 '아~ 역시 오동도!'와 같은 감탄이 나올 수 있도록 여수시와 시민이 자연 그대로 잘 보존할 것이다. 오동도는 그 누구의 땅도 아닌 여수시민의 땅이다.

(2011. 08. 20.)

세계박람회장은 여수의 혈맥(血脈)

국회에서 여수세계박람회장을 여수광양항만공사에 넘기겠다는 일방통행식 발상에 30만 여수시민들은 법 개정 추진을 멈추고 시민들의 뜻이 반영된 방향으로 추진해 주기를 희망하며 숙의 공론화를 제안했다. 하지만 시민 연대(여수선언실천위원회, 상공회의소, 지역 발전협의회, YMCA, 지역사회 연구소, 환경운동연합, 경실련, 참여연대)는 15일 발표한 성명서에서 '재정 여력과 공공성, 지역성을 두루 갖춘 광양항만공사가 여수박람회장 활성화의 마지막 대안'이라며 여수시가 박람회장을 인수하여 운영하라는 세계박람회장 공론화 주장을 비판한다는 언론 보도를 접했다. 여수의 발전을 위해 우리는 어떻게 행동하는 것이 맞는 것일까?

2012 여수세계박람회 백서에는 당시 화양면 망끝 지구와 소라면 달천, 소호지구, 돌산읍 신복리 등 4개 지역이 박람회장 후

보로 조사가 진행되어 입지 타당성 분석을 통해 최적지로 화양면 망끝 지구가 선정되었었다. 하지만 중국 상하이가 2010세계박람회 유치 의사를 표명함으로 인구 3천만 명과 30만 명의 간극에 상하이와 유치 경쟁 우위를 위해 정부가 오동도 인근 신항 국제무역항 지구를 개최 후보지로 선정하여 국가 계획 국무총리 명의로 BIE 공인 유치 신청서(2001.05.02)를 제출하였다. 당시 정치적 계산에 밀려 작금의 상황에 광양항 컨테이너부두 3단계 준설토 투기장 조성 사업에 맞춰서 정부는 왜 이런 대책을 내놓았을까?

세계 박람회장은 1918년 개항 이래 강제징용 피해자들이 돌아온 항구이며, 일본 시모노세키 항로와 연계되어 대일 무역의 중심지로 부상했던 곳으로 대북지원(2007년)의 창구로서 양곡 7,500톤을 북한에 지원하기도 했던 유서 깊은 국제무역의 중심지였다. 특히, 지역 경제의 버팀목이며 큰 가치를 지녔던 여수의 혈맥인 신항은 국가산업단지 조성에 철도와 연계하여 필요한 원자재와 제품의 수출입을 담당했던 국제무역항으로 박람회 조성 명목으로 주변에 항만관련 공공기관과 200여 개의 중소 해운 업체 및 시민들은 어떠한 보상도 없이 자리를 옮기게 되었고 이는 지역 인구 감소의 원인이 되었다. 우리 지역 영세어민들의 생계와 직결되었던 소형기선저인망을 합법화시키지 못하고 특별회고정리법(2004년)을 통해 여수에서만 1500여 척의 감척으로 신항 부두에 정박되어 있는 관용선과 역무선은 해경 부두를 국동어항으로 옮기게 되었다. 불보시 땅을 개발하여 박람회를 성사시키지 못하고, 불과 93일간의 여수세계박람회 행사를 위해 매년 2조 원의 경제적 효과를 냈던 100년의 역사를 지닌 국제무역항만 잃어버린 것이다.

세계박람회장을 추진하며 국가에서 3850억 원이 투자되었다고 부채를 여수시민의 땅에 부과했다. 여수 오동도 남해 앞바다에는 화물선이 1년에 6만여 척이 입출항하고 있으나 여수항으로 입항하는 선박은 한 척도 없으니 안타깝기만 하고 여수의 먼 장래까지 내다보고 결정을 내리지 못했던 그 상황이 참 통탄할 노릇이다. 세계박람회 행사는 성공적으로 잘 치렀었지만, 유치 준비 기간부터 약속한 박람회장 사후활용에 정부의 대안만을 믿고 바라봤던 여수시민들은 정권이 5번 바뀌는 동안 사후활용에 대한 대안 없이 역사 속으로 사라진 국제무역항에 상심하고 박람회장의 사후활용에 관심도 의지도 보이지 않고 전문성 없는 대안을 드리미는 정부의 책임 없는 태도에 여수시민들은 실망하고 있다.

프랑스의 만국 박람회 시 건립되었던 파리의 흉물에서 세계적인 명소가 된 에펠탑처럼 박람회만 끝나면 버려지는 곳이 아니라 진짜 성공이 될 수 있는 사후활용으로 대한민국의 보물! 여수시민의 혈맥의 명성을 이어가야 할 것이다. 이번 대선은 유례없이 치열한 경쟁 속에 0.73%로 승리가 결정되었다. 새 정부는 국가계획으로 확정된 여수 혈맥인 세계박람회장의 부채를 탕감하고 미래 발전의 성장 동력으로 활용할 수 있도록 여수시민에게 돌려주길 바란다. 정부는 박람회장을 국제무역항에 버금가는 대안으로 책임 있는 결단을 내려주길 바란다.

(2022. 03. 23.)

개항 100주년 기념, 여수항 名을 되찾자!

(잃어버린 삼일부두 여수항 항명을 되찾자)

정부의 중화학공업 육성정책에 따라 삼일항 부두가 개항(1969년 4월)되었다. 여수시 국가산업단지 내 여수항 삼일 부두에 많은 화물선이 입출항하고 있으나 삼일 부두가 광양항 소속이 된 후 여수항의 위상이 제고되며 시민들 걱정의 목소리가 커지고 있다.

광양제철소 배후항만으로 개항(1986년)한 광양항에 여수시민들도 모르게 삼일항이 일방적 편입이 된 것이다. 삼일 부두에 들어오는 화물의 물동량 통계가 광양항으로 불리고, 여수항은 물동량이 전혀 없는 항으로 인정된다. 여수시 행정구역 안 항만시설에 대한 삼일항의 여수항 항명을 되찾아야 한다는 시민의 소리가 높아지고 있다.

여수항(1923년 6월)이 개항하여 제1 종항(1967년 3월)이 되고, 1991년 10월 국제무역항으로 지정되어 2023년이면 여수항 개항 100년이 된다. 한려해상국립공원(한려수도)의 시작점 해상관광의 1번지 여수에서 남해도에 이르는 바다를 여수만(해역)이라 한다. 여수국가산업단지와 광양 공업지대가 입지해 있는 작은 만으로 경상남도와 전라남도의 경계를 이루고 있는 광양만은 여수만에 포함되어 있다.

여수상공회의소를 중심으로 광양항으로 편입되어 있는 삼일항을 여수항으로 되돌려 줄 것을 정부 측에 수차례 건의했지만, 해수부는 광양항을 동북아 물류기지 및 남중권 거점항만으로 육성하기 위해서는 특정 지역에 국한되는 삼일항만을 여수에 되돌려 주는 것이 도움이 되지 않는다는 견해를 밝혀왔다.

그러나 여수시민들은 행정구역 안 항만시설에 대한 여수항 환원은 정부의 행정 편의를 위해서 지자체의 항만 주권이 침해된 상황이며 바로 잡혀야 한다면서 이제 개항 100주년에 맞춰 삼일항을 여수항으로 항명을 되돌려 주기를 바라고 있다.

100년의 역사를 지닌 여수항은 국제무역항 제1 부두에 무연탄, 시멘트, 제2 부두는 잡화, 제3 부두 PVC 레진, 컨테이너 등을 취급했었으나 여수 국제무역항이 정부의 기본계획에 따른 정치에 밀려 폐쇄(2008년)되었다. 여수 세계엑스포의 93일간의 행사를 위한 결정이었다고는 하지만 박람회로 인해 얻는 것만큼 잃은 것이 많아 경제침체와 인구 감소를 겪고 있다. 하지만 이 결정에 따른 책임을 지는 사람은 없고 그에 대한 대책도 내놓지 않고 있으니 결국 국제무역항만 잃어버린 것이 아닌가?

오동도 앞바다로 매년 6만여 화물선이 통과하지만, 여수항으로 입출항하는 선박은 한 척도 없다. 이런 상황을 막지 못했던 모두는 혹독한 반성을 해야 할 것이다. 국제무역항은 사라졌고 엑스포장은 텅 비워져 있다.

여수항과 광양항이 남해안 관광자원을 연계한 해양복합관광거점 항으로 육성되기를 바라고 통합을 원하고 있지만 잃어버린 여수항 항명은 찾아야 하기에 필자는 '여수세계박람회장은 여수시민의 땅이다'라고 기고('16.11.3)하였다. 신항 외곽에 관공선, 역무선 해경부두를 동시에 접안할 1,200m 계류시설과 방파제 1,360m의 파도의 힘으로 연주되는 오르간 등대가 만들어져 준공(2019. 10. 16.)되며 규모가 확대되었다.

개항 100주년을 맞이하여 이번 건설된 신북항 주변에 해양수산 관련 기관들의 이전과 잃어버린 여수항을 되찾는데 지자체와 정치인들 모두가 관심을 가져 여수 항명을 되찾아야 할 것이다.

정부는 국가계획으로 확정한 여수세계박람회장 사후활용에 의지를 보이지 않고 있다. 대선 후보 시절 대통령께서 약속한 박람회장 사후관리 입장에 여수시민들은 국제무역항에 버금가는 정부 차원의 결단을 기다리고 있다. 여수세계박람회장과 삼일항은 여수시민의 땅이며 여수에서 큰 역할을 해주는 그날이 다시 돌아오기를 모두 염원하고 있다.

(2021. 02. 03.)

세계박람회장의 다음 역할은?

"여수엑스포는 성공적… 얻은 것도 많지만 잃은 것 너무 많아."

"국제무역항 날려 먹고 인구 감소와 경제침체… 정부 대책 필요."

여수시 공화동 옛 역 앞을 중심으로 신항 부두에 위치한 세계박람회장은 100여 년 된 국제무역항의 자리였다. 1918년 개항 이래 대일 무역의 중심지였으며 한때 여수국가산단의 필요한 원자재와 플랜트의 화물은 철로와 대한 통운으로 운송하고 해운산업은 도선을 통해 입·출항하는 선박의 여객 화물 운송으로 경제적 효과를 내 지역 경제의 한 축을 담당하며 국제 해상무역의 중심 역할을 해왔다.

여수는 2010세계 박람회 유치전에 뛰어들었다. 강력한 라이벌이던 중국 상하이가 유치 의사를 표명함으로 위기를 느끼게 되고 인구 3,000만 명의 상하이와 30만의 여수 간극이 너무 크다 보니 정부에서 경쟁 카드로 신항 인근 부두를 박람회 개최 후보지로 확정하며 2001년 공식적인 유치 신청서를 BIE에 제출했다. 항만 관련 공공기관과 200여 개의 중소 해운 업체들은 박람회장 준비에 따라 인근 지역으로 자리를 옮기게 되었고 시기에 맞춰 소형어선이 여수에서 1,500여 척이 감척되며 잘나가던 수산업도 박람회에 묻히고 여수를 떠나는 인구 감소로 이어지는 결과가 이어지니 매우 안타까운 일이었다. 여수역 앞 주변 국제무역항은 매년 2조 원의 경제적 창출을 냈던 100여 년 된 국제무역항이다. 국제무역항이 폐쇄될 때 다른 대책을 세우지 않고 여수의 장래를 내다보지 못한 처리에 반대하지 않은 사람들이 없었다는 것이 너무나 통탄할 노릇이다.

세계박람회가 막을 내렸다. 지금 여수는 오동도 앞바다로 1년에 6만여 화물선이 입·출항하고 있지만, 여수항으로 입항하는 선박은 한 척도 없다. 돌산지역에 우후죽순으로 들어서는 해양 미관을 해친 대형 숙박업소들과 수산과 항만을 잃어버린 현재의 여수를 보면 걱정이 아니 될 수 없다. 필자는 93일간 관람객 820만 명을 불러 모은 여수엑스포는 성공적이었다고 생각한다. 하지만 박람회로 인해 얻은 것도 많지만 잃은 것이 너무 많은 여수를 생각하면 그저 안타까운 마음이 크다. 불과 3개월의 행사를 위해 국제무역항만 날려버리고 인구 감소와 경제침체를 겪고 있지만, 그 결정에 따른 책임은 아무지 지는 이가 없고 세계박람회를 개최한 도시 여수가 5만의 인구가 감소하고 있으나 그에 따른 특별한 대책이 수립되지 않고 있다는 지적이다.

여수시정 질의에서 지금부터라도 (구)삼일항이 여수항으로 환원될 수 있도록 여수상공회의소 내 '신북항 건설추진위원회'를 '여수항발전추진위원회'로 개편하고 다각적인 방법으로 지역여론을 결집해 여수항 항명을 되찾자는 모 의원의 의견이 있었다. 이 문제에 대해 여수시가 함께 노력하고 이끌어 내야 할 것이라 생각된다.

지금의 엑스포장은 지역민과 관광객이 자유롭게 이용할 수 있지만, 텅 비워진 곳이 많다. 국제무역항 자리엔 풋살 경기장, 농구장, 축구의 프리킥 연습장, 트레이닝 필드, 웨딩홀 및 고층 호텔 계획을 준비하고 있다고 한다. 하지만 예전의 신항의 경제적 효과에는 미칠 수 없는 미래 지향적 공간이 아니어서 더욱 안타깝다. 전문성을 갖춘 국제무역항을 대신할 수 있는 공간이 필요하다.

국제무역항의 대체항만이 2020년까지 국비 2880억 원을 들여 완공될 것이다. 신북항은 국동어항에 정박되어 있는 관광선, 약무선, 해경 접안부두를 광양 무역항으로 입항하는 화물선의 항만 역무 서비스 선박 보조 역할을 하는 항구일 뿐 국제무역항이 아니다. 여수세계박람회장의 미래가 안녕할 수 있을지 걱정이 되는 부분이라 국가계획으로 확정한 박람회장은 정부가 사후활용에 대한 관심과 전문성을 보여야 할 것이다. 박람회계획부터 지금까지 정권이 5번 바뀌었으나 박람회 사후관리에 대안을 내놓지 못하고 있다. 국제무역항에 버금가는 정부의 책임 있는 결단이 필요하다. 박람회장을 여수시민에게 큰 역할을 하던 그때처럼 돌려주어야 한다.

(2016. 10. 20.)

우리 지역에 맞는 수학 박물관!

‘여수세계박람회장’에 수학박물관을 만들자

교육은 백년지대계(百年之大計)이다. 교육이 살아야 지역이 발전하기에 전국 모든 지방자치단체가 교육을 위한 투자를 아끼지 않는 이유일 것이다. 우리 지역의 교육열은 전국 최고인데 왜! 인구는 감소하고 있을까? 그래서 지자체에서 중학교 우수학생(상위 5%)이 지역 내 고등학교에 진학할 경우 주는 장려금을 500만 원으로 대폭 늘려 진학률을 높일 계획이지만 얼마나 큰 효과가 있을지 걱정이 된다.

장기적으로 인재 육성을 위한 교육의 장을 만들어 보는 것은 어떨까? 재미있게 몸소 체험해 볼 수 있는 수학박물관을 텅 비어있는 여수엑스포장에 건립하는 것을 건의하고 싶다.

만져보면서 체험할 수 있는 200여 개 이상의 다양한 수학 원리의 교구를 갖춘 ‘수학체험박물관’이 독일 기센주 마테마티쿰에 세계 최초(2002년 11월)로 세워져 세계 각국에서 연간 30만 명 이상의 방문객이 찾고 있다는 언론 보도를 접했다.

특히 박물관 내에는 학교 현장에서 배우던 교육을 싫증 내던 청소년들에게 즐겁고 흥미 있는 새로운 수학 도구를 온몸으로 체험할 수 있도록 하는 체험학습을 통해 만져볼 학습방법이 큰 관심을 받고 있다. 수학 학습에 관계있는 기본 원리인 피타고라스 정리, 퍼즐, 레오나르도 다빈치 황금률 등으로 체험하기도 하고 직접 보고 느낄 수 있는 체험 학습장이다.

필자는 수학교육을 전공하여 40여 년 동안 우리 지역의 중·고등학교에서 수학교사로 지냈다. 수학 문제를 통해 해결하는 방법과 핵심이 무엇인지 몸소 체험으로 재미있게 가르치려고 했고 쉽게 이해할 수 있게 가르치도록 노력했다. 시간이 갈수록 수학교육의 원리를 통해 효과적이며 창의적인 수업이 가능하다는 것을 깨달았기 때문에 '어떻게 하면 딱딱한 수학을 쉽고 재미있게 가르쳐 줄 수 있을까?' 하고 연구했던 기억이 있다. 그래서 교과서에 나온 공식들을 음을 붙여 공식 노래를 만들어 보고 제자들과 수학 공식 노래를 부르며 수업을 했던 추억이 생각난다.

민선 교육의원 시절 도정질의(2011. 11. 27.)를 통해 청소년들에게 '미래의 희망을 심어주어야 한다.'라는 취지로 초·중·고 학생의 수학여행비, 야영수련활동비, 체험학습비 등 교육단체 활동에 대한 무상 지원을 건의하였다. 그 후 전남 교육청(2012년)에서 전국 최초로 시행하여 현재 전국의 학교로 확산되어 무상으로 지원받고 있다. 우리 지역은 교육정책의 자율권과 사업 추진을 위한 각종 규제 완화가 보장된 교육국제화 특구로 지정되어 있다. 그래서 지역의 인재 유출을 막고 올바른 교육 활용을 위해 교육국제화 특구로 지정된 우리 지역에 수학체험 박물관 유치를 기고(2016. 02. 23.)했었다.

교육국제화 특구로 지정되어 지역교육 활성화가 잘 이루어질 수 있는 좋은 기회가 많지만 활용되지 못하고 시민의 재산이었던 돌산 3청사를 전남 교육청(국제 교육원)에 넘겨주어 청사가 부족한 현실이 되었다. 그런데 인근 시는 허허벌판인 강변의 부지에 600억 원의 예산으로 '에코에듀(사이버 환경교육)' 체험 센터에 생태, 진로, 해양 안전체험관 및 생태해양 전문 도서관, 교육역사관 등 다양한 시설을 지어 활용하며 청소년들의 인재교육 활동을 하고 있어 비교가 되지 않을 수 없다.

요즘 코로나 19의 팬데믹 여파로 교육계 역시 단 한 번도 경험해 보지 못한 언택트 시대에 교육도 온라인 상황에 직면하고 있다. 특히 개인 위주, 체험활동 중심의 교육으로 변하면서 공교육 교육현장은 사라지고 있어 새로운 프로그램을 준비하여야 한다. 그래서 박람회 정신이 깃든 해양휴양도시 여수의 텅 비어있는 엑스포장에 새로운 수학박물관을 유치해 보길 권한다. 해양 여수의 세계적인 관광 명소와 체험 교육이 함께하는 여수로 성장할 수 있음을 확신한다. 긍정적인 힘! 이 여수교육을 살린다.

(2020. 11. 19.)

대선 후보에게 여수 공약을 묻다

구국의 성지로서 높은 역사적 가치를 지닌 여수는 수산업 발전을 선도하고 교육에 대한 열의가 높은 도시였으나 정치에 밀려 100여 년 된 국제무역항이 사라지고, 지역 브랜드의 국립대학교가 지도자의 오판 등에 역사 속으로 사라지면서 그 위상이 흔들리며 인구 감소가 진행되고 있는 도시가 되었다. 천혜의 아름다운 풍광을 자랑하는 섬이 많은 항구도시에서 청년들이 섬을 떠나 학생은 없고 학교는 폐교되는 등 저출산으로 섬의 인구 소멸 위기에 처한 이 상황에 종합적 대응이 필요한 시점이다.

여수는 전국 최초로 주민 발의를 통해 3여 통합(1998. 4. 1.)을 이뤘다. 국가산업단지를 보유하고 해양산업을 이끌며 34만의 인구로 전남 제일의 도시로 우뚝 섰으며, 조그마한 항구도시가 수산 1번지로서 수산업 발전의 핵심축 역할을 했다. 높은 교육열에 묵묵히 지원을 아끼지 않았던 시민들의 힘으로 지역 학생들의 명문대 진학률도 높였고 교육경쟁력 확보를 위해 인재 육성을 위한 발전 방안 등을 적극적으로 모색하는 제일의 교육도시였다.

20여 년이 지난 지금의 여수는 어떠한가? 여수항은 1923년 6월에 개항되어 1967년 3월 제1 종항으로, 1991년 10월에는 국제무역항으로 지정되면서 다가오는 2023년이 되면 여수항 개항 100주년이 되는 해가 된다. 2012년 여수세계박람회 개최를 위해 우리는 불모지의 땅을 개발하지 않고, 정치에 밀려 100년의 역사를 갖는 국제무역항 자리에 93일간의 여수세계박람회 행사로 지역의 혈맥이었던 국제무역항은 사라졌다. 국제무역항이 사라지며 기존 삼일항을 광양항으로 흡수하여 명이 개칭되었고, 여수 오동도 남해 앞바다에는 화물선이 일 년에 6만여 척이 입출항하고 있지만, 여수항으로 입항하는 선박은 단 한 척도 없으니 미래가 걱정되지 않을 수 없다. 또한, 소형기선저인망 특별정리해고 법안(2005년)이 발효되어 어촌 연안의 영세어민들이 70년 이상 지속하던 어민의 생계수단인 어선은 감척되었다. 발전적인 방향으로 전환시키거나 대책을 세우지 않고 싹쓸이 조업이라는 가짜 뉴스에 우리 어민의 어선은 감척시키고 오히려 대형 중국어선의 싹쓸이 불법조업에 대한 대책은 미비해 상대적 박탈감이 팽배하다.

여수의 지역 브랜드 여수대학교는 1917년 국내 최초의 수산 전문 인력을 양성하는 교육기관에서 2003년 3월 종합대학으로 승격되어 시민들은 환호성을 울렸지만, 지도자의 오판과 지독한 사기극에 말려들어 전남대와 통합되며 기존의 특성인 수산이 지워져 버렸다. 특히, 30만 인구의 도시에 지역사회의 학문적 기반을 다지던 지역 브랜드 대학교가 없는 도시로 변하였다. 이러한 현상들로 여수의 인구가 28만 명 선으로 붕괴되었지만, 대책 없이 이렇게 지역을 유지하게 된다면 10년 20년 후에는 우리 지역은 어떻게 될 것인가? 고민해 보지 않을 수 없다.

2022년 3월 9일 수요일은 대한민국의 제20대 대통령 선거가 있는 날이다. 대선 후보들은 지역을 순방하며 대통령 적임자를 확신하면서 주요 국가 현안, 지역 현안 챙기기에 나서며 많은 공약들로 지지를 호소하고 있다. 그렇다면 우리 지역의 절대 현안사업은 무엇인지, 우리가 여수를 위해 무엇을 할 수 있는지 살기 좋은 우리 지역 여수를 모두가 함께 만들어기 위한 청사진을 그려야 한다.

필자는 텅 비워져 있는 박람회장을 바라보면 안타깝기만 하다. 잃어버린 여수항 항명을 찾고, 세계박람회장 사후활용을 위해 '여수세계박람회장은 여수시민의 땅'이라는 기고(2016. 11. 3.)를 했었다. 교육은 백 년을 내다보는 일이기에 국가산업단지와 협력하여 특성화 대학교 신설을 건의해보고 미래교육과 수산분야의 대선공약이 없으니 신중한 추진의 필요성을 기고했다. 국가 계획으로 확정한 여수세계박람회는 지금은 텅 비워진 박람회장이 되었으나 정부는 사후활용에 대한 의지와 관심, 전문성 등을 10년이 지난 지금도 보여주지 않고 있다. 말뿐만이 아닌 행동으로 보여주길 기대하며 우리 시민들은 대선후보들이 약속한 박람회장 사후활용에 대한 입장에 국제무역항에 버금가는 정부 차원의 결단을 기다리고 있는 것이다.

'당신은 지역을 위해 무엇을 했는가?' '인구가 줄어가는 모습만 그대로 보고 있을 것인가?' 정치인들이 진정으로 지역을 생각하며 지역 현안을 충분히 담아 지역민의 의사가 존중되는 현안으로 변화를 느낄 수 있는 여수발전 공약을 제시해 주길 바란다.

(2022. 02. 18.)

사 도

윤문칠

저 넘어 어디선가 흙과 물의 기운 받아
명당자리 앉아 있는 그림 같은 거북바위
모래섬 멈춘 시간 공룡 흔적 늘려있고
칠 섬에 갈라지는 모세의 기적 길
신비의 섬 사도(沙島)가
고요 속에 의젓하다

(그림 : 강윤서)

5.

여수국가산업단지

1967년 조성된 여수국가산업단지는 정유, 비료, 석유화학 등을 소재한 국내 최대 규모의 중화학 공업단지이다. 제3공화국 시절 경제개발정책에 편승하여 경부고속도로가 완공(1970년)되고 울산 조선 산업, 포항 철강 산업, 여수시는 삼일면 적량 마을에 호남정유회사(GS 칼텍스)가 들어오면서 비료 공장 등 부설 중화학 공장들이 잇따라 들어섰다. 각종 수송 인프라 부설로 적량선 철도가 놓이고 도로도 신설되었다. 산업단지가 들어서면서 여수공항이 신설되고 대한항공이 처음으로 김포 노선을 취항(1975년 5월)하여 운항, 활주로를 보강하며 아시아나항공(1992년 12월)도 신규 취항하게 되었다. 3여 통합(1998년)으로 여수는 인구 34만의 전남 제일 도시로 우뚝 서고, 우리 지역은 기업하기 가장 좋은 도시로 평가받고 있다.

현대조선소 기공(1972년)으로 읍에서 시로 승격된 울산시는 인구 21만 명의 소도시가 116만여 명의 광역시가 되었다. 포항 포스코는 창립(1970년) 당시 21만의 인구에서 현재 50만 6천 명으로 인구가 계속 늘어나고 있다. 반면 3려 통합(1997년) 당시 인구 34만의 전남 제일의 도시에서 2012년 세계박람회를 치른 여수는 27만 5천여 명으로 인구가 감소되는 도시로 변화하고 있어 미래가 걱정이 된다.

왜! 우리 지역만 인구가 감소될까? 인근 지역의 대기업 지역사회 환원 정책을 보면 지역 교육복지로 지역과 함께 상생하는 행보를 보이고 있다. 울산, 포항지역은 인재를 육성하는 대학교가 활발하게 운영되고 있지만, 여수 지역은 사회·교육공헌에 고등학교, 대학교가 없어 큰 비교가 느껴진다. 우리 지역도 국가산업단지 출원 회사가 이익을 낸 부분에 있어 지역의 발전을 위한 사회 환원 사업에 초점을 맞추는 모습을 보여주었으면 한다. 지역과 함께 상생 발전하는 교육공헌사업으로 인재를 지역에서 채용하는 등의 발전 방향이 함께 해야 할 것이다.

여수산업단지에 의한 여수시민들의 희생은 크지만, 지방세로 들어오는 것은 1~2% 정도뿐 이며 나머지는 모두 국세로 간다. 대한민국의 경제발전에 큰 힘이 되어주는 여수국가산업단지가 지역민과 함께 상생하며 지역 발전을 이끌어 주길 기대한다.

큰 규모의 공장마다 설치된 수만 개의 조명이 여수의 아름다운 야경을 만들어낸다. 밤이면 이곳을 찾는 이들은 탄성을 자아내며 관광코스의 하나로 활용하고 있다. 산업단지의 반짝이는 불빛이 대한민국의 경제를 이끌 듯 지역사회의 빛으로도 활약할 수 있기를 바란다.

여수산업단지 역사, 근린공원 조성 필요

'중흥지구를 흥국사와 연계한 역사와 문화, 관광의 쉼터로……'

'망향추모탑, 산업기념비, 역사관, 산업관, 향토관, 홍보관 조성'

오랜만에 봄비가 촉촉하게 내렸다. 이미 피어 있는 꽃들은 이내 지고 말겠지만 새로운 꽃들은 또 다투어 피어날 것이다. 여수는 역사유적지도 많지만, 꽃들도 풍성한 고장이다. 오동도는 겨울 한철을 빼고 동백꽃이 아름답고, 영취산은 국내 3대 진달래 군락지답게 진달래꽃이 일품이다. 그렇다 보니 개화 시기가 되면 전국에서 수많은 상춘객이 찾아오고 있다. 그 밖에도 돌산의 향일암, 보조국사가 창건한 흥국사를 찾는 상춘객도 많다.

흥국사는 국가산업단지가 조성되어 있는 영취산 북동쪽 아래에 자리하고 있다. 임진왜란이 일어났을 때는 호남지역 의병과 승병들 항쟁의 중심이 되기도 했던 유서 깊은 사찰이다. 한데 이 흥국사의 접근은 용이하지 않다. 주차시설이 소한 관계로 대단위 관광객을 수용하지 못하고 있다. 인근에 살던 주민들이 새로운 지역으로 이주했고 중흥초와 삼일중학교 자리가 비어 있어 여유롭기에 편의시설을 확충할 수 있으나 하지 않고 있어 찾는 이들은 불편을 감수하고 있다. 폐교가 결정되었던 기존의 삼일중학교는 여수 죽림 지역으로 신설되며 여수 삼일중학교 교명을 변경하고 1만 2천여 동문들이 삼일의 전통을 이어갈 수 있게 되어 필자는 매우 기쁘게 생각한다.

주민의 이주 자리와 학교 부지는 흥국사와 함께 국가산업단지의 야경이 어우러져 아름답게 관광 자원화할 수 있는 곳이다. 일대 삼일 역사 근린공원을 조성하여 공단 내 밤 야경과 흥국사를 연계한 코스로 개발한다면 많은 관광객을 유치할 수 있다고 본다. 그래서 필자는 중흥지구를 조성하여 공장부지로 팔기보다는 관광객을 유치하는 미래의 쉼터 공간으로 근린공원 조성을 강력하게 건의하고자 한다. 인근 도시 광양을 예로 들어도 제철소 내에 만개한 벚꽃을 구경할 수 있는 공원이 조성되어 있다. 울산시는 1인당 GNP 4만 불의 도시로 국내에서 가장 소득수준이 높은 지역으로 발전했다. 여수는 여수 산단이 국가 경제발전에 기여를 했으나 지역사회에는 크게 보탬을 주지 못하는 상태다.

현재 여수국가단지 225개사의 가동 업체에는 17591명의 고용 인원이 근무하고 있다. 당연히 휴식공간과 여가선용의 공간이 필요하며 지구 환경을 지키기 위한 녹색성장 산업벨트 조성의 초석인 친환경 경쟁력도 갖추어야 한다. 기후 보호 국제시범도시로 여수시 브랜딩 사업과 연계한 공원 조성이 본격 추진되어야 한다. 공단 가족과 관광객이 여유를 즐기며 함께 쉴 수 있는 쉼터 조성이 필요하다는 생각이다. 삼일 주민들은 조국의 산업화를 위해 국가공단 설립 시 대승적 결단으로 수백 년 동안 함께해 온 삶의 터전을 모두 내어주고 고향을 떠났다. 그리고 많은 세월이 흘렀다. 이제는 기억 속에서만 아스라한 추억으로 남길 것이 아니라 그들에 대한 배려가 필요하다.

여수시에서는 뜻을 모아 주변의 망향민과 실향민의 터전에 그린 녹지공원을 조성하여 가슴속 깊은 곳에 남아 있는 아픔과 고통을 치유할 수 있게 해주어야 한다. 대표적 공해유발 산업으로 알려진 석유화학 산업 위주의 단지 조성으로 인한 피해는 그간 얼마나 컸는가? 그런데도 이를 방지하기 위한 국가의 노력은 늘 부족한 것이 사실이다. 때문에 여수 산단은 공해 산업단지의 대명 사격으로 시민들로부터 불신을 받고 있는 것이다. 지금도 크고 작은 사고는 끊이지 않고 있다. 이제는 달라져야 한다. 환경에 대한 불감증과 오염 그리고 안전사고를 예방할 수 있도록 여수시민과 모든 관계자들은 지역을 위해 그리고 스스로 생존을 위해 한목소리를 내어야 한다.

여수는 일찍이 여순사건으로 시련이 많았다. 국가산업단지 조성으로 인한 시민의 피해도 마찬가지다. 얼마나 많은 땅을 제공했으며 공해를 마시며 살아가는가? 막대한 경제적 이익은 취하면서도 지역에 변변한 혜택은 주진 않았다. 국가산업단지 지역에 역사 근린공원을 조성하여 미래의 밝은 녹색 공간과 산업 역사 공원이 새롭게 조성되길 바란다. 우리 마음속의 응어리진 것을 자긍심으로 바꿔서 지난 아픈 기억 속에서 벗어난 미래지향적 공간을 열어나가야 한다. 근로자가 휴식하는 공간! 지역 특성의 역사관 조성으로 친환경 이미지를 제고 하고 새로운 가치 창출을 함께해 주민과 출향민의 애향심을 고취할 수 있는 사업! 망향 추모탑과 산업 기념비, 역사관, 산업관, 향토관 및 지역 홍보관 등 명실상부한 여수 산단 공원으로 꾸며 충분한 박수를 받을 수 있길 바란다.

(2013. 04. 08.)

여수국가산업단지 지역

'삼일(12동리) 역사박물관'이 필요하다

삼국시대부터 육로보다는 해로가 발달된 백제에서 일본으로 가는 항로가 낙포(진례) 포구에서 하동포구로 이어져 남해로 연결된 최단의 해상통로로 이용되었다. 여수시 삼일면은 12동리 12개 섬을 가진 큰 역사의 질곡을 품에 안은 땅으로 삼일포(낙포)는 여수반도의 중심지인 본향이었다. 영취산(진례산) 중턱에 자리 잡은 사찰로(고려 명종 25년) 북동쪽 아래에 보조국사가 창건한 흥국사는 성황신 김총의 성지였고, 조선 시대 임진왜란 시에는 승병 수군의 본거지가 되어 호남지역 의병과 승병들 항쟁의 중심이 되기도 했던 유서 깊은 곳이며 이순신 장군의 마지막 종결지이기도 하다.

임진왜란 시 왜적을 물리쳤던 조선 전선(戰船) 함대를 배치하여 군선을 수리하였던 배무시(조선소)가 있는 삼일포에는 조선포·닉포 하촌 함구미·광양포·묘도·읍포 마을을 중심으로 방어도를 구성하고 있었다. 이곳에는 고려 충신 공은의 묘와 낙영재(樂英齋), 아천정(鵝川亭), 공은 선생을 모신 사당인 여일재(麗一齋), 흥학비(興學碑), 1890년경에 건립된 서당 아천재 터 등 많은 문화유산과 유적지가 있었다.

삼일면 상암 북쪽에 있는 까치산(223m) 능선을 경계로 남쪽은 신덕, 남서쪽은 상암동과 접해 있고, 서쪽은 진례산(영취산)을 경계로 중흥·월내동에 접하고 북·동·서쪽이 광양만, 서쪽으로 상암천(上岩川)이 남에서 북으로 흘러 광양만으로 흐르고 있다. 그리고 낙포 중심에 제석산(帝釋山, 336.4m)이 자리하고, 남북으로 길게 마을이 형성되어 남쪽 상촌은 밀양 박씨, 북쪽 하촌은 경주 최씨, 함구미 마을은 함안 조씨, 사포 마을은 의령 남씨 등 자연마을마다 각각 다른 성을 가진 주민들이 처음 정착한 곳이기도 하다.

우리의 부모 형제가 평화로운 삶을 살아왔던 12동리(월하·평여·중흥·적량·월내·낙포·호명·신덕·상암·자내·묘도·화치) 마을은 이름만 들어도 그리운 우리 동네 옛 명칭이다. 그런데 국가산업단지가 조성되며 그들의 배움터였던 삼일중학교, 중흥·월내·화치·묘도 초등학교의 폐교와 마을 철거로 세계적 고귀한 선사시대의 문화유산과 유적지는 역사 속으로 사라졌다. 필자는 중흥지구 흥국사 계곡에서 농사 짓기 위해 만들어 놓은 저수지 주변을 녹지공원으로 조성하여 삼일면의 망향민과 실향민을 위해 망향 추모탑, 산업 기념비, 역사·산업·향토·홍보관 등을 갖춘 역사 근린공원이 있어야 한다고 기고(2013. 4. 8.)하였다.

여수시 삼일면 일대는 국가 산업 단지로 조성되었다. 전국 최초 민간인 정유회사 산업 석유화학 단지인 호남정유회사(GS칼텍스)의 입지로 시작된 산업단지가 제3공화국('70) 시절부터 정유 비료 석유화학 등 230여 개가 업체가 들어서며 일만 팔천여 고용 인원이 근무하는 단지로 조성되었다. 삼일면 사람들은 국가의 산업화를 위해 국가 공단 설립의 대승적 결단으로 수백 년 동안 함께 해온 정 든 고장을 모두 내어주고 이주하며 실향민이 되었다. 그리고 지금 많은 세월이 흘렀다. 이제는 기억 속에만

남는 추억이 아니라 기록이 필요할 때다. 먼 훗날 고향을 잃었던 후손들이 찾아와 우리 고향에 대해 묻는다면 옛 흔적은 없지만 함께한 조상이 묻힌 땅이 있고 풍습이 있던 이곳을 기억하고 알려줄 수 있어야 한다.

지금은 사라진 지명이지만 옛 지역의 마을에서 나온 유적지와 문화유산을 지키고 기억하는 것은 중요하다. 그래서 여수 산단 근린공원 및 삼일(12동리) 역사박물관을 건립해 주기를 건의한다. 이는 분명 아름다운 해양관광 휴양도시 여수의 큰 자산이 될 것이다.

(2020. 12. 10.)

'기업가 교육공헌'이 미흡한 여수!

우리나라는 제3공화국 시절 경제개발정책에 편승하여 울산, 포항, 그리고 여수시의 소규모 어촌마을에 조선 산업, 철강 산업, 중 석유화학 단지가 설립되었다. 경부고속도로가 완공('70년) 되고 현대조선소 기공('72년)으로 읍에서 시로 승격된 울산시는 21만 명에 불과한 소도시가 116만여 명의 광역시가 되었고 동해안의 작은 어촌도시였던 포항시는 21만의 인구에 포스코의 창립('70년)과 제철소의 건설로 급격하게 변모하여 50만 6천 명으로 인구가 계속 늘어나고 있다. 여수산업단지는 70년대 중 석유화학 단지가 설립되면서 전국 최초 민간 정유회사인 호남정유회사(GS 칼텍스) 입지로 시작된 제2의 여천 석유화학 단지(국가산업단지)가 조성되었다. 그 후 3여 통합('98년)으로 35만의 전남 제일 도시였다가 지금은 28만 2천여 명으로 인구가 감소되는 도시로 변화하고 있어 미래가 걱정이 된다.

우리나라 기업이 지역에 환원해야 하는 교육복지로 교훈 삼자면, 울산지역은 울산 현대중공업, 현대자동차, 현대미포조선에서 일찍이 현대그룹 故정주영 회장이 설립('69년) 한 학교법인 울산공업학원의 공과대학을 시작으로 병설 공업전문대학을 개설('73년), 공학교육실험 대학으로 개편하고 교명을 울산대학교로 변경하여 자동차 선박 기술대학원, 교육산업 등 6개 대학원과 인문, 사회과학, 경영, 공과, 건축, 디자인, 의과대학 등 11개 단과대학으로 구성했다. 학교법인 현대학원('76. 7. 6)을 추가 설립하여 현대중, 현대청운중, 현대고, 현대청운고, 현대정보과학고 등으로 기초 기능인력 기반을 지역에서 육성 시켰다. 창업주의 고향은 강원 통천이고 평생 살아온 곳은 서울 인왕산 자락이지만 자신이 일군 회사 부가가치를 제공해 준 향토 지역민에게 인력 육성을 집중하여 지역주민과의 호환 작용으로 보은하고 사은하고 있다. 부속기관으로 중앙도서관, 박물관, 과학영재교육원 등 12개 기관이 있고 부설연구소는 기초과학, 사회과학, 인문과학, 디자인, 기업 경영, 화학산업 종합연구소, 생활 과학 연구소, 고래연구소, 공정책연구소 등 40여 개 연구소가 있다.

포항지역은 어떠한가? 포항제철은 1기 준공식 전인 '제철장학회'('71년)를 설립하여 유치원부터 시작해 '제철장학회'('76년)를 '학교법인 제철학원'으로 발전시키며 공립 포항공업고('76. 9. 1)를 인수하여 포항제철공업고로 고급 기능 인력을 양성하는 등 우수한 졸업생을 배출하여 포항제철이 세계적 기업으로 성장하는 데 발판을 마련했다. 나아가 '학교법인 제철학원'을 '포스코교육재단'으로 발전시켜서 세계 일류 그룹 포항공대를 비롯하여 인문계인 포항제철고등학교, 광양제철고, 광양제철중 등 유치원 2개, 초등학교 5개, 중학교 3개, 고등학교 3개, 종합대학교 1개를 포항, 광양지역에 설립하였고 포항, 광양 지역민과 지역 친화의 모범을 보여주고 있다. 포항제철, 광양제철이 주도하는 지역민 우선순위 정책에 교육 기반을 최우선시해서 오늘날 지역 연고 기업의 지역 환원을 실천시켜 포항, 광양 지역민의 호응과 성원 속에 지역 친화 국가기업으로 자리매김하며 국내 226개 시방재정 자립도 1위 2위를 다투는 세계적 부자도시로 발전하는데 절대적으로 공헌한 기업이 되었다.

여수산업단지는 GS 칼텍스(호남정유㈜) 등 9개 출전 회사에 의하여 학교법인 여천공단 학원인가('79. 6)를 받아 81년도에 여도초, 여도중학교가 생겼고, GS칼텍스 재단이 복합문화 예술공원을 조성해 예울마루를 지역사회에 공헌한 사업뿐이다. 우리 지역은 기업하기 제일 좋은 도시로 평가받고 있으나 지역이 받는 사회 교육 공헌사업이 미비하지는 않는지 인근 시와 비교가 되지 않을 수가 없다. 여수를 사랑하는 여수시민으로서 기업의 지역사회 공헌 활동이 적극 지원되길 바라는 바다. 기업가는 오늘의 성공의 날을 만들며 오늘의 희생을 통해 보다 훌륭한 내일을 만들어가야 할 것이다. 지역과 함께하며 보다 살기 좋은 지역 만들기에 앞장서고 찾아오는 인구, 거주하는 인구가 늘어나 세계적 해양 관광 휴양도시로 장착될 수 있도록 함께 적극 협력해 주길 바란다.

(2020. 05. 26.)

여수국가산단 특성화 대학교를 세우자

전남 제일의 수산도시라 자부했던 여수시는 선배들이 이루어 놓았던 100년의 역사 국립여수대학교를 몇몇 지도자의 오판과 불합리한 조정, 지독한 사기극이라고도 할 수 있는 억울한 통폐합으로 잃게 되었다. 여수대학교가 역사 속으로 사라진 지도 17년이 흘렀다. 30만 인구가 있는 도시에 지역 브랜드 대학이 없어지고, 인구는 감소하고 있는 여수의 환경을 돌아볼 때 우리 지역만의 경쟁력 확보를 위한 대책은 시급하다.

1970년대 경부고속도로가 완공되면서 경제개발정책에 편승하여 울산과 포항 그리고 여수시는 소규모 어촌마을에 조선 산업과 철강 산업, 중 석유화학 단지를 설립하게 되었다. 울산시는 현대조선소 기공(1972년)으로 읍에서 시로 승격되면서 인구 21만 명에 불과했던 시가 현대 중공업, 자동차, 미포 조선 등에서 학교법인을 설립하고 울산공업학원이 공과대학에서 울산대학교로 교명을 변경하여 지역 사회 교육에 공헌하였다. 특히 울산대학교는 자동차 선박 기술대학원과 교육산업 등 6개 대학원과 인문, 사회과학, 경영, 공과, 건축, 디자인, 의과대학 등 11개 단과대학으로 구성되어 많은 인재를 배출하여 인구 116만여 명이 있는 광역시가 되었다. 포항시는 21만 명의 인구에서 포스코의 창립(1970년)과 제철소의 건설로 포항공대를 비롯하여 인문계인 포항제철고와 광양에 광양제철고, 제철 중학교 등 유치원 2개 초등학교 5개, 중학교 3개, 고등학교 3개, 종합대학교 1개를 지역에 설립하였고 50만 6천 명으로 인구가 계속 늘어나면서 지역 친화의 모범을 보여주고 있다.

여수시는 1970년대 전국 최초 민간 정유회사인 호남정유회사(GS 칼텍스) 입지로 시작되어 제2의 여천 석유화학 단지(국가산업단지)가 설립되었고 여수시의 3여 통합(1998년)으로 35만의 전남 제일 도시가 되었다. 여수산업단지는 1981년도에 GS 칼텍스 등 9개 출전 회사에 의하여 여도초, 중학교를 설립하였고 문화 예술 공원인 예울마루 건립했다. 우리 지역은 기업 하기 가장 좋은 도시로 평가받고 있으나 기업가가 사회 교육공헌에는 적극적이지 않아 울산광역시와 포항시에 비해 너무나도 부족한 사회교육공헌이 안타깝다. 여수시는 인근 시의 인구수에도 밀리며 인구가 276,747명으로 계속 감소하는 도시로 변화하고 있어 미래가 걱정된다.

세계 4대 미항 여수는 해양관광의 꽃으로 불리는 요트를 대중화하고 관련 사업을 육성하며 아시아 최정상 한국 요트 산업 중심지로 거듭나기 위해 웅천 마리나항을 개장하였다. 필자는 여수의 특색에 맞는 교육 환경 조성과 관련 분야 연구 진행을 위해 미래의 요트산업과 조선 전문분야 해양특성화 전문대학 유치를 대선주자의 공약사업으로 건의함을 기고(2017. 03. 15.)하였으나 뜻을 전달하지 못했다. 교육은 먼 미래까지 내다보고 큰 계획을 세우는 백년지대계의 사업이다. 우리 지역이 미래와 신뢰받는 기업이 함께 상생하기 위해서는 현재 석유화학 마이스터고를 전문분야 취지에 맞는 운영방안을 마련하고 지자체와 기업 교육단체의 유기적인 협력관계를 구축하여 국가산업단지에 맞는 '특성화 대학교 신설'을 이번 3월 치러지는 대선의 주자들에게 꼭 건의하여 한 맺힌 시민들의 눈물을 닦아주었으면 한다.

여수에 국가산단의 특성화 대학교 유치로 산업 현장에서 정말 필요로 하는 지역 인재를 육성하고, 인적자원으로 이어져 안정적인 일자리 창출로 상호 연계될 수 있다면 지역사회에 미칠 시너지 효과는 대단할 것이다. 여수의 밝은 미래에 청년의 시대가 열려 지역이 발전할 수 있음을 명심하여야 할 것이다.

(2022. 01. 10.)

율촌 지역 개발! 여수 미래의 해답

인근 시는 허허벌판이었던 해룡면 일대의 신대 지구를 착공(2009년)하여 2012년 중흥 1차 아파트를 시작으로 현재 11,000가구를 포함한 10차 아파트가 마무리되면서 인구가 3만여 명이나 늘어난 도심이 되었다. 신대 지구 옆 선월 지구(예정)에 6,000세대가 완공된다면 약 17,000세대가 모이는 대단지가 된다. 불모지의 땅을 개발해 정원박람회를 성공적으로 개최하고 국가 정원으로 인정받아 많은 관광객이 찾아오는 곳! 특히 광양만권 경제자유구역에 대형 국제무역항만을 만들어 매년 인구가 증가하고 있다.

율촌면과 장도는 여수시 행정구역이지만 광양만권 경제자유구역 내 율촌 앞바다는 도로의 블록에 따른 필지가 구분 기준이 아닌 해상 경계선(1974년)을 기준으로 전남도가 여수시 율촌면과 순천시 해룡면, 광양시 해면 일대 바다 910만 8천㎡(약 276만 평)을 율촌 제1 산단으로 조성하였다. 하지만 여수시는 폐수종말처리장 등 혐오 시설이 집중되어 있는 필지 여수 236만 4천㎡(26%) 이고, 순천 387만 4천㎡(42.5%), 광양 287만㎡(31.5%)이 각각 분할되어 있다.

전국 최초로 주민 발의를 통해 여수시는 3여 통합(1998. 4. 1.)으로 34만의 전남 제일의 도시로 우뚝 섰다. 우리 시민들은 국가산업단지가 조성돼있는 여수가 세계박람회만 성공적으로 치르고 나면 곧 세계 속의 여수로 위상이 높아질 것만 같은 기대감에

차 있었다. 그런데 8년이 지난 지금, 불과 93일 동안 관람객 820만 명을 불러 모은 여수엑스포의 개최는 성공적이었다 할 수 있지만, 박람회로 인해 이득뿐만 아니라 실도 너무 많아 걱정된다. 2012 여수 세계박람회를 위하여 신항의 200여 개 업체가 2000년부터 이전되면서 국제무역항이 폐쇄되고 박람회장으로 유치가 확정되었을 때, 여수의 먼 장래까지 내다보고 미래를 걱정한 사람들이 아무도 없었다는 것은 통탄할 노릇이다. 오동도 앞바다에는 6만여 화물선이 입출항으로 바다를 메우고 있건만 여수항으로 입항하는 선박은 한 척도 없어 아쉬움이 크다.

국가산업단지와 여수세계박람회라는 특수의 기대로 인구가 증가할 것이라 시민들은 기대했다. 하지만 잘나가던 국제항도 사라졌고, 100년의 역사가 있는 여수대학교는 지도자의 오판과 농단으로 사라졌다. 수산업 1번지로서 생계 어민도 많았지만, 영세어민들의 소형 선박 감척으로 수산업도 흔들리고, 고교 평준화로 인한 지역 인재 유출과 대학교 하나 없는 시로 변해 인구 28만 선이 무너질 위기에 있다.

왜 이런 현상들이 일어나고 있는 것일까? 일은 일어났는데 이에 대한 대책은 세우지 않고 있는 것인가? 인근 시를 둘러보자. 국가산업단지까지 약 20~30분 소요되는 출퇴근길이 있는 신대지구! 하지만 우리 시의 출근길을 둘러보면 원도심에서 공단까지 웅천생태터널을 지나 꽉 막힌 상습 정체 구간 석창 교차로로 인해 일찍 출, 퇴근을 하여도 1시간이 소요되는 현상에 불만의 소리가 높다. 물론 국가산업단지만의 출근길 문제가 아니지만, 정체 현상으로 인한 피곤함은 이루 말할 수 없다.

여수의 아름다운 해양 풍광을 자랑하던 8경이 점차 사라지고 우후죽순으로 생겨나는 호텔, 펜션, 전국의 브랜드 아파트가 다 모여들고 있어 초과 수요가 발생하기도 한다. 하지만 인구는 7만이나 감소한 전국 유일의 도시가 되었다.

우리 지역 택지 개발 정책을 자세히 들여다보자. 왜? 농어촌 인구가 많고 가치가 높은 이곳 여천, 소라, 율촌 지역은 아직 개발되지 않고 웅천지구와 죽림지구부터 택지 개발이 되면서 투기장이 되었는가? 이제는 교통량이 편리한 율촌면의 봉전·조화리 지역을 단계적으로 재개발해서라도 '살고 싶은 지역'으로 만들어야 한다. 대규모 공단이 있는 이곳에 주거와 교통, 안전의 도시 인프라를 구축하여 율촌 2, 3 산단 조기 개발에 따른 인구 유입을 조속히 대비하여 중, 장기적인 정주 여건을 조성해야 한다. 시민의 삶의 질 향상에 중점을 두고 개발해야 함을 강력히 건의한다. 시민의 삶의 질을 높이는 지속적인 여수시의 정책은 살기 좋은 도시가 되어 다시 찾는 여수가 될 것이다.

(2020. 12. 21.)

남해안의 국제공항!

남해안 남중권 발전협의회는 남해안 발전 거점 형성과 영호남 교류를 위해 여수공항 부정기 국제선 운항 허가와 여수와 순천, 광양 등 광양만권 3개 시가 여수공항 활성화를 위한 방안으로 지역 항공사 설립에 따른 경제적 파급효과와 소형항공사업 전망 및 수지 분석에 따른 지역 항공사 설립에 대한 타당성 용역을 검토하기로 했다는 언론 보도를 접했다. 우리나라는 인천, 부산·진해, 광양만권, 황해(평택지구), 대구·경북, 새만금·군산, 충북 등 지역에 외국 투자 기업경영 환경과 외국인 생활여건을 개선하기 위해 경제자유구역으로 지정했다. 경제자유구역으로 지정 시에는 국제적 규모의 공항과 항만, 광역 교통망 구축 등이 우선적으로 고려되어야 하지만, 동북아시아 복합 물류항만과 국제적 해양관광의 중심인 광양만권 경제자유구역인 남해안권에는 현재 국제공항이 없다.

필자는 2016년 남해안권 국제공항의 필요성을 기고하였지만, 정부 및 지자체는 현재의 인구와 경제성장 등을 이유로 국제공항 승격 문제에는 소극적인 입장이다. 여수공항은 1972년 5월 대한항공이 처음으로 김포(서울) 노선을 취항하여 운항되었고, 1992년 활주로를 보강하여 12월에 아시아나항공이 신규 취항하였다. 그리고 2010년 여수세계박람회 유치 시 남해안권의 유일한 여수공항을 인력 및 물류 중심의 국제공항으로 검토 추진해야 한다는 주장이 제기되면서, 여수공항을 국제공항 수준으로 개선하기 위해 활주로를 2,100×45m로 넓히고 2층 규모의 공항 청사로 2005년에 개청했다. 하지만 2010년 유치하고자 했던 여수세계박람회(등록)가 중국 상해에 밀려 유치에 실패한 후 2007년 무안공항이 개항되었다. 재도전 끝에 2007년 인정박람회 유치에 성공하며 2012 여수세계박람회(인정)를 개최하면서 동남아시아나 중국 등에 전세 국제 항공기를 박람회 및 광양만권 경제자유구역 개발로 인한 국제 교류 확대 정도에 따라 정기 국제항공편 운항을 추진키로 하여 2010 상하이엑스포와 2012 여수세계박람회 개최 당시 각각 16편과 28편의 국제 부정기 노선으로 운항한 바 있다.

남해안권 주민들은 여수공항은 동북아 경제 중심 국가 건설을 위한 핵심 성장 동력산업의 한 축으로 광양만권의 발전과 여수산단 및 경도해양관광단지 개발로 해상과 항공을 연계하는 시스템이 구축되어 여수공항이 국제공항으로 승격되기를 기대하고 있다.

2012년 여수세계박람회 이후 지난해 여수를 찾은 관광객은 1300만 명이다. 국내 최고의 관광지인 제주 방문객이 1년에 1,500만 명, 이탈리아 베네치아가 1년에 2천만 명임을 고려하면 여수의 관광 흥행으로 봐서 동북아 문화 관광의 거점 도시로서의 발전 가능성이 크다. 인천항과 부산항의 경우는 인근에 국제공항이 위치해 있어 해상 화물과 항공 화물의 연계 시스템이 구축되어 있다.

그런데 우리 지역은 어떠한가? 석유화학공장이 밀집한 국가산업단지와 광양컨테이너부두 및 광양 제철의 물류 기능, 유화와 신소재 첨단산업의 율촌, 해룡, 황해 산단 등의 신산업지대를 중심으로 하는 산업클러스터, 관광, 휴양 스포츠가 가능한 광양만권에 많은 외국인이 찾아오고 있다.

현재 급증하고 있는 중국, 일본, 동남아 관광객을 유인하는 저비용 항공사를 주축으로 일본, 중국 북경 등을 운항하는 노선을 여수·순천·광양 자치단체와 상공인, 여수 산단, 광양 제철 연관단지 근로자 등이 건설교통부와 부산지방항공청에 여수공항을 국제공항으로 승격시켜주기를 강력하게 청원하여야 한다. 지역의 정치인들이 앞장서서 '여수공항 육성을 위한 조례안 및 촉구결의안'을 만들어 여수공항을 국제적 수준의 국제공항으로 승격해야 할 것이다. 이것이 여수공항이 웅비하는 첩경이 되고 21세기 남해안권의 관광자원 개발로 해양 르네상스 시대를 열어 갈 수 있는 계기가 될 것이다.

여수~남해의 혈맥(血脈), 해저터널!

크고 작은 아름다운 바다의 섬을 끼고 있는 인천 옹진군, 경남 통영시·남해군·사천시, 전남 여수시·고흥군·완도군·진도군·신안군, 충남 보령시, 경북 울릉군 등 11개의 지자체는 2012년 3월 행정 발전협의회를 창립하였다. 올해 여수시에서 주체한 정기총회 자리에서 남해군이 제출한 국가 균형 발전과 동서화합을 도모하기 위한 '국도 77호선(여수~남해) 해저터널 건설' 촉구 건의문을 공동명의로 정부에 건의했다는 언론 보도를 접하며 소지역 간의 균형 발전을 이룰 수 있는 혈맥이 될 수 있겠다는 생각을 했다. 전남 여수시와 경남 남해군을 연결하는 가칭 해저터널 건설 사업은 넓게는 부산에서 목포까지 통합생활권을 구축하고, 좁게는 여수~남해~하동~순천~광양을 연결하는 광양만권 산업 순환도로를 완성하는 핵심 사업으로 광역 간 동서통합은 물론이고 영호남 지역 주민들의 숙원사업의 물꼬를 틀 수 있을 것이다.

여수~남해 간 연륙교 건설을 위해 지난 2005년부터 전주~광양 간 고속도로를 광양~율촌산단~여수산단~상암동~남해대교 그리고 전남 여수(신덕)에서~경남남해(서상)로 연결하는 한려대교를 건설하여 남해~창선대교~사천, 고성, 통영, 거제, 부산까지 연결하면 남해안의 해양관광 벨트가 형성될 것으로 보고 시민 16,000여 명의 서명을 받아 중앙정부와 관계 부처에 청원서를 제출하면서 필요성을 주장해 왔던 故 조삼랑 선배님이 생각난다. 국도 77호선(여수~남해) 해저터널 건설 사업은 여수시 삼일면 낙포에서 남해군 서면까지 7.3㎞를 바다 밑으로 연결하는 도로로서 1998년 '한려대교'건설로 지속적으로 중앙정부에 건의됐었으나, 예비 타당성 조사 등에서 비용편익 분석이 낮게 나타나 제4차 국도·국지도 건설 계획에 포함되지 못했었다. '여수~남해 국도 77호선 4차로 신설'은 교량으로 건설할 경우 한려대교의 사업비가 1조 1천770억 원(총연장 15.4㎞, 해상교량 4.4㎞) 규모이지만 해저터널은 총연장 7.3㎞, 총사업비 5천40억 원이 소요된다. 여수~남해의 교량을 국토교통부가 한려대교 사업이 해저터널로 기획재정부에 협의를 요청하는 방안 등에 영·호남 정치인들은 큰 관심을 가져야 할 것이다.

동서 통합과 지역 균형 발전의 상징 해저터널 건설 사업의 조속한 추진을 위해 여수시와 남해군 등은 타당성 조사를 재시행하여 제5차 국도·국지도 건설 5개년 계획(2021~2025년) 대상 사업의 확정 및 국가 선도 사업으로 조속히 추진해 주기를 건의해야 한다. 한때 전라도와 경상도를 잇는 유일한 여수~남해 간 해상 교통의 요충지인 정기 여객선 경신호(30t)는 어입과 상입이 발달하던 해 여수 중앙동에서 남해 서상·평산 포구로 매일 2번씩 다녔다. 하동과 남해를 잇는 남해대교(1973년)가 준공되고 1988년 4월에 중단되었다가 남해지역이 발전되면서 1999년 7월부터 2004년 8월까지, 그리고 2012여수세계박람회 개최에 따른 해상 교통의 필요성이 대두되면서 임시 카페리호가 운항하다가 현재는 중난되었다.

여수에서 남해까지는 1시간 30분 이상이 소요된다. 해저터널이 개통되면 이동시간이 10분대로 단축되어 영·호남지역의 화합은 물론, 경제와 문화 관광 발전에 획기적인 전환점이 될 것이다. 전주~광양 간 고속도로가 여수까지 연장되어 해저터널과 연결되면, 여수~남해~사천~고성~통영~거제~부산 즉 한려수도 구간이 하나의 축으로 묶이면서, 남해안의 크고 작은 아름다운 섬과 바다가 지역주민들의 문화교류와 생활권 공유화로 이어질 것이며 민족의 수치인 동서 간의 불화도 없어지고 화합을 도모하게 될 것이다. 지금부터라도 국토의 대동맥인 고속도로가 여수·남해까지 연장되고 해저터널이 연결되어 해양관광의 시대를 열수 있길 바란다. 새로운 소득 창출과 일자리로 더욱 풍성한 관광 지역이 되어 변화한 여수~남해를 잇는 사통팔달(四通八達)의 교통의 혈맥(血脈)이 되기를 기대해 본다.

2018년 12월 8일(2019. 01. 19.)

큰일 났다. 미세먼지 세상

우리나라는 인도 중국에 이어 미세먼지 농도가 높은 나라로 조사되었다. 중국에서 편서풍을 타고 날아오는 수많은 미세먼지와 대기 오염물질로 우리 눈에 보일 정도로 뿌연 하늘을 자주 연출한다. 미세먼지는 눈에 보이지 않을 정도의 지름 10㎛ 이하의 작은 미세먼지와 2.5㎛ 이하의 초미세먼지로 구분한다. 세계보건기구(WHO)는 전 세계 92%가 대기오염으로 인한 영향을 받고 있다면서 해마다 600만 명 이상이 목숨을 잃고 유럽에서는 매년 40만 명, 그리고 인도에서는 62만 명이 대기오염으로 조기 사망했다고 경고했다.

요즘은 공기 중 오염도 예보가 필수일 정도로 대기오염이 심각하다. 삼한사온(三寒四溫)이던 겨울철 날씨가 삼한사미(三寒四微)라는 신조어를 만들며 불청객인 미세먼지가 거칠게 찾아와 마스크가 필수품이 되었고, 미세먼지 농도에 따라 야외 활동을 사제하라는 예보가 나오고 있는 현실이다. 그래서인지 정부에서도 기후변화로 인한 미세먼지 해결을 위해 최악의 미세먼지로 국민 불안이 가중하는 점을 고려하여 예방과 피해 지원을 위해 국가재난으로 미세먼지 법을 규정하는 법안에 합의했다는 언론 보도를 접했다.

중국의 건조지역인 산둥성, 덴진, 고비사막, 황토고원 등에서 모래바람으로 발생한 황사 속에는 인체에 해로운 산화물질들이 함께 날아오고 있다. 눈으로 식별하지 못하는 가늘고 작은 미세먼지 역시 황사처럼 중국에서 건너오기도 하고, 자연 발생이 아닌 도심에서 발생한 복합한 성분의 대기 부유물로 중금속과 각종 화학물질 등이 포함되어 있어, 미세먼지와 초미세먼지 등을 제대로 예방하지 못한다면 인체에 매우 심각한 영향을 끼칠 것이라는 보고다. 국제 암연구소(2013. 10.)에서는 만성적 대기오염 시대에 장기간 미세먼지에 노출되면 면역력이 저하되어 호흡기 질환, 심혈관 질환 등 각종 질병과 암을 일으킬 수 있는 미세먼지를 1군 발암물질로 분류했다.

지난해는 미국 항공우주국(NASA)과 합동으로 서울시 대기 질을 분석한 결과 미세먼지 기여율은 국내(52%), 국외(48%) 전국적으로 미세먼지 주요 배출원은 공장 등 사업장(38%)이 가장 큰 비중을 차지하며, 건설 및 선박(16%), 발전소(15%), 경유 차량(11%) 등이 미세먼지 배출의 주요 원인으로 지목했다.

필자는 의원 시절 전국 최초로 '전라남도 미세먼지 알 권리와 저감 지원 조례안'(2017. 9. 13)을 대표 발의했다. 여수공단의 대 정비 기간뿐만 아니라 정상 가동 중에 뿜어져 나오는 대기오염과 자동차의 배기가스 등의 오염 심각도로 인하여 피해를 입을 수 있는 영유아, 학생, 노인, 임산부, 환자 등 취약층을 우선으로 이용시설의 실내 공기 질을 적정 유지하는 사업비와 미세먼지를 예방하는 물품 지원을 통해 도민의 건강과 쾌적한 대기 환경 조성을 위한 최소한의 조치였다. 인류는 오랫동안 과학과 기술의 발전으로 생산력이 향상되며 배고픔과 질병의 고통에서 벗어날 수 있으리라는 꿈을 꿨다. 한때 푸른 환경은 사라지고 좁은 국토를 넓혀서 공업단지 등을 조성하다 보니 산업현장에서 발생하는 배출가스와 미세먼지는 맑은 하늘을 안개 먼지로 덮어버렸다. 이제는 일선에서 일어나는 현장 활동과 교육의 중요한 체육교육 및 야외 활동은 마스크를 쓰지 않으면 활동할 수 없는 세상으로 변해가고 있다. 국감 자료를 통해 한때 여수공단에서 일본 기준치의 최고 6배에 달하는 유해 화학물질이 검출된 것으로 나타나 환경부에 신속한 대책 마련을 촉구했었다. 산단에서 발생하는 플레아스텍(소각탑)으로 배출되는 불꽃과 치솟는 검은 연기와 함께 뿜어대는 배출가스가 온 하늘을 덮는다. 중국에서 날아오는 미세먼지와 함께 안개처럼 뿌연 안개 먼지로 고통을 받는 시민들의 기본권이 침해당하고 있다. 현재 우리 지역에서 화력 발전에 의존한 산업이 22%이다. 대기 환경개선과 비용 절감을 통한 미세먼지 없는 청정 도시를 위해 미세먼지 저감 대책으로 친환경 신재생에너지의 전환으로 미세먼지를 저감 하는 도시로 재생해야 한다. 대기오염을 줄이기 위한 정책적, 외교적 노력이 절실히 필요한 시점이고 작은 성과로 나타나지만 모이면 큰 힘이 되는 개인적 노력도 필요하다. 자동차 배출가스나 사업장 미세먼지, 생활 주변 미세민지 등을 함께 줄여나가는 노력으로 미세먼지 걱정 없는 우리나라에서 꿈과 희망을 갖고 생활할 수 있기를 기대해 본다.

(2019. 04. 09.)

권역별 재활병원 유치 환영!

세계박람회를 개최한 여수는 타지역에 비해 도서(섬) 지역과 노인 인구가 많고 의료 요건 또한 취약한 실정이다. 국가산업단지가 위치해 있어 산재사고, 교통사고, 재해 발생 등 장기적인 재활 치료 대상자가 다수 발생하기도 하지만 치료를 위해서는 장거리 이동을 해야 하는 어려움이 있다. 중도장애의 재활 치료와 장기적인 재활 치료 대상자를 위해서는 전문 재활의학과 재활치료 장비, 공공의료 서비스를 제공하는 치료시설이 절실했다.

지난 2014년 여수시는 율촌산단 내 권역별 재활병원의 필요성을 전라남도에 건의하였으나 전국의 재활병원이 적자 운영되고 있는 점과 건립비 및 운영비의 지방비 부담금 관계로 부정적인 답변이 돌아왔다. 2016년 3월 국무총리가 여수를 방문했을 때 여수시는 국가산단이 소재한 여수시에 지역 현안인 재활병원을 건립할 수 있도록 재차 건의하였다. 전라남도를 경유하지 않고 직접 보건복지부를 통해 전남대 국동 캠퍼스 4만 9,743㎡ 부지에 국지방비 300억(국비 135, 지방비 135, 기타 30) 원을 투자해 150병상의 지하 1층, 지상 5층 규모의 남중권 권역 재활병원 건립을 위한 실시설계 용역비 5억 원이 반영되었다.

여수시민들은 전남대학교와의 통합 10년이 지나도록 방치되었던 국동 캠퍼스에 전문 재활 의료서비스를 위한 남중권 권역 재활병원이 유치된다면 지역 장애인 및 노령층이 많은 수혜를 볼 수 있을 것이라며 환영의 현수막을 걸었다.

전국 권역 재활병원은 경인 지역 인천, 강원지역 춘천, 충청지역 대전, 호남지역 광주, 영남지역 양산, 제주지역 제주에 6 지역을 운영하고 있으며 경북지역은 경산시에 건립 중이고 이번에 유치 확정된 여수시에 남중권(전남 동부, 경남 서부) 재활병원이 건립된다.

전남 동부권과 경남 서부권을 아우르는 남중권 재활 의료 인프라가 구축되어 국가산단 내 산재사고에 따른 골든타임이 확보가 되었으므로 지자체에서는 전라남도와 전남대 간의 본격적인 협상을 통해 국비 예산을 반영할 수 있도록 모든 관계자를 동원하여 재활병원의 성공적인 운영을 적극적으로 협조해야 할 것이다. 인근 화순군과 같이 열악한 환경에도 전남대 암 센터가 성행하고 있는 것을 보면, 남중권 재활병원은 재활의학과, 내과, 외과, 화상, 응급의료센터 및 각종 재활센터를 겸비한 예방, 진료, 재활 등 포괄적인 의료서비스를 제공하여 전남대학교 의대 병원에 위탁 운영될 것이다.

잠재적인 장애 유발 질환이나 손상에 따른 급성기 치료 후 잔존 장애에 대한 진단 및 평가와 재활 치료를 통해 장애를 최소화하고 재활 치료가 필요한 장애인들의 신체적, 정신적 재활 기능을 최대화시켜 조기 사회 복귀와 독립적 생활이 가능하도록 도와야 한다. 퇴원환자의 자택 방문을 통한 재활운동 교육, 사회사업 상담 등 공공재활 의료서비스를 제공해주고 주기적인 재활 서비스가 필요한 대상자에게 직, 간접적인 재활 서비스 제공 등 조기 사회 복귀 프로그램과 중증 장애 아동들의 안정적 치료를 위한 어린이 전문 재활센터 운영과 소아병동 개설 등 재활과 교육을 함께 할 수 있는 병원 특수학과가 함께 운영되길 기대해 본다.

다시 한번 국동 캠퍼스의 남중권 권역 재활병원 유치 확정을 환영하며 지역민과 함께하는 재활병원이 되기를 기대한다.

(2016. 12. 20.)

6.

여순사건의 비극

가막만을 바라보며

윤문칠

넘너리 끝자락 웅천 도로 벤치에 앉아
귓가에 바닷바람 깊은 뜻 듣고 싶어
바다 위에 낭창대는 부포들을 바라본다

가막만 양식장에 삶의 흔적 늘어지고
호수 위의 부신햇살 흘러나오는 엄마의 가슴섬
개도의 두 봉이 천지를 다 품었네

해 질 녘의 그리움 노을 보며
가슴 먹먹한 기억의 향수가
절로 푸른 가막만의 풍경화를 그린다

(그림 : 강윤서)

1) 여순사건

일제 강점기 때 일본은 가막만 일대에 거주하고 있던 여수 주민들을 샘기미(넘너리)로 이주시키고 1942년 관동군 제17 방면군직할 '여수 요새 사령부'를 세우며 비행장과 격납고 철도 노선을 건설하다 패망했다. 원도심 중심에 자리한 구봉산에서 가막만 해역을 끼고 있는 여순사건의 발원지인 국방경비대가 있던 14연대는 신근·봉양·물구미의 이름을 가진 옛 우리들의 마을이다. 필자는 유년 시절 구봉산 중턱에 앉아 여수의 시가지와 바다 위에 크고 작은 가막만 일대의 섬을 보며 자랐다. 일출에 남해바다 위에 떠오르는 붉은 햇살과 낙조에 섬에 걸린 석양이 수채화처럼 아름다워 지금도 풍광을 보러 많은 이가 이곳을 찾고 있다.

1948년 10월은 아직 해결되지 않은 우리 지역의 아픈 과거사로 기록되어 있다. 여수에 주둔하고 있던 국방경비대 제14연대 소속 일부 군인들이 제주 4·3사건 진압 출동을 거부하며 봉기를 일으켰고 전라남도 동부 6개 군을 점거했다. 위기감을 느낀 정부가 대규모 진압군을 파견하여 전 지역을 수복하는 과정에서 무차별 초토화 작전으로 인해 상당한 인명과 재산 피해가 있었고 무고한 민간인들의 희생이 끊이질 않았다. 1949년 이루어진 조사에만 희생자 수가 1만 1천여 명으로 추산되는 등 피해는 막심했다.

비극적 과거사는 아직 해결되지 않았다. 여순사건의 진상 규명과 희생자 명예 회복을 위해 적극적인 노력을 다해줄 것을 모두가 바라고 있고 특별법 제정을 촉구했다. 16대 국회부터 진행된 여순사건 특별법 제정이 20년 만에 드디어 통과되었다. 특별법 제정으로 국가가 공식적으로 사건의 진실을 규명하고 피해자들을 위한 명예 회복에 나서겠다는 것이다. 여순사건의 왜곡된 역사를 바로잡고 진상조사가 이루어져 국가가 진정으로 사과하고 희생자와 유족들에게 희망을 선물했으면 한다. 여순사건을 대하는 정부의 책임 있는 태도가 문제를 온전히 해결할 수 있을 것이다. 73년의 피맺힌 한을 견뎌온 희생자와 유족들의 명예 회복으로 상생과 화합으로 나아갈 수 있는 그 날이 오길 고대한다.

2) 여순사건 국회 입법 청원 결의안

1948년 여수 주둔 14연대 국군 반란 사건(여수·순천 10·19사건)이 일어나 민간인들이 많은 피해를 입었다. 제주 4·3사건, 거창 양민 학살 사건. 노근리 사건은 특별법을 만들어 위령제를 지내고 있다. 그런데 4·3 제주도 사건의 연장 선상에서 일어난 여수·순천 10·19 사건은 60여 년이 지난 지금도 특별법을 제정 못하고 있어 제260회 임시회(2011. 6. 11.) 기간 중 여수 주둔 제14연대 국군 반란 사건의 진압 과정에서 희생된 민간인 피해 보상과 명예 회복에 관한 특별법 국회 입법청원 결의안을 전라남도의회에서 참석자 62명의 만장일치로 통과시켰다. 아래는 그 내용이다.

'여수 주둔 제14연대 국군 반란 사건(여수·순천 10·19사건)의 진압 과정에서 희생된 민간인 피해 보상과 명예 회복에 관한 특별법' 국회 입법 청원 결의안

존경하는 도민 여러분!

그리고 이호균 의장님과 동료 의원 여러분!

도민의 복리 증진과 전남교육 발전을 위하여 애쓰시는 박준영 지사님과 장만채 교육감님을 비롯한 관계 공무원 여러분! 세계로 웅비하는 미향 여수,

2012년 여수세계박람회 개최 도시 여수 출신 윤문칠 의원입니다. 먼저, 제260회 임시회 기간 중 각종 안건 심의 및 현지 활동 등 의정 활동에 전념하신 의원님들의 노고에 경의를 표합니다.

오늘 상정된 '여수 주둔 제14연대 국군 반란 사건의 진압 과정에서 희생된 민간인 피해 보상과 명예 회복에 관한 특별법'의 국회 입법 청원 결의안에 대하여 제안 설명을 드리게 된 것을 매우 뜻깊게 생각합니다. 저는 이 자리에서 제주 4·3사건 연장선상에서 일어난 1948년 10월 19일 '여수 주둔 제14연대 국군 반란 사건은 정부 소속 군인 중 좌익계열의 군인들이 일으킨 반란 사건이었다는 사실을 밝히고, '여수, 순천, 광양, 구례, 벌교, 보성, 지리산' 등 전남 동북부 지역의 민간인들에게 낮에는 진압군이 피해를 주고, 밤에는 반란군이 피해를 준 명백한 민간인 피해 사건이므로 이 과정에서 무고하게 희생된 사람들의 명복을 빌면서 이에 대한 피해 보상과 명예 회복을 위한 특별법 제정을 정부와 국회에 촉구하고자 합니다.
'여수 주둔 제14연대 국군 반란 사건'은 해방정국의 소용돌이 속에서 빚어진 사건으로서 좌익계열의 일부 군인들이 제주 4·3사건 진압 출동을 거부하고 일으킨 명백한 정부 소속 군인들의 반란으로 시작되어 이를 진압하는 과정에서 지역 주민이 합세한 반란으로 공작, 규정하고 무고한 주민을 살해했으며, 주민 대다수가 반란군에 가담하여 반란을 일으킨 것처럼 사실을 왜곡, 조작하였습니다. 진실·화해를 위한 과거사 정리 위원회는 반란·진압 지역의 피해자에 대한 조사를 실시하여 사건에 대한 진실 규명을 마무리하고, 유가족에 대한 명예 회복의 방안으로 위령 사업 지원 등의 후속 조치를 정부에 권고하였으나, 예산 사정 등을 이유로 권고 이행이 부진한 실정입니다.
사건의 진압 과정에서 희생된 민간인 희생을 특별법으로 위령 받고, 피해 보상과 명예 회복을 위해 '여수 주둔 제14연대 국군 반란 사건'의 진압 과정에서 희생된 민간인 피해 보상과 명예 회복에 관한 특별법이 조속히 입법되어 국민화합과 인권 신장에 이바지하여야 할 것입니다. 지난 4월 3일 제주 4·3사건 60주기를 맞아 '제주 4·3사건 진상 규명 및 희생자 명예 회복에 관한 특별법'에 의해서 만들어진 제주 4·3평화공원에서 국무총리가 대통령을 대신하고 정당 대표·관계자·제주도민이 참여한 가운데 '제주 4·3 위령제'가 엄숙히 열렸습니다. 제주 4·3사건은 민간인 피해를 위해 특별법으로 위령 받았고, '국가추념일'을 목표하며 명예를 회복시키고 있습니다. 하지만, 그와는 대조적으로 제주 4·3사건의 연장선상에서 일어난 '여수·순천 10·19사건'은 지금까지 특별법마저 마련하지 못하고 있으며, '여순사건'으로 축약 개칭하니 이의 뉘앙스는 가해자가 분명히 있는데도 역사적 사실이 묻혀버리기 쉬운 용어가 되었습니다. 동병상련으로 지켜본 여수 주둔 제14연대 반란 및 진압 사건 피해자 후예로서 참 부끄러운 일이 아닐 수 없습니다. 희생자의 억울함을 풀어주고 피해 입은 민간인에 대한 피해자 보상 그리고 지역 주민, 지역 명예에 대한 회복은 화급을 다투고 있습니다. 그때의 피해 당사자, 유족, 목격자, 가해자가 하루가 다르게 돌아가시고 있기 때문입니다.

정부 소속 국군 반란군과 정부 소속 진압 정부군이 일으킨 피해를 약자인 주민에게 덮어씌워버린 당시대 정부의 왜곡, 은폐, 착오, 오류, 곡해에 정론하고 직필해서 보장하는 절차인 국회 입법청원으로 역사적 사실을 청사에 교훈하고 가해자와 피해자 간에 봉합, 화해의 장으로 미래를 열어가려는 것입니다. 사건의 진실 규명은 물론, 진압 과정에서 희생된 민간인의 피해 보상과 명예 회복이 조속히 이루어지길 바라는 전라남도민의 뜻을 모아 정부와 국회에 '여수 주둔 14연대 국군 반란 사건의 진압 과정에서 희생된 민간인 피해 보상과 명예 회복에 관한 특별법' 제정을 청원하는 것입니다.

끝으로, 결의안의 주요 내용과 기타 자세한 사항은 배부해 드린 유인물을 참고하여 주시기 바랍니다. 본 결의안을 원안대로 채택하여 주실 것을 부탁드리면서 제안 설명을 마치겠습니다. 경청해 주셔서 감사합니다.

국회 입법 결의안은 다음과 같다.

‘여수 주둔 제14연대 국군 반란 사건(여수·순천 10·19사건)의 진압 과정에서 희생된 민간인 피해 보상과 명예 회복에 관한 특별법’ 국회 입법 청원 결의안

(윤문칠 의원 대표 발의)

발의 연월일 : 2011.06.14.

발 의 자 : 윤문칠, 이광일, 송대수, 서동욱, 성해석, 허강숙, 함채규, 최철훈, 이용재, 이정민, 서현곤, 박동수, 임명규, 정빈근, 정영식, 서옥기, 정정섭, 송형곤, 김재무, 기도서 의원 (20인)

1. 제안이유

1948년 10월 19일 정부군인 ‘여수 주둔 제14연대 국군 반란 사건(여수·순천 10·19사건)’은 좌익계열의 일부 군인들이 제주 4·3사건 진압 출동을 거부하고 일으킨 명백한 정부 소속 군인들의 반란으로 해방정국의 소용돌이 속에서 빚어진 사건임에도 불구하고, 주민 대다수가 반란군에 가담하여 반란을 일으킨 것처럼 사실을 왜곡, 조작하여 정부 소속 진압군에 의해 민간인이 무자비하게 희생된 민족사의 비극적인 사건임.

사건의 진압 과정에서 희생된 민간인 피해를 특별법으로 위령 받고, 피해 보상과 명예 회복을 위해 ‘여수 주둔 제14연대 국군 반란 사건(여수·순천 10·19사건)의 진압 과정에서 희생된 민간인 피해 보상과 명예 회복에 관한 특별법’의 입법청원을 바라는 도민의 뜻을 정부와 국회에 전달하고자 함.

2. 주요내용

가) '여수 주둔 제14연대 국군 반란 사건(여수·순천 10·19사건)'은 1948년 10월 19일 좌익계열의 여수 주둔 제14연대 군인들이 제주 4·3사건 진압 출동을 거부하고 전남 여수, 순천, 광양, 구례, 벌교, 보성, 지리산 등 전남 동북부 지역에서 반란을 일으킨 사건임.

나) 이를 진압하는데 필수적으로 따르는 지역 주민 희생을 염두에 둔 정부 소속 진압군은 지역 주민이 합세한 반란으로 공작, 규정하고 무고한 주민을 살해했으며, 주민 대다수가 반란군에 가담하여 반란을 일으킨 것처럼 사실을 왜곡, 조작함.

다) 희생자의 억울함을 신원하는 일과 피해 입은 민간인에 대한 피해자 보상 그리고 지역주민, 지역 명예에 대한 회복은 화급을 다투고 있어 제주4·3사건 특별법과 같은 성격으로 입법하여 줄 것.

3. 결의안 : 붙임4.

4. 참고사항 : 결의안 통보처 (민주당, 한나라당, 국회, 정부(국무총리실))
(붙임 특별법 포함 통보)

'여수 주둔 제14연대 국군 반란 사건(여수·순천 10·19사건)의 진압 과정에서 희생된 민간인 피해 보상과 명예 회복에 관한 특별법' 국회 입법 청원 결의안

2011년 4월 3일 제주 4·3 사건 63주기를 맞아서 '제주 4·3사건 진상 규명 및 희생자 명예 회복에 관한 특별법'에 의해 만들어진 제주 4·3평화공원에서 국무총리가 대통령을 대신하고 정당 대표·관계자·제주도민이 참여한 가운데 '제주 4•3 위령제'가 엄숙히 진행되었습니다. 1945년 해방 이후 동족끼리 이념의 갈등에서 일어난 제주 4•3 사건은 1947년 3월 1일을 기점으로 1948년 4월 3일 대량학살에 이어 1954년 9월 21일 진압을 완료하기까지의 민간인 피해를 위의 특별법으로 위령(慰靈) 받았고 '국가추념일'을 목표하며 명예를 회복시키고 있었습니다.

이를 동병상련(同病相憐)으로 지켜본 여수 주둔 제14연대 국군 반란 및 진압 사건 피해자 후예로서 참 부끄럽기도 하고 부러웠습니다. 제주 4.3사건 연장선상에서 일어난 1948년 10월 19일 '여수 주둔 제14연대 국군 반란 사건(여수·순천 10·19사건)'은 좌익계열의 군인들이 일으킨 명백한 정부 소속 군인 반란이었습니다. [※ 백선엽 회고록도 일관되게 '여수 14연대 반란'이라 칭함. 조사 자료 별지 첨부]

먼저 이 일로 무고하게 희생되신 민간인 희생자들의 명복을 빌며 평안한 안식을 후손들은 진심으로 기원합니다.

'여수 주둔 제14연대 국군 반란 사건(여수·순천 10·19사건)'은 김지회, 홍순석, 지창수 등 정부 소속 14연대 군인들이 저지른 정부에 대항하는 반란으로서 여수·순천시민은 물론 해당 지역 주민과 전혀 계획·공모가 없던 일로서 건국 이후 대한민국 군인이 일으킨 최초의 '국군 반란'이었으며, 여수·순천·광양·구례·벌교·보성·지리산 등 전남 동북부 지역에서는 낮에는 국군이 피해를 주고 밤에는 반란군(빨치산=partisan)이 피해를 준 명백한 민간인 피해 사건입니다. 그때 '여수·순천 10·19 사건은 일제 강점기에 악행 한 경찰관을 비롯 천일고무 김영준 등 인사를 사살하고 시민과 학생에게 '지금 북조선 인민 해방군이 서울을 점령하여 남조선 통일을 이루는 일은 시간문제'라며 세상이 바뀌었으니 자신들에게 협력하라! 고 혹세무민시키면서 인명 학살을 자행하는 반란군인의 총칼 앞에서 선택권이 있을 수가 없는 속수무책으로 당한 피해였습니다. 곧이어 펼쳐지는 '진압 정부군' 진압에 반란군 주력부대는 이미 여수를 비롯한 반란 지역을 떠나버렸고 애꿎은 주민은 정부 소속 진압 정부군에게 무자비하게 보복 피해를 당한 사건이 '여수 주둔 제14연대 국군 반란(여수·순천 10·19사건) 및 진압 사건'입니다. 진압 정부군은 진압에 필수적으로 따르는 민간인 희생을 알면서 주민을 반란에 가담한 것으로 간주, 작전을 개시, 무차별로 시가지를 포격하고 가옥과 도시를 방화했습니다. 또한, 의복과 신발로 반란 가담의 유형을 분별, 판단하여 즉결 처형하고 사실을 왜곡, 조작했으니 '여수 주둔 제14연대 국군 반란(여수·순천 10·19 사건) 및 진압 사건'의 전모는 기록과 증언, 증거가 이를 역사적 사실로 명쾌하게 드러내고 있습니다.

무고한 시민을 서 초등학교에 몰아서 기관총으로 위협하는 모습이 정부 소속 진압군의 잔인성을 상징적으로 보여준다.

흰옷 입은 시체가 반란했다면 이승만은 백범 김구, 유석 조병옥, 해공 신익희, 몽양 여운형 암살에 가담했을 것이다.

그래서 강제 부역, 반란 동조 민간인 색출 방식에서 함께 부역한 동료 부역자로 하여금 진압군에게 지목해 주면 반란군보다 더 잔인하게 살육하고 처형했습니다(재판에 회부치 아니한 사실 자체가 불법).

1948.11.1 여수 미평 길(현 한전 앞 추정)을 진압 정부군이 탄약 운반을 민간인 '부역 동

원'으로 순천으로 북상하고 있다. ※역설적으로 지역주민이 반란군에게 이와 같은 일을 도왔다고 주민을 처형한 것이다. (라이프지 보관)

이의 피 값의 억울함을 신원하는 일을 제주4·3사건 특별법과 같은 성격으로 해결해야 함에도 우리는 무능했고 사건 개요 가해자와 피해자의 확실함을 지목해 주는 명칭인 정부 소속 '여수 주둔 제14연대 국군 반란 및 진압 사건'을 '여수·순천 10·19사건'으로 축약 개칭하니 이의 뉘앙스는 가해자가 분명히 있는데도 역사적 사실이 묻혀버리기 쉬운 용어가 되었습니다. 정부 소속 '여수 주둔 제14연대 국군 반란(여수·순천 10·19사건) 및 진압 사건'으로 인한 피해와 진압 정부군에게 희생당한 민간인 피해 조사와 명예 회복은 그때 피해 당사자, 유족, 목격자, 가해자가 하루가 다르게 돌아가시고 있기에 화급을 다투고 있습니다.
진실·화해를 위한 과거사 정리 위원회도 반란·진압 지역의 피해자에 대한 피해 사실을 반영하고, 유가족의 명예 회복을 위해 적절한 조치를 권고했습니다. 국가가 저지른 선대의 범죄를 기억하고 있는 후손으로서 이를 '국체 확립' 차원에서 진상 규명하고 민간인 피해자에 대한 마땅한 조사와 주민과 지역에 대한 명예 회복은 만시지탄 떠나가는 막차에 오른 심정입니다. 그래서 대한민국 건국 이후 최초로 일어난 정부 소속 국군 반란군과 정부 소속 진압 정부군이 일으킨 피해를 약자인 주민에게 덮어 씌워버린 당시 정부의 왜곡·은폐·착오·오류·곡해에 '정론'하고 '직필'해서 보장하는 절차인 '국회 입법청원'으로 역사적 사실을 靑史(청사)에 교훈하고 가해자와 피해자 간에 봉합·화해의 장으로 미래를 열어가려는 것입니다. 또 '여수 주둔 제14연대 국군 반란(여수•순천 10•19사건) 및 진압 사건'이라는 것을 계기로 나라의 큰 흐름은 대한민국의 국시(國是)를 반공과 민주로 잡았고 오늘날 국가의 틀을 완성시키게 했으니 이때에 희생의 제물이 되신 돌아가신 영령 앞에 후대는 숙연한 자세로 진실의 규명은 물론, 피해자의 보상과 명예 회복을 바라는 '여수 주둔 제14연대 국군 반란 사건(여수•순천 10•19사건)의 진압 과정에서 희생된 민간인 피해 보상과 명예 회복에 관한 특별법' 제정을 전라남도민의 뜻을 모아 정부와 국회에 청원하는 것입니다.

여수 주둔 제14연대 국군 반란(여수•순천 10•19사건) 및 진압 사건 경과 64년

2011. 6.

전라남도의회 의원 일동

4•3 백비, 그리고 여순사건

정부가 어려운 경제 상황 속에서 외국 수학여행을 자제하고 국내 여행을 권고하여 필자가 몸담고 있는 여수고 1학년 수학여행지는 제주특별자치도로 결정하고 3박 4일(2009년 03월 24일~27일)의 일정을 정했다. 9시 녹동항에서 남해고속 페리 편으로 출발하여 1시간 30분쯤 제주항에 도착하고 열 대의 버스에 승차하면서 제주 수학여행 일정이 시작되었다. 첫 코스로 제주도의 명승지 몇 곳을 관람한 후, 한라산 중턱에 자리 잡은 청소년 수련원 '명도암 유스호스텔'에 오후 7시쯤 도착했다. 산자락에는 돌과 유채꽃이 어우러져 아름답게 펼쳐져 있는 봄 풍경이었지만 산 중턱의 찬바람 때문에 봄이라는 말이 무색할 정도로 추운 영하의 날씨여서 두꺼운 외투 차림이었다.

숙소 건너편에는 제주 4·3 평화공원이 막바지 공사를 끝내고 웅장하게 조성되어 있었다. 4·3 평화기념관의 외곽에는 독일 베를린시가 지난해 기증한 평화의 상징 '베를린 장벽' 2개가 설치되어 있어 눈길을 끈다. 일제 강점기 때부터 일본군의 요새로 치부되어 분단된 모진 고통을 당한 제주도의 아픔과 4·3 사건 때

자식을 지키려고 감싸 안듯이 보듬고 있는 모녀상은 제주도의 가슴 아픈 역사를 침묵으로 웅변하고 있었다.

평화공원의 위령탑에는 제주도를 닮은 원형 주변에 그때 당시 각 지역에서 사망하거나 행방불명된 4만여 명의 혼을 기리며 대리석에 이름을 새겨 지역의 곳곳에 알맞게 배치하고 원형 위에 두었다. 위령탑 위를 한참 걸어 올라간 곳에는 위령 제단이 만들어져 있다. 제단에 올랐을 때 유난히 많이 볼 수 있는 새! 까마귀 무리 지어 있다.

까마귀들은 그날의 아픔을 아는 것일까? 그 당시 3만여 명이 바람을 이용한 풍선과 나룻배 등을 이용해 대마도나 일본으로 피난을 떠났는데, 일본에서 거주하고 있는 그들의 후손인 교민들이 평화공원의 추모 행사에 많이 참석한다고 했다.

4·3사건이 발생한 지 61년이 지났다. 긴 세월이 흘렀건만 비참했던 그 당시의 기억들을 지금까지 이어지고 있고 이를 기록하고 추모하는 것은 그때의 평화가 짓밟히고 인권이 유린되는 끔찍한 일이 또다시 일어나지 않도록 염원하고 바라는 마음이 간절하기 때문이다. 객지에서 떠도는 유정의 정성을 모아 혼백을 정성껏 모시기 위해 해변 방사탑을 쌓아두고 4·3 역사의 교훈을 후세에 다시 한번 되새기기 위한 타임캡슐이 묻혀 있었다. 2008년 10월 24일에 만들어진 이 타임캡슐은 백 년 후인 2104년 10월 24일에 화해와 상생을 통한 평화를 이룬 후세들에게 개방될 것이다. 단조로운 역사 전달을 넘어서 당시의 상황이나 사건을 핵심적으로 압축해 전시해 둔 4·3 기념관을 둘러보니 여순사건이 오버랩되어 나타났다.

1945년 8월 15일 조국 광복의 기쁨도 잠시였다. 1948년 5월 10일 남한 총선거를 실시한다는 임시정부의 발표에 총선거를 반대하는 4·3 제주폭동이 일어났지만, 그해 5월 10일 남한 총선거가 실시되었다. 그리고 7월 17일에는 헌법이 공포되었으며 8월 15일 이승만 초대 대통령이 취임하면서 정부가 수립되었다. 정부는 4·3 제주폭동을 진압하라는 지시를 내렸고, 명령을 받은 여수의 14연대(당시 신월동, 현 한국화약에 주둔함)의 일부 병력은 무기고를 접수하고 제주 파병 명령에 반기를 들었다. 그렇게 촉발된 여순사건의 봉기 군들은 여수와 순천, 구례, 보성, 광양 등의 지역을 점령하면서 세를 넓혀 나갔으나, 그해 10월 27일 오후 3시경 진압군이 여수를 장악하면서 역사적인 막을 내렸다.

피의 역사가 시작된 것은 1948년 10월 27일 진압군이 여수를 장악하면서부터 공터가 있는 곳이라면 어디든 여수 사람들을 모이게 하고는 여순사건 동조자 색출하면서 여수시민 모두를 반란군으로 취급했다. 그로 인해 죄 없는 수많은 시민이 죽임을 당했다.

제주 4·3사건 진압을 위하여 여수에 14연대 군부대가 배치되었고 5개월 후 신월동 14연대 안에서 영원히 잊지 못할 비극의 여순사건이 일어났다면서 학생들에게 훈화하고 우리는 묵념으로 평화공원을 나섰다. 전교생이 한라산 백록담 정상을 등산하며 앞으로 여러분의 꿈을 이야기하고 역사를 알고 기억하는 수학여행이 될 것이라고 각인시켰다.

나는 여순 사건 시기에 태어났다. 칠일 천하의 악몽, 신월동의 소재 14연대에서 수만 명의 영혼의 혼과 넋을 가져가 버린 여순사건을 겪고 60여 년이 지난 지금 우리들은 무엇을 하고 있는 것일까? 4·3 평화공원을 만들고 4·3사건을 추모하고 있는 제주도, 제주 4·3사건은 항쟁으로 평가되고, 그 항쟁에 대한 평가는 이미 상당수 진행되고 있다. 국가의 잘못을 인정하는 대통령의 공식 사과도 있었다. 하지만 4·3사건으로 인해 정작 큰 피해를 본 여순사건은 왜 반란이라는 칭호를 벗지 못하고 있는 것일까?

여수는 왜 아직 풀지 못한 '사건'에 머물러 있는 것일까? 여순사건이 하루빨리 규명되어서 그들의 희생을 기억하는 진실한 평화가 자리 잡기를! 여순사건의 기억이 진실로 승화되고, 그날의 상처와 아픔이 상생과 평화의 날로 재평가될 수 있기를 소망한다. 아직도 우리 주위를 계속 떠돌고 있을 영혼과 넋을 위로할 '평화의 영혼 탑'을 옛 14연대 자리에 세워 그날 무고하게 희생된 여순 사람들의 한을 풀어주고 잘못된 역사의 기록을 바로잡아야 할 것이다.

(2009. 3. 30.)

침묵의 사이렌 소리

한국 현대사의 뼈아픈 비극인 '여·순사건'이 발발한 지 71년이 되는 해다. 이번 10월 19일 오전 11시 합동추념식에는 지자체에서 행정 안전부로 사이렌 취명 승인을 받아 희생자의 넋을 위로하는 마음으로 여수시의 전역에 처음으로 묵념 사이렌을 1분 동안 울린다. 그리고 10월 22일엔 시·도 추진위원와 서울의 시민

추진위, 희생자 유족 등이 국회를 방문해 진실 규명과 화해의 과제를 풀어가야 할 '여·순사건 국회 추모 문화제'와 학술심포지엄을 통해 살아있는 역사를 바로잡기 위한 특별법 제정 촉구대회를 준비하고 있다는 언론 보도를 접했다.

4·3 사건의 경우는 발생 55년 만인 2003년, 당시 국가 권력의 잘못에 대해 노무현 대통령이 직접 공식 사과를 하여 특별법으로 위령(慰靈) 받아 '국가추념일'로 지정되면서 평화공원을 조성하여 희생자의 넋을 위령하고 명예를 회복시켰다. 여·순사건 역시 70여 년간 이어진 지역의 아픔과 갈등, 반목을 극복하고 상생과 화합 차원에서 전 국민이 힘을 모아 여·순 사건의 발원지에 '평화의 공원 및 위령탑'을 세워야 한다. 이제는 평화와 인권의 소중함을 일깨우는 상징이 되게 하여 무고하게 희생되고 피해를 입은 희생자와 유족들의 명예 회복과 피해 보상 및 잘못된 역사 기록을 바로잡아 역사의 교훈으로 삼아야 할 것이다.

여순사건! 제주 4·3 사건의 연장선상에서 일어난 정부 소속 여수 주둔 14연대에서 시작된 좌익 및 진압 정부군에게 희생된 민간인 학살 사건은 정부 차원에서 재조명되어 반드시 특별법으로 위령(慰靈) 받아 국가추념일로 제정받을 수 있기를 시민들은 기대하고 있었다. 여순사건이 국가 차원으로 피해 보상과 명예 회복이 이루어져야 하는데 20대 국회에는 여·순사건 법률안이 발의되었으나 국회 행정 안전 위원회에 머물러 있는 상태이다. 희생자의 명예와 유족의 아픔이 회복될 수 있도록 모범적인 해결 방안을 위해 모두가 노력해 주기를 진심으로 바란다. 전남도지사는 작년 처음으로 근대사에 가장 비극적이었던 여순사건 합동 추모식에 참석해 전남의 행정책임자로서 좌우 이념 대립이나 옳고 그름의 문제가 아닌 무고한 희생에 상상조차 되지 않은 상처를 품은 희생자의 넋을 위로하고 과거 국가 권력의 잘못에 의해 희생된 영령의 유가족에게 애도의 뜻을 전하였다.

이번 여·순사건 합동 추념식에는 미래를 향한 '화합과 상생'으로 순직 경찰관 유족과 민간인 희생자 유족들이 모두 같이 추념식에 참석하였다. 이제는 지자체, 정치인, 시민 모두 지혜를 모아 한목소리를 내어야 한다. 그리고 무자비하게 희생된 시민과 유족들이 하나, 둘 세상을 떠나는 아픔을 잊지 않고 역사 바로 세우기를 바라는 유족들을 생각해, 인도적인 차원에서라도 다시는 비극적 역사가 반복되지 않도록 정부가 직접 나서서 여·야 당론으로 채택하여 진상 규명과 명예 회복을 위해 반드시 국가추념일로 제정해 '침묵의 사이렌' 소리가 전국적으로 울려 퍼지도록 특별법이 꼭 제정되어야 할 것이다.

(2019. 10. 13.)

여순사건의 위령탑을 세우자

6월은 나라 사랑 호국 보훈의 달이다.

나라를 위해 싸우다 목숨을 바친 순국선열과 전몰장병들의 영령을 추모한 여수 자산공원에는 역사의 호국 성지 이충무공의 동상과 6·25 전생 및 월남전 참전 3천 9백 8십 2위의 호국 참전 유공자 현충탑이 있다. 그리고 '여·순사건' 당시 장열 하게 산화한 80위의 경찰관의 충혼탑, 임진란 당시 수군들의 영령을 기리는 임진란 호국 수군 위령탑과 학도병을 비롯한 그간 잊고 지낸 고귀한 선열들의 위패가 모셔져 있다. 아직 개장하지 않는 웅천 공원은 독립유공자들의 숭고한 애국정신과 호국정신을 계승 발전시키기 위한 여수지역 독립유공자 38명의 공적을 기르는 항일독립운동 기념탑이 10억의 예산으로 건립되었다.

여·순(10·19) 사건이 발생한 지 67년이 지났다. 이 사건은 제주 4·3사건의 연장선상에 있는 정부 소속 여수 주둔 제14연대 국군 및 진압 정부군에게 여수, 순천, 구례, 광양, 고흥, 보성 등 전남 동부지역을 중심으로 행해진 민간인 학살 사건이다. 전남·전북·경상남도 23개 일부 지역에서 발생한 당시 반란군에게 희생당한 양민의 학살이 2,000여 명, 행불자 4,500여 명에 진압군에 희생당한 사람을 합하면 11,500여 명의 많은 시민이 희생당했다. 그 후 제주 4·3사건, 국군 양민·거창 양민·노근리 양민 학살 사건 등 희생자들을 위한 명예 회복 및 보상은 물론 위령탑이 각 지역에 세워져 있다. 구례군에는 10년 전에 여순사건으로 희생된 양민들의 영혼을 달래기 위해 위령탑이 건립하였고, 순천시는 67주년 팔마체육관 부근에 여순사건 위령탑을 건립하여 전 기관장이 참석한 가운데 위령제가 엄숙히 열렸다. 그런데 세계 엑스포의 도시 여수는 여순사건의 발원지이나 위령탑 하나 없고 시의회 뒤편의 미관광장에서 빈약한 추모회를 열고 있어 매우 안타깝다. 왜 여순사건 발원지인 여수에 위령탑에 대한 논의조차 없는 것일까?

5·18민주화운동 제36주년을 맞은 18일 여수 시청 현관 앞에

서 여수시민단체가 기자회견을 했다. 일제 강점기 시절 중·일 전쟁을 비롯한 제2차 세계대전 종전까지 20만 명의 소녀가 일본군 위안부로 끌려갔고 그중 238명이 돌아와 그간 아픈 역사를 증언했다. 나라로 돌아오기 위해 고통을 참고 견뎌온 위안부 할머니들의 마음 아픈 그 날을 기억하고 '일본의 진정한 사과' 촉구를 바라는 마음으로 29개 여수시민단체가 모여 여수에 '평화의 소녀상'을 건립하겠다는 언론 보도를 접했다. 그날 광주 망월동 묘역 기념식에는 그 당시 광주시민이 보여주었던 그 민주화 정신을 기리기 위해 많은 정치인들이 함께 자리하여 오월 영령들과 민주화를 위해 희생된 모든 분을 위한 '님을 위한 행진곡'을 힘차게 불렀다.

10월이면 여수의 아픈 역사가 기억되는 날이다. 여수에서도 그날의 기억과 왜곡된 역사를 바로잡고 희생자의 넋을 기리는 추모 행사를 가져야 한다. 여·순 사건은 진실화해위원회에서 진상 규명을 완료했으나 필자는 옛 14연대 발원지에 무고하게 피해를 입은 희생자를 위해 평화공원 및 위령탑을 우선 세우고 정부가 특별법을 제정하여 국가적인 차원에서 억울하게 돌아가신 민간인들의 명예 회복과 피해 보상으로 잘못된 역사의 기록을 바로잡아야 한다고 생각한다.

구국의 성지 여수에서 여순사건이 일어나며 여수 사람들은 모두 반란을 일으킨 것처럼 왜곡했다. 민간인 학살로 주변의 많은 가족과 이웃 인재들을 잃었던 지역의 아픔! 어린 시절 할머니가 다가와 어디 가도 나서지 말고 뒤에 있지도 말고 중간에 있다가 무사히 돌아오라는 귓속말을 자주 듣고 살았던 시절! 그때의 비극의 아픔과 희생의 시간은 누가 보상해 줄 것인가? 잘못된 역사의 기록은 바로잡아야 하며 정부는 희생자와 유가족의 온전한 명예 회복을 위해 노력하고 진심 어린 사과를 해야 한다.

(2016. 06. 02.)

72년 통한의 세월을 살아온 시민들!

한국 현대사의 뼈아픈 역사를 되돌아보면, 싸늘한 10월은 우리 지역의 오랜 상처로 남아 있는 '여순사건'이 발발했던 때이다. 무고한 시민의 희생이 컸었던 아픈 역사가 올해로 어느덧 72주년을 맞고 있다. 10월 19일이면 중앙동 이순신광장에서 합동 추념식이 열린다. 지난해까지는 참석하지 않았던 순직 경찰 유족들이 올해 함께 참여하게 되어 슬프고 아팠던 그 날의 기억을 함께 위로하며 추념의 의미를 더하게 되었다. 지역민의 화합과 상생을 기원하며 민·관·군·경이 하나 되는 이번 추념식은 역사적으로 의미가 크다.

이번 추념식은 코로나 19로 인해 사회적 거리두기 지침을 준수해야 하므로 지난해 500여 명이던 참석인원을 올해는 100여 명으로 최소화하고 방역 지침을 지켜 진행할 예정이다. 특히 합동 추념식으로 진행되어 희생자의 넋을 위로하며 화합하고 상생하는 자리이므로, 추념식에 참석하지 못한 시민들도 각자의 위치에서 여순사건 영령들을 추모하는 시간을 가질 수 있도록 시 전 지역에 묵념 사이렌을 1분 동안 울릴 예정이다.

제주 4·3 사건의 경우, 발생 55년 만인 2003년, 당시 국가 권력의 잘못에 대해 노무현 대통령이 직접 공식 사과를 하여 특별법으로 위령(慰靈) 받아 '국가추념일'로 지정되면서 평화공원을 조성하고 희생자의 넋을 위령하고 명예를 회복시켰다.

여순사건은 제주 4·3사건의 연장선상에서 일어나 정부 소속 여수 주둔 14연대에서 시작된 좌익 및 진압 정부군에게 희생된 민간인 학살 사건이다. 그래서 여순사건 특별법 제정 촉구를 시·전남도의회 차원에서 국민의 정부 이후 5차례 국회에 특별법 제정에 관한 내용이 발의되었지만 모두 무산되었다. 무자비하게 학살되었던 현대사의 비극인 여순사건의 합동 추모식은 좌우 이념 대립이나, 옳고 그름의 문제가 아닌 무고한 희생에 상상조차 되지 않은 상처를 품은 희생자들을 추모하고 과거 국가 권력의 잘못으로 희생된 자들의 명예를 회복하는 자리가 되어야 할 것이다. 이제 하나 된 합동 추념식을 열게 된 만큼 70여 년의 세월과 시대적 그림자에 가려졌던 아픈 과거가 이른 시일 내에 진실이 규명되고, 명예 회복이 이루어지길 기대한다.

21대 국회에서 '여순사건 특별법 제정'을 통해 여순사건을 바로잡아 '국가추념일'로 제정받을 수 있기를 모든 시민이 바라고 있다. 평화와 인권의 소중함을 일깨우며, 무고하게 희생되고 피해를 입은 분들의 명예 회복 및 피해 보상과 잘못된 역사 기록을 바로잡는 일은 시대적 책무이다.

70여 년간 이어진 지역의 아픔과 갈등, 반목을 극복하고 상생과 화합이 함께 해야 한다. 여순사긴의 발원지에 '평화의 공원 및 위령탑'을 세우자는 취지와 필요성에 사회적 공감대가 형성되고 있고 반드시 특별법을 제정해야 한다는 목소리가 높다. 여순사건으로 무자비하게 희생된 희생자와 유족들 시민들은 그동안 한 맺힌 통한의 세월을 살아왔다. 이제는 진실에 다가서기 위한 역사 바로 세우기를 바라는 모두를 위해, 정부가 직접 나서야 한다.

국회에서 침묵해왔던 '여순사건 특별법안'을 여·야 당론으로 채택하여 진상 규명과 명예 회복을 해주길 바라며 '침묵의 사이렌' 소리가 전국으로 울려 퍼지도록 노력해 주기를 바란다. 서로의 이해와 관심은 아픈 역사를 치유할 수 있고, 용서와 화해로 과거 역사를 돌아보고 정의로운 대한민국 역사를 바로 세워 피해를 입은 유가족과 시민들의 눈물을 닦아주어야 할 것이다.

(2020. 10. 14.)

'민족사의 비극 여순사건 특별법' 제정 촉구

제주 4·3사건의 연장선상에 일어났던 여순사건! 보상의 근거를 마련하고 유족의 상처치유와 명예를 회복하기 위해 '여순사건 특별법' 은 꼭 제정되어야 한다. 필자가 교육의원 시절 전라남도의회(2011년 06월 14일)에서 여순사건 특별법 촉구 결의안을 발의하였고 당시 만장일치로 통과되었다. 이후 지금까지 6차례 국회에 특별법 제정에 관한 내용이 발의 되었으나 안타깝게도 무산되었다. 하지만 이번 21대 국회에서 여순사건 진상 규명 및 희생자 명예 회복에 관한 특별 법안(이하 여순사건 특별법)이 국회 행정안전위원회 법안심사소위원회에서 논의된 가운데 국회 통과 가능성이 높아졌다는 언론 보도를 접했다. 이번 회기 때는 꼭 여순사건 특별법이 제정되어 국가추념일로 명예를 회복시키고, 발원지에 역사관이 세워져 피해를 입은 희생자 및 유가족과 시민들의 눈물을 닦아 주기를 바라고 있다.

제주 4·3사건의 진압 명령을 거부하고 봉기를 일으켜 여순사건의 발단이 된 14연대 장소(여수시 월호동 소재) 주)한화가 있는 곳)는 일찍이 신근·봉양·물구미 라 불리는 듣기만 해도 그리운 옛 우리 동네다. 2차 세계대전 때 일본은 이곳 주민들을 샘기미(넘너리)로 강제 이주시켰고 그 자리에 1942년 관동군 제17방면 군 직할 여수 요새사령부를 세워 비행장·격납고·철도 노선을 건설하다 패망했다(여수·여천 발전사).

본 부지는 조국의 해방과 더불어 건국준비위원회 치안대와 합동으로 경비하다 미군에 인계되었고, 1948년 5월 4일 당시 자주국방을 기치로 국군의 모체인 국방경비대 제14연대가 창설되어 여수 요새사령부 곧 현재 주) 한화 자리에 주둔하게 되었다. 해방 뒤 소용돌이 속에 무력충돌로 수많은 사람이 희생되었던 여순사건! 일반 시민들을 반란군으로 누명 씌워 무참히 학살한 가슴 아픈 사건이다. 당시 조선일보의 기사 1948년 11월 2일 자 2면 전면을 참조하면 애꿎은 여수의 부모 형제를 죽인 숫자가 2,522명이고, 그것도 부족했는지 여수 시내를 모두 불 질러 시가지가 온통 불바다였으며, 가옥 2,000여 채가 전소되는 등 당시 끔찍하고 막대한 피해를 여수와 순천 및 전남 동부 일대가 당했음을 알 수 있다.

역사의 장소인 현재 주) 한화 자리는 1976년까지 여수시에서 관리하다가 본 토지에 대한 문서 내용을 보지도 못하고 박 정부 소속 중앙 요원들에 의해 한국화약 측에 이양하는 문서에 서명하게 된 것이다. 한화그룹은 1952년 한국화약(주)을 창립한 후, 1976년 역사의 장소인 이곳을 여수시에서 한화 창업주 현암 김종희 회장이 인수하게 되었다. 통합 여수시는 지정학적 중심지인 도심 한복판이 화약 공장을 안고 살아가고 있는 것이다. 이 문제 또한 시민의 안전과 여수의 중장기적 계획 등을 종합한 방안이 강구되어야 할 것이다. 여순사건(1948. 10. 19.)이 발발한 지 72년이 흘렀다.

올해 여수시 신월동 한 해안가 공사현장에서 정체를 알 수 없는 땅굴이 여순사건이 발발했던 14연대 터이기도 한 주변에 발견되었다. 근 현대사를 연구해온 전문가들은 일제 강점기 항공기지 시설과 일치하며 콘크리트로 만들어진 이 지하 구조물은 수십 m에 달하는 길이로 연료고, 군수품 창고로 쓰였던 벙커일 가능성이 높다는 주장이다. 일제 강점기 시대의 역사는 아픈 기억을 떠올리게 하는 부분이지만 이는 근대문화유산으로서 아픈 역사의 현상을 기억하여 과오가 반복되지 않도록 교훈을 새기는 길이 되어야 한다. 침묵했던 여순 항쟁을 재조명하여 민족사의 비극인 여순사건이 평화와 인권의 중요성을 다시 한번 새기고 이번 회기 때 꼭 특별법을 제정해 주기를 기대하고 있다. 그리하여 제주 4·3사건처럼 발원지에 "평화의 공원 및 위령탑"을 세워 무고하게 희생되고 피해를 입은 유족들에게 피해 보상과 명예회복 및 왜곡된 역사의 기록들을 바로잡아야 할 것이다.

(2021. 04. 05.)

돌산 무슬목

윤문칠

솔바람 어린 불그레 물든 바다
무슬목 길목에 앙증맞은 몽돌 소리
무에 그리 질투하여 동서 물꼬 막고 있나
펼쳐진 풍광 속에 잔잔한 돌산이여
아름다운 명경지수(明鏡止水)
가막만의 꿈결같다

(그림 : 권윤비)

7.

관광 1번지 돌산도

전라남도 여수시 돌산도는 우리나라의 열 번째 큰 섬으로 여수반도에서 남쪽으로 약 450m 떨어져 있는 섬이다. 이 섬의 최고봉인 봉황산(460m)과 천왕산(385m) 대미산(359m) 금오산 천마산 등 사방에 우뚝 솟은 8개의 큰 산이 있다는 뜻에서 산(山)·팔(八)·대(大) 자를 합하여 돌산도(突山島)라고 부르고 있다.

삼국시대는 돌산현(突山縣) 통일신라 때는 여산현(廬山縣)에 속했다가 고려 초에 다시 돌산현으로 1914년 여수군에 병합되어 두남면으로 부르다가 일제 강점기에(1917년) 돌산면에서 1980년 12월 돌산읍으로 승격되어 지금에 이른다.

임진왜란 때 충무공 이순신께서 돌산 굴전과 평사 사이 좁은 목에서 왜군을 섬멸하고 전승을 올린 곳이 무술목이다. 처음 왜적들의 많은 피로 물든 곳이라고 하여 '피내'라 부르기도 했다가 세월이 흐름에 따라 '무서운 목'이 '무실목'이 되었다고도 하고 무술년(1598년)에 일어났기 때문에 '무술목'(무슬목)이라고 부르고 있다. 이곳은 충무공 대첩비가 세워져 있고, 군내리에 돌산향교, 임포에 항일암, 1172년(명종 2) 지눌(知訥)이 창건한 은적암(隱寂庵) 등 유적지들이 많이 있다.

여수 거북선대교의 아래에는 해양공원이 자리 잡고 있다.

자산공원과 고소동 천사벽화골목, 여수 해상 케이블카에서 바라보는 원도심의 전망이 아름답고 밤바다의 야경이 아름다운 관광지로 알려져 있다. 그곳에서 바로 연결되는 돌산으로 들어오는 길은 아름다운 풍광을 자랑하며 돌산공원을 연결하고 방죽포, 항일암과 남면 비렁길을 안내하며 여수의 아름다움을 자랑한다. 돌산공원에서 시작하는 여수 해상 케이블카가 연륙교를 지나며 보여주는 진귀한 풍광은 세계 4대 미항의 장대한 풍광을 긍과한다.

돌산도를 중심으로 현대식 해양공원과 구도심의 활기찬 모습, 어선들이 즐비한 항구도시를 볼 수 있다. 다른 한쪽으로는 넓은 남해바다에 커다란 무역선들이 바다 한가운데 정박해 있는 독특한 장면을 볼 수 있고, 돌산대교(1984년) 개통과 2012년 여수세계박람회장(현 엑스포 해양공원)에서 돌산 우두리로 연결되는 거북선대교를 통해 여수반도의 풍광을 볼 수 있는데 이는 마치 한 폭의 그림과 같다.

돌산도를 경계로 살아있는 남해 바다와 숨 쉬는 가막만 해역, 청정바다의 아름다운 해상 풍경으로 이루어진 돌산도! 그 자체가 해양관광 휴양도시 모습이다.

돌산 관광 1번지 "여수의 자산, 가막만을 살리자"

천혜의 아름다운 무슬목에 골프장이 웬 말!

구국의 성지 여수는 역사와 천혜의 자연이 공존하며 풍광이 아름다운 해양관광 휴양도시다. 돌산도는 은빛처럼 잔잔한 다도해 국립해상공원으로 살아있는 등 바다 와 숨 쉬는 연안의 호수 같은 가막만 해역을 양편에 끼고 해돋이 명소로도 유명한 세계 4대 미항 여수만의 절경을 자랑한다.

고인 물은 썩고 흐르는 물은 썩지 않는다는 적수역부(積水易腐) 유수불부(流水不腐)의 명언을 생각하여 필자는 여수 동서 바다의 연결통로 역할을 했던 무슬목을 터서 가막만을 살리자고 기고('13.01.29)를 하였다. 10년이 지난 지금! 무슬목 유적지에 강한 정치인의 힘으로 여수시민의 재산인 바다를 매립하며 불법 목장 부지로 개인이 허가를 받았고 이곳에 여수시가 전남도청에서 여수 돌산읍 평사리 무슬목 일원 141만 5천㎡ 부지에 골프장과 챌린지 파크호텔 관광단지 건립을 2030년까지 관광투자협약('23.04.24)을 했다는 언론 보도를 접했다.

순천만 관광개발은 순천시민들이 반대하여, 불모지의 땅을 개발함으로 순천만의 철새 도래지와 갈대숲을 배경으로 순천만 정원박람회(2013년)를 개최하였다. 개최 후에는 시민들의 힘으로 박람회장을 국가 정원 1호로 지정('15.9.5) 받았다. 10년이 지난 올해는 국가의 전액 예산 지원으로 '정원에 삽니다'의 주제로 순천만국제정원박람회가 4월부터 10월까지 7개월간 개최되며 순천의 큰 자산이 되었다. 생태 도시의 의미를 되살리며 환경을 살리려는 인근의 시와 우리 여수세계박람회장 사후활용을 비교하면 여수가 너무 부끄럽고 안타깝다는 생각이 든다.

돌산 무슬목 '동' 바다와 '서' 바다 풍경

천혜의 자연경관에 다채로운 섬과 바다! 보석처럼 크고 작은 섬으로 둘러싸인 가막만 해역은 어패류와 자연산 새조개의 천국이었다. 여수 팔경의 돌산도 해안을 따라 우후죽순 지어지는 호텔과 펜션 등의 무분별한 난개발로 산과 바다가 막히고 천혜의 자연경관이 훼손되면서 생활 오폐수가 유입되어 용존산소가 매우 부족한 물동이가 형성되면서 황금의 섬 경도 주변의 어패류가 사라진지 오래되었다. 돌산 해역과 가막만 주변의 갯벌이 산소 부족으로 썩어가고 있는 것을 알고 있으면서도 이를 책임지는 이도 없고 심각한 환경 변화에 대처하지 않는 것은 아닌지?

아름다운 바다를 끼고 있는 여수시가 3려(麗) 통합으로 전남 제일의 도시가 되었으나 지자체장이 8번 바뀌는 동안에도 지속적 발전을 이루지 못하고 무분별한 난개발과 공모사업의 유치는 줄줄이 실패하니 인구가 늘어나는 인근 시의 정책과 비교하면 여수가 크게 부끄럽기만 하다.

돌산읍과 항일암, 금오도 가는 길목 위치를 오가다 보면 몽돌

자갈이 깔린 개미허리처럼 잘록한 지형을 가지고 있는 무슬목이 나온다. 이곳은 선조 31년 정유재란(1598년)이 일어나던 해 명량해전에서 패주하던 왜선을 두 형제섬(혈서도, 죽어도)을 지나 굴전과 무슬 부락 사이인 대미산과 수미산 사이 연결통로로 유인하여 왜선 60척과 왜군 300명을 섬멸했다는 설이 있지만 언제부터인지 육지로 연결되었다.

과거 돌산 '동' 바다와 '서' 바다 해류통로 역할을 하였던 무슬목

이충무공의 유적지인 소중한 무슬목을 복원하거나 해저 통로를 만들어 황폐화되어가는 가막만 황금 어장을 살려야 하는데 골프장과 관광 개발 유치에 환경 문제는 살펴보았는지 미래가 걱정이 된다. 자연과 환경을 소중히 가꾸어 후손에게 아름다운 모습 그대로 미래의 삶의 터전인 구국의 성지의 역사를 보존하여 자랑스럽게 물려주어야 할 의무가 있다. 이제는 한목소리를 내어 부끄럽지 않도록 내 일처럼 최선을 다하여 생각을 바꿔보면 미래가 보일 것이다. 그냥 그대로 바라만 보고 있는 현실이 아니라, 천혜의 자연경관을 가지고 있는 여수반도의 해역을 우리가 살기 좋은 미래를 잇는 가막만의 기적을 만들어야 하지 않겠는가? 한 번 더 생각하며, 미래의 청사진을 그려보자.

(2023. 5. 8.)

돌산지역에 도시가스를……

"저는 돌산 우두 지역에 살고 있는 시민입니다. 이 지역은 도시가스가 들어오지 않아서 LPG 사용으로 인한 겨울 난방비 부담이 너무 큽니다. 여수시에 문의해 보니 섬 지역이어서 도시가스가 공급이 어렵다고 하는데 타 시도를 확인해 보니 섬 지역도 인구가 많으면 해저나 육상 육교를 이용해 공급을 하고 있는 것을 확인했습니다."

위의 글은 최근 돌산지역에 도시가스가 빨리 공급이 되어 서민들의 부담을 경감해 달라는 한 시민의 간절한 호소이다. 여수의 돌산도는 녹지대인 임야가 많고 공기가 좋아 살기 좋은 곳으로 평하고 있다. 굴곡이 복잡한 해안 어느 곳에서라도 산에 올라서면 전망대가 되어 바다를 볼 수 있고 아기자기한 다도해와 365개의 보석 같은 섬이 자리 잡고 있는 곳이지만 우리 지역의 도시가스 보급률은 70% 수준이다. 도서(섬) 지역이라는 지리적 특성 때문에 과도한 예산 투입과 사업성이 떨어진다는 이유로 도시가스 공급 자체가 불가능한 것으로 여겨졌던 사업도 국회에서 신규 증액사업으로 추진하면서 전남에서 진도군과 완도군에 우선적 도시가스 공급이 이뤄지도록 예산안을 제출했으나, 최종적으로 전남과 강원, 경북 3개 군에서 우선 실시하는 것으로 확정되어 도서 지역 최초로 진도군에 총사업비 200억 원 투입, 3000세대가 최종적으로 실시된다는 언론 보도를 접했다.

가스 공급은 기존 LPG 용기 기준으로 1kg당 약 1,800원이던 가스 값이 876원으로 절반(51.3%) 절감되고 LNG 도시가스에 비해서도 17% 이상 저렴하게 공급될 것으로 예상되고 있다. 이순신대교와 케이블카의 개통으로 많은 관광객이 돌산도를 찾아오면서 주민들은 교통의 불편을 안고 생활하고 있다. 돌산도 주민들의 고충인 교통문제, 도시가스 문제 등 해결을 위해 진도군처럼 국비 예산을 확보하는 모습을 지자체와 담당자, 정치인들은 보여줘야 할 것이다. 우리 지역의 공동주택 및 아파트의 보급률은 97%로 매우 높은 반면 상대적으로 도시가스 공급률이 낮은 원도심과 단독주택 지역에 대한 도시가스 공급이 20% 수준에도 못 미쳐 민원이 끊이지 않고 있다. '우리 동네는 도시가스가 언제 들어올까?'에 대한 확답을 언제쯤 할 수 있을까?

여수시의 도시가스는 '부영' 회사가 운영하고 있다. 부영은 순천지역에 전남 공무원 교육원을 신축하여 기부하겠다 하였고 여수의 경도 개발은 외면하면서 진해 복합리조트 신청 회사가 되었다는 언론 보도를 접했을 때 여수시민들은 서운한 마음을 토로했다. 여수시민들은 부영이 어려웠을 때 지역에서 적극적으로 나서 대표자 석방 탄원서를 제출하던 기억이 생생하다. 여수와 인연이 깊고 성장을 함께 했던 '부영'은 2015년 현재 전국에 179,732세대 임대, 37,071세대 분양 아파트가 있다. 우리 지역에도 15,314세대, 여수 전체 공동주택 23.26%, 그리고 웅천지역에 원앙새의 사랑으로 사업 승인을 받아 공사 중인 아파트도 1,634세대 있다. 부영은 수익사업 외에도 사회 공헌사업을 많이 하고 있다. 초창기에는 여수에는 공립으로 지어야 학교들을 부영 회사에서 '부영초와 여고'를 지어 기부체납하였고, 전국의 110여 개 학교, 해외에도 기숙사·도서관·체육관 등을 지어서 교육 시설과 노인 관련 시설 등을 기부에 열정을 쏟고 있다. 여수는 세계 엑스포를 개최한 도시지만, 도시가스가 공급되지 않아 소외되는 지역이 많은 불편을 겪고 있다. 돌산도에 도시가스 공급 확대와 지원을 기대하는 시민이 많다. 빠른 업무 추진과 사업 추진이 가능하도록 지자체와 기업이 지원을 아끼지 않았으면 한다. 지자체에서 도시가스공급 업체와 MOU를 체결해 공급 시기를 조금이라도 앞당겨 주었으면 한다. 금실이 좋은 원앙 같은 부영 회사에서 교육의 수익사업 외에 우리 지역 민생의 현안사업인 도시가스에도 관심을 가져 주길 바라며 지역과 함께 상생하는 기업의 모습으로 도시가스 사회 공헌사업 활동을 펼쳐주길 바라는 바다.

(2015. 12. 14.)

돌산대교를 리모델링하자

익산지방 국토관리청에 따르면 12월 17일까지 40일간 이루어졌던 돌산대교 6개 노후 케이블 교체 작업을 끝내고, 2020년 12월까지 172억 원을 들여 개통된 지 33년이 된 돌산대교의 등급을 현재 통과 중 32.4 톤의 2등급 육교에서 43.2 톤의 1등급 육교로 개선하게 된다는 언론 보도를 접했다. 돌산대교 개선과 함께 지자체는 25억 원을 투자하여 돌산대교 당머리 입구에서 시작되는 극심한 교통체증 완화를 위해 남산동 돌산대교 앞 시내와 돌산을 잇는 왕복 2차로에 재해 위험지구인 예암산 주변 회전교차로를 2018년 6월까지 설치하고 급경사지도 정비할 계획이다. 이 회전교차로가 설치되면 신호 대기시간이 없어짐에 따라 차량 흐름이 원활해질 것으로 기대된다.

우리나라에서 열 번째로 큰 섬 돌산도는 남도 향기 그윽한 곳으로 한려수도의 시작점인 여수반도의 아름다움을 한눈에 담을 수 있는 곳이다. 미항 여수의 두 연륙교를 건너 동백꽃 그윽함이 감기는 아름다운 자연경관을 보유하고 수평선에서 불어오는 해풍이 살갑게 다가오는 살기 좋은 곳이다.

돌산지역은 바다 위를 연결하는 국내 최대의 해상 케이블카와 잘 정비된 해안 일주도로가 있다. 해안 일주도로를 달리다 보면 절묘한 풍광을 볼 수 있고 세계적 보물인 한국 4대 관음도량 기도 터 향일암을 품고 있어 많이 관광객이 찾는 곳이기도 하다. 하지만 현재의 여수는 2012 여수 세계박람회를 통해 알려지고 거북선대교와 케이블카의 이용이 많아지면서 주말이면 많은 관광객이 찾아오고 있다.

수려한 해양경관을 자랑하던 여수는 늘어나는 관광객을 맞이하기 위해 도심 해안을 따라 우후죽순 호텔과 펜션의 짓고 무분별한 난개발을 방치하고 있어 안타깝다. 여수시민의 공유재산인 천혜의 자연경관을 난개발로 덮지 말고 지켜야겠다는 생각이 우선되어야 할 것이다.

전국 각지에서 한해 마지막 해넘이와 다음 해 첫 해돋이를 맞기 위해 돌산도를 찾고 있다. 새로운 희망의 기운을 받고자 유명한 돌산도로 관광객이 모인다. 하지만 아직도 공사 중인 도로가 많고 길 정비가 늦어지고 있다. 돌산 우두리에서 신복리까지 연장 16.7Km 확장공사(2009. 06. 29.)가 시작되었으나 공사가 미뤄지며 2018년 12월 말 준공 예정에 있다. 다행히도 늦어졌던 공사가 이번 이용주 국회의원의 국비(63억 원) 확보로 돌산지역의 2차선 도로가 조속히 준공될 수 있을 것으로 보여진다.

지자체에서 해양관광 중심의 여수를 자랑하고 있지만, 우리 지역을 찾아오는 관광객들은 수년째 돌산지역의 도로공사로 인한 심한 교통 침체로 불편을 겪었다. 자전거 도로의 구간 설정 문제, 어두워지면 도로의 노선은 가로등 하나 없는 암흑의 거리로 변하고 있어 안전한 갓길 찾기 등 돌산 주민과 관광객은 안전 문제에 불편을 겪고 있다. 이를 인식하고 개선에 박차를 가해야 할 것이다.

필자는 돌산지역 미래의 교통문제 해결을 위해 돌산대교 새

단장을 건의한다. 돌산대교가 1등급 육교를 준비하면서 양쪽 인도의 폭을 없애고 3차선 도로로 정비하여 돌산지역에서 나오는 차선을 2차선으로 돌산지역으로 들어가는 차선을 1차선으로 개설하고 고흥군 소록도와 금산을 연결하는 연륙교처럼 육교 밑으로 명품 관광 인도를 개설해 돌산에서 나오는 교통문제를 해결하도록 하는 것이다.

한려수도의 시작점인 2012 세계박람회의 개최도시 여수는 나의 고향이다. 전라좌수영의 본영이었던 이곳에서 이충무공(忠武公)께서는 선소에서 거북선을 건조하고 발진기지로 삼아 왜적을 물리쳤던 구국의 성지이다. 성지인 두 돌산대교를 거쳐 향일암, 금오도 비렁길을 찾는 관광객들에게 장기적인 미래의 교통 전략을 세워 '해양도시 여수, 관광 여수'의 이미지를 구축해야 할 것이다.

(2017. 12. 17.)

돌산 중앙중학교 이설

여수의 관광 1번지 돌산도! 수평선에서 불어오는 해풍을 맞으며 대교를 지나 살기 좋은 돌산도로 들어오게 된다. 사방이 탁 트여 돌산대교와 여수 앞바다를 볼 수 있는 돌산공원이 있고, 바다 위를 지나 섬과 육지를 연결하는 국내 최초의 해상 케이블카와 우리나라 4대 관음 기도 도량으로 꼽히는 향일암이 있는 곳! 아름다운 돌산도로 많은 이들이 찾아오고 있다. 이번에 화태도와 돌산도를 잇는 교량 화태대교가 개통되면서 더 많은 관광객이 우리 지역을 찾고 있다.

호수 같은 가막만 주변에 산개한 섬과 섬 화태-백야도를 잇는 월호대교, 개도대교, 제도대교, 화정대교 4개의 연도교가 조속히 착공되면 빼어난 한려수도의 11개 연륙 박물관의 경관이 큰 그림을 그릴 것이다. 관광자원의 십분 활용으로 홍콩, 상해, 시드니와 같은 환상적 해양관광 레저 스포츠 도시로 새롭게 태어날 기회를 잡았으면 한다. 전국 관광의 1번지 여수는 시간문제다.

한때 2만 4천 명의 인구를 자랑했던 돌산읍은 직업과 교육, 수산업의 침체와 국제무역항의 폐쇄로 인한 인구 감소로 돌산지역의 6개의 초등학교가 폐교되는 등 현재 1만 4,364명이 생활하고 있다. 71년도 인가를 받아 돌산읍 둔전 마을에 위치한 중앙중학교는 42회 5,535명의 졸업자를 배출한 학교지만 지금은 농어촌의 인구 감소로 32명의 재학생만 남아 폐교 위기에 놓인 소규모학교이다. 돌산우두권역은 부영(주)에서 아파트 부지확보와

청솔아파트(1, 2, 3차) 1,878세대 주민들이 입주하면서 동백초 458명, 백초초 63명의 재학생과 9천2백여 주민들이 살고 있으나 30·40대 젊은 층 자녀들의 우두권 내에 중학교가 없어 250여 명이 여수 원도심 시내 권역으로 학교로 다니고 있다.

인근 시는 소규모학교 통폐합 권장 기준에 해당하는 승평중학교를 신대지구 공동주택 건립에 따른 유입 학생 수용을 위해 신대지구에 이설하고 있다. 그래서 필자는 삼일면의 삼일중이 여수죽림지역으로 신설하여 여수삼일중으로 교명을 변경하고 1만 2천여 동문들이 모교의 전통을 이어가고 있는 것처럼 돌산 중앙중학교도 인구가 증가하고 있는 우두권역으로 학생들의 교육권 보호 차원에서 이설을 서둘려야 할 것으로 생각한다. 교육국제화 특구로 지정된 여수에 국제 교육연수원이 돌산지역 3청사 내에 유치한다는 언론 보도를 접했다. 불모지 땅을 활용하지 않고 활용가치가 많은 돌산청사를 활용한다고 하니 아쉬움이 남는다. 국제 교육연수원은 글로벌 시대 교육을 담당하며 체계적 교육을 실시할 시설이다. 중앙중학교 이설로 교육교류의 시너지를 낼 수 있을 것이라 생각한다.

돌산읍 주민들은 거북선대교와 케이블카의 개통으로 주말이면 많은 관광객이 찾아오는 교통의 불편을 안고 생활하고 있다. 주민들의 고충을 해결하고 지자체와 우리지역 정치인 모두가 진도군처럼 국비 예산확보에 노력하여 우두권역에 생활편의시설인 도시가스공급이 필요하다고 기고했었다. 고령 인구만 거주하는 실버타운으로 전락할 우려가 있는 돌산지역을 인구 2만여 명의 지역으로 다시 회복하려면 지역교육청의 치밀한 분석과 미래를 위해 넓은 안목으로 준비된 학교 배치계획을 잘 세워서 중앙중학교를 우두권역에 이설하여 인구가 늘어나고 살기 좋은 돌산도를 만들어야 할 것이다.

(2016. 01. 11.)

돌산청사는 여수시민의 재산!

2012년 여수세계박람회에 개최에 맞춰 '예울마루'가 건립된 이후 여수시는 문화·예술에 대한 시민의 뜨거운 관심으로 초·중·고등학교 및 교직원, 학부모 사회인으로 구성된 23여 개 오케스트라단이 창단되었다. 하지만 문화기반의 핵심인 예술 전문학교가 없어 타지역으로 진학하고 있는 학생이 증가하고 있어 동부권 공립 예술 고등학교를 여수에 유치하자는 기고(2015년)를 했었다. 여수시는 사립외고 설립 추진에 열을 올리고 있다. 시민과 소통하지 않아 지역단체와 교육계 등의 반발, 학생 및 시민들이 반대하는 외고 유치에 열의를 올리는 동안 도립미술관과 전남 공무원교육원, 공립 창의 예술고, 에코에듀 체험센터, 호남권 잡월드 그리고 여수대학교의 대안 세계 수산대학까지 특별한 관심과 정책대안도 없이 무관심 속에서 잇따라 유치에 실패하였다.

전남 국제 교육원 유치도 그렇다. 교육국제화 특구지역으로 배정된 여수가 국제 교육원 유치에 왜! 인근 시처럼 불모지의 부지를 내놓지 않고, 활용가치가 큰 돌산청사를 시민들의 동의도 없이 불과 몇 사람의 의견을 모은 SNS와 시민위원회 전체회의 여론몰이의 소통 없는 밀어붙이기식 사업 추진으로 여수시민의 재산인 돌산청사를 전남교육청에 선뜻 내주게 된 것일까? 국제 교육원은 총사업비는 400억 원으로 전남도교육청에서 시설비 200억 돌산청사 투자하는 조건으로 여수시에서

MOU('15.12.15)를 체결하였다. 그런데 총사업비 150억 원(국비 100억, 교육청 50억)을 들여 돌산청사(면적 21,013㎡, 건축 연면적 10.085㎡ 지하 1층 지상 3층)를 그저 리모델링하여 2018년 3월 개원하였다. 돌산청사는 3여 통합 이전 여천군 시절 설립되어 3여 통합 후 2003부터 지역의 민속과 역사를 총망라한 종합박물관 건립을 이충무공의 숨결이 살아있는 이곳에 추진하였으나 몇 사람이 거센 반대로 국비를 반납하고 박물관 하나 없는 도시가 되었다. 여수의 먼 장래까지 내다보고 미래를 생각하지 못한 선택이 참으로 안타까울 따름이다.

인구가 늘어나고 있는 인근 시를 살펴보자. 불모지의 땅인 갯벌, 갈대를 이용하여 정원박람회를 치르고, 연향동 해룡 천변에 부지를 내주어 교육청으로부터 559억(교육부 200억, 부지 200억, 교육청 159억)을 투자하여 '에코에듀(사이버 환경교육)' 체험센터에 다양한 시설로 2018년 준공하여 인구가 늘어나는 정책을 펼치고 있어 우리 시와 너무나 비교가 된다.

동부권 문화향유 기회를 확대하기 위해 건립한 도립미술관이 시비 120억 부지 제공을 제안하여 450억 원의 사업비로 광양시에 유치되었고, 또 창의 예술고는 광양 중마동에 커뮤니티센터를 제공하는 조건으로 최종 선발되었으나, 지자체에서 마장동 328번지 일원 부지에 학교 신축안을 변경하여 320억의 공사비로 내년 개교를 앞두고 있다.

2012년 여수세계박람회를 성공적으로 치른 여수시는 교육부에서 교육과정 규제를 받지 않고 인근 시와 차별화된 교육정책을 실시하라고 교육국제화 특구(2013~2017)로 지정했다. 그리고 교육특구사업 평가에서 국제 교육원 설립 등 인재 양성에 노력한 점을 인정받아 교육국제화 특구(2018~2022)를 재지정받았다.

그런데 왜! 우리 지역은 인구가 줄어들까? 그동안 우리 지역은 시민들과 소통 없이 밀어붙이기식 사업 추진으로 지난 18년간 지역에 누적된 온갖 적폐와 소통 부족으로 계속 인구가 줄어가고 있는 현실 속에 관광객들이 많이 찾아온다고 수려한 해양경관과 아름다운 풍광을 지키지는 못하고, 돌산 해안을 따라 우후죽순 지어지는 호텔과 펜션의 무분별한 난개발을 방치하는 사이 인구는 28만 5천으로 줄어들었지만 책임지는 이는 없다. 그래서 이제는 인구가 줄어가는 여수의 먼 장래까지 내다보며 발전하는 정책이 무엇인지 지자체에서는 연구하는 계기가 있어야 된다. 앞으로 후손에게 물려줄 아름다운 여수의 이미지를 실추시키는 제2의 슬픈 역사가 다시 일어나지 않도록 이제는 함께 고민하고 소통하는 시민이 되도록 다 같이 노력해야 할 것이다. 돌산청사는 여수시민의 재산이다.

(2018. 12. 02.)

아름다운 풍광을 자랑하는 돌산도!

끝머리의 보물 타포니

여수세계박람회 이후 편리해진 도로망으로 반나절 생활권이 가능한 여수시를 찾는 관광객이 많아지고 있다. 여수시에 속한 돌산도는 우리나라에서 열 번째로 큰 섬으로 동백꽃 그윽한 향기에 젖는 돌산도 마지막 끝머리에 이르면 임포마을에 도착한다. 임포마을은 바다에서 솟아오르는 일출을 볼 수 있는 해맞이 명소로 한국 4대 관음도량 기도처인 향일암이 있어 전국 곳곳에서 이곳을 많이 찾는다. 향일암 기도처에서 해안 바다로 이어지는 절벽은 파도와 바위가 만들어낸 예술품인 기암절벽으로 이뤄져 있으며 저 멀리 수평선에서 불어오는 해풍의 맑은 공기를 마실 수 있는 아름다운 곳이다.

전국에 알려진 남면의 비렁길을 찾아가는 신기 선착장을 지나면 작금마을로 이어지는 성두마을이 있다. '성머리'라고도 불리며 빼어난 비다 경치로는 이곳도 빼놓을 수 없다. 임포·싱두 마을을 끼고 있는 금오산 정상에서 바라보는 남해와 횡간도, 두라도, 금오도 등 다도해와 어울리는 아름다운 풍경의 바다 주위에 흩어져 있는 작은 섬들의 일출과 일몰의 풍경은 수채화 같은 한 폭의 그림으로 여수의 큰 유산이다.

성두마을은 40여 가구가 옹기종기 모여 사는 곳으로 마을 한 복판에 쓰러질듯한 수령이 400년이나 되는 느티나무에서 밤이면 남쪽 바다 위로 바라보이는 노인성(老人星) 때문에, 쉽게 백

세를 넘긴다는 이야기가 전해지는 어촌의 장수마을이다. 이 마을은 서쪽은 가막만이고 남쪽은 남해, 북쪽의 여수반도, 동쪽은 거친 바다와 호수처럼 잔잔한 절경을 자랑하는 해상국립공원으로 돌산읍 소재지 군내리 작금마을을 지나다 돌산도 마지막 끝머리에 있다고 하여 붙여진 이름이다.

작금·성두 마을 사이는 바닷속의 보물인 빛깔 좋은 용치와 볼락, 우럭, 감성돔 등 다양한 어종이 낚시로 많이 잡히는 곳이다. 이곳 해안가 산책로 길에는 걸음걸음 옥빛 바다와 따라오는 파도 소리, 암석이 많은 아담한 포구를 만나볼 수 있다. 이 마을에서만 볼 수 있는 해안침식지형으로 수천 년 파도가 만들어낸 암벽의 표면이 벌집처럼 집단으로 형성되어있는 '타포니(바다 구멍)'가 있어 인상적인 풍경을 자아낸다.

성두(城頭) 마을에서 해안가를 따라 향일암 임포마을 쪽으로 딱 한 사람 걸을 수 있는 오솔길이 있다. 이곳은 동백나무 군락지도 있고 급경사 지역이 많아 산에 오르기가 힘들다는 '댄재꼴창', 산굽이가 쉰두 개나 된다는 '쉰두굽이재', '투구바구', '망개산', '분짓골' 등인 특이한 이름으로 이어지는 산길이 있지만 개방되어있지 않아 숲이 우거져 사라져가는 길이 되어가고 있다.

돌산도의 끝머리 성두마을에서 향일암까지 천혜의 비경과 바다 향기가 가득한 암벽으로 둘려있는 해안 탐방로를 활용해보는 것은 어떨까? 주로 산에 설치되는 출렁다리를 이용해보는 것도 좋은 방법인 듯하다. 한 폭의 그림 같은 푸른 바닷길을 볼 수 있는 출렁다리를 설치하여 정비하고 제대로 된 안전 관리를 통해 운영한다면, 이어지는 산길을 따라 산행도 하고, 용치 회도 먹으며 성두마을 타포니 해안의 아름다운 비경을 감상하는 힐링 체험거리로 활용될 수 있을 것이다. 여수의 유산, 아름다운 풍광을 자랑하는 명소가 있는 곳! 자연의 생물과 함께 지역의 문화를 즐길 수 있는 여수시 돌산도를 그려본다.

(2018. 03. 09.)

여수 돌산 갓김치! 유네스코 등재하자

이번에 전주시가 우리나라 최초로 유네스코가 지정한 음식창의도시로 선정되는 큰 영예를 안았다. 콜롬비아 포파얀(2005년), 중국 칭다오(2010년) 스웨덴 오스터순드(2010년)에 이어 네 번째 선정이다. 전주비빔밥, 전주콩나물국밥, 메밀국수 등 전주하면 맛있는 음식이 연상이 되듯 지금 전주 시내 어느 식당을 가더라도 유네스코라는 이름을 쉽게 볼 수 있을 것이다.

중남미의 제1 음식문화 관광지로 매년 음식축제를 하고 있는 콜롬비아 포파얀, 기름지지 않고 매운맛을 자랑하는 '쓰촨요리'이 발상지 중국 칭다오, 독특한 지역 식재료를 활용한 미식 문화의 발상지 스웨덴 외스터순드, 그리고 세계음식축제 비빔밥축제 등을 통해 한식을 세계에 알리고 있는 전주시의 음식 맛은 예부터 으뜸으로 인정받고 있다.

세계박람회의 개최도시 여수(麗水)는 살아있는 바다, 숨 쉬는 연안의 항구도시다. 4면이 동쪽으로 여수 해안, 서쪽의 고흥반도 여자만, 남쪽으로 가막만, 북쪽으로 광양만이 바다로 둘러싸여 천혜의 자연경관과 풍광이 아름다운 남해 바다를 안고 철마다 특색 있는 음식을 자랑하는 해양관광의 중심지다. 요즘은 SNS의 활용도가 높고, 핸드폰을 이용한 스스로 정보 찾기 등 하루가 다르게 변화하는 시대다. 여수세계박람회로 교통이 좋아졌고 인터넷과 개인 SNS를 통해 동양의 나폴리 여수가 알려지며 세계적 미항 여수를 찾는 이들이 많다.

국동어항인 국가어항 부둣가에 정박되어 있는 많은 어선들 주변엔 동양 최대의 수산물 종합유통센터가 자리하고 있다. 주변 해양 산책로 수변공원 길목엔 봉산동(게장백반), 경도 뱃머리(갯장어), 모정의 뱃길 국개(통장어탕), 낚시 타운(갈치조림), 잠수기 수협(횟집, 패류), 소경도 뱃머리(키조개, 피조개), 넘너리(새조개)까지 십 리(4km)가 되는 국가어항 주변에 참맛을 느끼는 먹거리 음식점이 많이 있다. 주말이면 여수 밤바다 낭만 버스킹을 만끽하려는 관광객들로 붐비는 우리 지역에 남도 여수 음식의 자랑인 돌산 갓김치와 게장백반 그리고 계절에 나오는 신선하고 맛이 뛰어나며 풍부한 영양소가 가득한 수산물로 맛을 내는 유명 맛집 식당 앞에 많은 사람이 줄을 서 있는 모습이 뿌듯하다. 하지만 우리 지역을 홍보할 수 있는 남도 여수의 특징 있는 음식 및 수산 축제가 없다는 것은 참으로 아이러니하면서도 안타까운 마음이다.

'깨끗한 물'과 아름다운 여인들의 손맛으로 만들어낸 톡 쏘는 '돌산 갓김치'는 세계적으로 여수를 알리는 대표적인 음식이다. 독특한 향과 매운맛이 혈액순환을 촉진하고 항산화 성분이 풍부하게 함유되어 있어 각종 성인병과 암을 예방하는 효능이 있어 여수의 대표적 건강 음식으로도 알려져 있다. 따뜻한 해양성 기후와 풍부한 일조량, 해풍과 알칼리성 토양은 여수에서 고품질의 돌산 갓을 생산할 수 있게 한다. 이렇듯 세계적으로 좋은 평가를 받고 있는 돌산 갓김치와 봉산동의 게장백반 등 남도 여수의 10미 음식 맛은 전국의 최고이지만 음식을 대외적으로 알릴 수 있는 체계적인 관리와 기초적 시설 홍보가 부족하다. 그래서 필자는 해양관광의 중심 여수를 찾아오는 손님에게 톡 쏘는 돌산 갓김치축제 등 게장백반, 새조개, 갯장어(하모)를 비롯한 싱싱한 수산물을 이용한 음식 및 수산축제를 통해 여수의 음식 맛을 알리며 한국 음식의 세계화를 이끌어 유네스코에서 인정하는 음식창의도시로 여수도 선정될 수 있길 바라본다. 웅비(雄飛)하는 여수가 미식의 도시로 널리 알려졌으면 한다.

(2018. 09. 04.)

사통팔달(四通八達)의 혈맥(血脈) '돌산'

최근 돌산지역으로 들어서면 대로변 곳곳에 감사 현수막이 걸려있다. '상수관로 도시 가스관 통합공사 2020년 공급 확정! 돌산~경도, 신월~경도 연륙교 2024년 동시 개통! 돌산~백야 연륙·연도교 국가 국토계획 반영 강력 추진!'에 대한 감사 현수막이다. 돌산지역 도시가스 설명회에서 답변을 들은 돌산 주민들은 고마움을 현수막으로 표현했다. 돌산 우두 지역에 살고 있는 시민을 통해 지역에 도시가스가 들어오지 않아 LPG 사용으로 인한 겨울 난방비 부담이 크다며 돌산지역에 도시가스가 빨리 공급이 되어 서민들의 부담을 경감해 달라는 간절한 호소를 들었다. 필자는 부영 회사에서 운영하고 있는 대화 도시가스 공급 업체와 MOU 체결을 통해 돌산지역 주민들이 도시가스를 공급받기를 바라는 기고(2015년)를 하였었다. 다행히 지역의 많은 분의 도움으로 드디어 돌산지역에 도시가스가 공급되어 진심으로 환영하는 바나.

세계 4대 미항이며 돌산 갓김치의 고향인 여수는 바다의 풍광이 아름다워 많은 관광객이 찾는다. 남해 바다와 가막만을 끼고 있는 돌산도는 황홀한 자연이 만들어내는 일몰 빛깔의 낙조의 아름다움을 자랑하고, 마지막 해넘이와 새로운 희망의 기운을 받아 다음 해 첫 일출을 맞이하는 유명한 장소로 주말이면 1만여 명이 넘는 관광객이 찾아오는 곳이다. 하지만 어두워지기 시작하며 들어서는 도로의 노선에는 가로등 하나 없어 암흑의 거리가 되고 있다. 주말이면 돌산대교 입구에서 시작되는 극심한 교통체증으로 길에서 보내는 시간이 많고 관광객은 물론 주민들까지 큰 교통의 불편을 안고 생활하고 있다. 지역 주민과 해양관광의 중심 여수를 찾아오는 손님들에게 생활환경에 불편을 겪지 않고 편리하게 이용할 수 있도록 살기 좋은 곳의 긍정적인 이미지를 구축해야 한다.

현재 남산동 43~17 일원 급경사지 조성 사업으로 예암산 주변에 84억 원 투자하여 진입도로와 주차장 및 회전교차로 설치 공사가 진행 중이다. 이 공사로 인하여 돌산대교 입구에서부터의 교통체증 완화를 위한 대책으로 신호 대기시간이 조정되어 교통이 원활해지기를 기대한다. 돌산읍 주민들의 오랜 숙원사업이던 도시가스공급은 남산동에서 돌산읍 우두리까지 500m 구간에 바다 아래 땅을 뚫어 도시 가스관과 상수도관을 따로 설치할 경우 사업비 210억 원이 소요되지만, 도시가스 배관과 상수관로를 동시에 해저로 압입하는 방식인 통합관으로 추진하면 100억 원가량 투입비를 줄일 수 있다. 가스와 수도관을 함께 묻는 통합관을 설치하여 주민들은 하루라도 빨리 도시가스를 공급해 주길 기대하고 있다. 그런데 돌산읍 상수관로·도시가스 배관과 매설 계획을 수립해 함께 압입하려면 내년 하반기에나 공사가 가능해 각 가정에 실제 도시가스가 공급되는 시기는 2021년으로 예상된다. 필자는 횡축간선 도로망(돌산~경도~야도~신월동)이 시급하다는 의견을 도정질의(2011년) 통해 도지사에게 강도 있게 질의하였고 기고를 했었다. 7년이 지난 올해, 국회에서 경도 관광단지 연륙교 설치 변경안을 1154억 원의 사업비가 들어가는 연륙교가 국비 40%, 지방비 40%, 미래에셋 20%를 부담하는 연륙교 계획안으로 심의에 통과되었다는 언론 보도를 접했다. 여수시민들은 환영의 박수를 보냈다.

여수반도에 가장 절실한 국도 17호와 22호 및 지방도 863호선의 연결도로인 돌산-경도-웅천-소호-화양 간 도로 개설사업은 여수의 중심부인 동서 간의 도로망, 교통망, 통신망 등의 활로를 트고 도심에 집중되는 차량을 외각으로 분산시키는 효과를 볼 수 있을 것이다. 행정당국에서는 돌산지역에 걸린 현수막의 현안들이 하루빨리 해결될 수 있도록 시장님 및 관련 단체 모두가 노력해 주길 바란다. 주민의 민원 소리를 들어 미래를 대비하며 돌산지역이 사통팔달(四通八達)의 혈맥으로 자리매김하기를 기대해 본다.

금오열도 풍광은 여수의 자산!

(화태~대두라~금오도를 잇는 해상교량 건의!)

남해안 지역을 중심으로 다도해 해상국립공원인 금오도, 화태도 두라, 횡간도, 안도, 연도, 수항도 등 30여 개 유·무인도 섬으로 이루어진 반도를 금오열도라 한다. 열도 중 제일 큰 섬 금오도(金鼇島)는 '황금 거북(자라)의 섬'이라는 뜻이며 숲이 우거져 섬이 검게 보인다고 하여 '거무섬'이라 부른다. 특히 2001년도 국도 77호선 11개 연륙교 계획을 세울 때 금오도의 해상교량은 여수에서 제일 큰 섬인데 육지보다는 섬으로 남아야 한다는 지역인들의 반대로 이루어지지 못했다. 그때 선택은 지역 발전에 어떠한 영향을 끼쳤을까? 한때 경부선 철도를 서울→청주→공주→부산으로 건설하려고 했으나, 청주·공주 유림들의 반대로 결국 서울→대전→부산으로 건설했다. 현재 대전의 인구는 148만 4천 명이고 공주는 10만 5천 명으로 인구가 감소하고 있다.

금오도가 알려지게 된 계기에는 비렁길이 있다. 건강을 위한 걷기 열풍이 일어나며 여기저기 지자체에서 걷는 길을 조성했을 때 황사, 미세먼지 등 환경 변화에 민감한 상황에서 청정해역의 해안절벽을 따라 걷는 비렁길의 풍광이 알려지며, 아찔한 절벽 걷기의 매력을 전국에 알렸었다. 여수 세계 섬 박람회 개최(2026년)를 위해 전남도와 여수시가 업무협약과 지원체계 구축에 힘을 모았다. 남도의 섬을 알리고 해양관광의 메카로 만들어 갈 수 있는 '섬·바다와 미래를 잇다.'라는 주제로 여수시 돌산 진모지구 일원에서 한 달간 개최된다.

섬 박람회의 성공적 유치를 위한 국도 77호선 남면까지 연장된 해상교량(화태도-대두라도-금오도-안도-연도)이 연결되는 연륙교 계발사업 추진을 주장하며 필자는 '아! 여수의 비전, 섬 세계 엑스포 유치'를 기고(2018년 9월 20일)하였다. 세계적인 해양관광벨트를 구축하여 미래의 해양 휴양도시로 정착되도록 지자체와 지역 정치인들은 금오열도의 중요성을 알고 풍광이 아름다운 여수의 자산의 높은 가치를 인식해야 할 것이다.

우리 지역은 섬과 육지를 잇는 연륙교 사업이 개통되는 중이고 앞으로도 계획되어 있는 연륙교는 20여 개가 된다. 이 많은 연륙교가 바다를 끼고 환상적인 풍광을 자랑하는 동양 나폴리 여수에서 아름답고 다양한 '2026년 섬·다리 박람회'를 계획하여 추진을 준비하고 있다.

국민의 정부(2001년) 시절 여수와 고흥군으로 연결하는 11개 연륙교 국도 77호선(돌산~화태~월호~개도~제도~백야~화양~조발~둔병~낭도~적금~팔영대교)은 이 지역 신순범 전 의원이 세안하고 지자세와 주승용 전 의원을 비롯한 많은 정치인의 적극적인 관심으로 이루어낸 결과이다. 우리나라에서 21번째로 큰 섬인 금오도는 남해안 다도해 해상국립공원 북서쪽에 개도, 북쪽에 월호도·두라도·화태도·나발도·대횡간도·돌산도, 남쪽에 안도·연도(鳶島, 소리도) 등 섬들이 함께 한다. 파도의 침식 작용과 풍화 작용에 의해 해안에 생긴 낭떠러지가 바다와 잘 어우러져 아름다운 보석이 박힌 것 같은 해안 경관이 아름다운 곳이다.

이곳에서 안도로 369억 원의 예산을 들여 안도대교가 개통(2010년)되고 서고지에서 역포 포구로 연결되는 연도대교는 농·어촌지역의 농·수산물 유통으로 소득이 증대되고, 금오도 비렁길과 연계하여 탐방객 유치에 크게 기여할 것으로 道(2014년)에서 1,560억 원이 소요될 것으로 용역 결과가 나왔다.

2026년 섬 박람회 주제처럼 섬과 바다인 화태~대두라~금오도의 미래를 잇는 국제 관광 허브의 성장 동력인 남해안권 관광벨트의 구축이 필요하다. 금오열도가 세계 최고의 해양관광 휴양 명소가 되도록 지자체에서 노력을 아끼지 않았으면 한다. 금오도 연륙교를 포함한 섬 박람회가 성공적으로 개최되기를 모든 시민은 바라고 있다.

금오열도는 여수의 보배다.

(2021. 01. 14.)

돌산 17호선 4차선이 필요하다!

국도 17호선(여수 돌산읍~순천시~용인시)의 연장선상인 돌산 우두~신복(16.7Km) 구간의 확장공사(2009~2020년)가 2차선으로 개통되었다. 그러나 노선이 굴곡이 심해 갓길이 없고 교통 침체로 밤이면 가로등 하나 없는 암흑의 거리가 되어 주민과 관광객들에게 큰 불편을 초래하고 있다. 그래서 우리 지역을 찾는 손님들과 주민이 교통의 불편을 겪지 않고 즐겁고 편리하게 이용할 수 있도록 돌산도로 연결되는 국도 17호선 구간을 4차선으로 확장해 줄 것을 건의한다.

여수시와 고흥군을 연결하는 국도 77호선인 4개 섬(조발도·낭도·둔병도·적금도)을 연결한 총연장 17km 구간은 2차선으로 소라면 덕양 교차로에서 화양면 안포까지 국지도 22호선은 4차선 도로도 개통되었다. 돌산~화태~월호~개도~제도~백야도로 연결되는 연륙교가 준공되면 11개 다리로 연결되는 프로젝트가 마무리된다. 이번 화태~백야도를 잇는 교량 건설사업이 준공되고 섬 박람회 개최로 남해안 관광벨트 조성에 탄력을 받을 것으로 보인다. 여수시 돌산도는 여수반도의 천혜의 아름다움을 한눈에 볼 수 있고 경도해양관광단지 조성 사업이 완성되면 해양 르네상스 시대를 열어가기를 기대하고 있다. 돌산도는 바다 위를 연결하는 국내 최대의 해상 케이블카가 있고 잘 닦아놓은 해안 일주도로를 자동차로 달리다 보면 동백과 해송이 우거진 미항의 절묘한 풍광의 아름다움을 간직한 천혜의 자연경관을 느낄 수 있다. 남해안 해양관광 휴양도시 1번지 돌산도의 섬 끝자락에 자리 잡은 지역의 보물인 한국 4대 관음도량 기도 터인 향일암은 깎아지른 높다란 절벽 바위에 암자를 지어 기암절벽 바위틈 사이로 만들어낸 인상적인 한 폭의 풍경을 자아낸다. 이곳을 전국 각지에서 해넘이와 첫 해돋이를 맞는 새로운 희망의 기운을 받기 위한 유명한 장소로 수많은 관광객이 이 지역을 많이 찾는다. 그렇다 보니 해양관광 휴양도시 여수 돌산지역은 주말이면 교통체증 현상이 심해 어려움을 겪고 있다. 우리 지역을 찾아오는 손님과 주민들이 환경에 불편을 겪지 않고 편리하게 이용할 수 있도록 돌산 우두에서 신기까지 4차선으로 확장되도록 지자체와 정치인들은 적극적으로 추진해야 한다.

세계 4대 미항 여수는 현재 연결된 연륙교와 앞으로 이어질 연륙·연도교까지 합하면 총 20여 개의 다리로 이어지는 도시가 된다. 필자는 세계적으로 풍부한 자연관광자원을 가진 여수에서 세계 섬 박람회 유치를 위해 보다 체계적인 정책 개발을 해야 할 것으로 생각한다. 이는 남해안권 관광벨트 구축으로 관광자원화와 해안 일주도로의 건설을 통한 세계 최고의 해양관광 명소의 발판이 될 것이다. 섬 박람회에 맞춰 국도 17호선 돌산도로 가꼭 4차선 도로가 되도록 민·관 그리고 정치인들이 다 같이 확장계획을 세워 세계적인 해양관광 휴양도시 여수를 만들어야 한다. 이것이 여수의 미래이고 비전이라 믿는다.

(2018. 12. 02.)

돌산 진목~월전포 해안 도로 개설이 필요하다

'섬, 바다와 미래를 잇다'의 주제로 2026년 세계 섬 박람회가 여수에서 개최된다. 세계 속에 우뚝 솟을 웅비하는 여수! 여수세계박람회가 개최되던 2012년 환태평양도시발전협의회(PRCUD) 국제포럼에서 세계 3대 미항인 이탈리아 나폴리, 브라질 리우데자네이루, 호주 시드니에 이어 천혜의 자연경관을 지닌 여수가 세계 4대 미항으로 선포(2012년 07월 25일)되면서 국제 해양 관광도시로서 기반을 마련했다. 미항의 아름다움을 간직한 여수는 두 연륙교(돌산, 거북선대교)를 건너면 국도 17, 77호선으로 연결된 돌산도로 들어선다. 향긋한 바다 갯냄새가 코끝을 휘감는 해양관광 휴양 명소! 여수~남해를 잇는 동서해저터널과 화태~남면~백야 간 연륙교가 완공되어 세계 4대 미항인 여수에서 남도의 섬을 세계에 알리게 되는 '2026년 세계 섬 박람회'가 성공적 개최되기를 시민들은 기대하고 있다.

여수 팔경(麗水八景)의 중심지인 호수 같은 바다를 끼고 있는 아름다운 구항과 돌산 등 주변에 어울리지 않는 강선 3개, FRP 7개, 수리 3개 등 13개 조선소가 분산되어 있다. 이곳 조선소에서 각종 안전사고가 일어나고 이곳에서 발생하는 환경 비산먼지와 소음 악취 해안오염물질로 인해 시민들은 막대한 피해를 입고 있어 집단 이전을 촉구하고 있다. 그래서 필자는 대형과 돌산 지역의 소형 선박 신조는 육상에서 가능하므로 조선소 집단화가 시급하다는 기고(2015년 10월 15일)를 하였다. 돌산대교를 넘어 진두 해양 도로를 따라 국립공원 오동도가 보이는 진목마을까지 142억 원의 예산으로 연장 2078m 폭 15m의 2차선 해안도로(진두~진막)를 실시설계(2006년 12월)하여 착공 12년 만에 개통(2019년 03월 08일)하였다. 이곳 돌산 우두리 해안 도로 개통으로 해변의 소형 조선소가 사라지고 진두와 진막 사이 좁은 도로변에서 소형 선박(10t 미만) 5~8여 척을 신조 수리하고 있다. '여수시민과 함께하는 해양관광 휴양도시를 만들자'라는 슬로건이 곳곳에 걸려있지만 해안도로변 선박 신조의 모습은 관광객의 눈살을 찌푸리게 한다.

여수 바다의 푸른 수평선이 한곳을 긋고 있는 풍광은 어디에 비추어도 빠지지 않는다. 살아있는 바다의 경관은 보석처럼 아름다운 여수의 자랑이다. 천혜의 자연조건을 갖춘 여수! 이제는 해양관광의 시대를 열어 활기 넘치는 살기 좋은 곳! 새로운 해양휴양도시로 만들어야 할 것이다. 우리가 꿈꾸는 미래의 해양관광 휴양도시를 시민들과 함께 추진하기 위해서는 우선 도심권에 흩어져 있는 조선소 문제를 지자체에서 관심을 갖고 부지를 선정하여 한곳으로 이전을 해야 한다. 남해 바다에서 붉게 솟아오른 해돋이 햇살의 빛이 바다까지 물들이는 풍광을 돌산도에서 바라보며 아름다운 그 자체가 하나의 예술작품이 되는 진목마을의 해안 도로가 막혀있다. 그래서 이번 섬 박람회를 유치로 남도의 해양관광 메카로 부상할 수 있도록 진목 해안가에서 돌산 우두리 상하동 마을로 이어지는 돌산 진목~월전포 해안 도로 개설과 소형 조선소 이전 계획을 제안한다.

'섬, 바다와 미래를 잇다' 2026년 세계 섬 박람회 유치로 웅비하는 여수가 세계 속에 우뚝 솟을 것이다.

(2022. 01. 25.)

계절의 진미, 남해안 생선 이야기

새벽 선어시장에 나가보면 목청껏 호객하는 가락 속에서 '봄 도다리, 가을 전어', '봄 조개, 가을 낙지' 등의 말을 흔히 들을 수 있다. 이 소리는 옛 선조들이 오랜 세월 동안 얻은 경험과 지혜로 생선 맛과 영양을 알리면서 유래된 것이다.

꽃돔(감성돔)이 지나가고 농어촌 벚꽃 필 때면 가자미와 삼치 맛이 좋고 오월 농어, 보리 숭어 철 끝나면 한여름에 장어가 보약이다. 꽃게 찜 먹고 추석 다가오니 집 나간 며느리 돌아온다는 가을 전어구이 냄새가 유명하고, 갈치 철이 다가오면 모든 생선은 꿀맛이다. 이 가락 소리에는 겨울철에는 모든 수산물이 다 맛있다 하여 겨울철 특별한 생선을 지목하지 않았지만, 우리 지역에는 달별로 미식가들이 찾는 생선이 많이 있다.

정월이면 도미, 2월 서대·가자미, 3월 참조기·도다리, 4월 삼치, 5월 농어·주꾸미, 6월 숭어·병어, 7월 장어, 8월 꽃게, 9월 전어·광어, 10월 갈치·낙지, 11월 아귀, 12월 조피볼락(우럭)·굴·새조개로 구분하고 있다.

정월은 단백질이 풍부하고 지방질이 적은 도미가 최고다. 참돔·감성돔·줄돔 등 생선 중 귀족으로 불리며 지방질이 적고 살이 단단해 생선회로 많은 사랑을 받는 생선이다. 하지만 '5월 도미는 소 껍질 씹는 맛보다 못하다'라는 속담이 있다. 2월은 서대·가자미가 일품이다. '2월 가자미 놀던 뻘 맛이 정월 도미 맛보다 낫다.'라는 말이 전해지며 가자미 맛이 뛰어남을 알렸다. 여수의 참 서대에 해풍 채소와 막걸리 식초를 넣은 서대 무침과 신안 진도 일대의 가자미회 무침은 독특한 별미로 유명하다. 3월은 조기·도다리 철이다. 남해에서 잡히는 조기도 맛이 뛰어남을 강조하기 위해 '3월의 거문도 조기는 7월의 칠산 장어(서해 영광 앞바다)와 안 바꾼다'라는 속담이 있다. 그리고 거문도 해풍 쑥을 넣은 도다리쑥국과 쑥갓을 넣어 요리한 조기매운탕은 남도의 별미로 알려져 있다. 4월 삼치는 봄의 생선이라 해서 춘어(春魚)라 불리고 회를 먹어도 부드럽고 구어도 맛이 뛰어난 최고의 생선으로 알려졌다. '4월 삼치 한 배만 건지면 평안 감사도 조카 같다'라는 속담처럼 삼치는 한밑천 톡톡히 건지는 생선이었음을 말해주는 재미있는 이야기가 있다. 5월은 농어다. 농어 값이 뛰며 농촌과 어촌의 생활을 비교하며 '보리타작한 농촌 총각 농어 잡은 섬 처녀만 못하다'라는 속담이 전해지곤 했다. 6월의 숭어는 '태산보다 높은 보릿고개에도 숭어 비늘 국 한 사발 마시면 정승 보고 이놈 한다'라고 맛이 넘치도록 가득한 느낌을 표현했다. 7월 갯장어는 보양식으로 '숙주에 고사리 넣은 장어국 먹고 나면 다른 것은 맹물에 조약돌 삶은 국 맛 난다'라는 속담이 있다. 8월 꽃게는 '그믐게는 꿀맛이지만 보름게는 개도 눈물 흘리며 먹는다'라는 말이 전해진다. 9월은 전어 굽는 냄새에 집 나간 며느리도 돌아온다는 가을전어! 10월의 갈치는 '돼지 삼겹살보다 낫고, 은빛 비늘은 황소 값보다 높다.'라는 말이 전해지며 가을 식탁을 풍성하게 하는 대표 생선이다. 그리고 11월은 못생겨도 물텅벙이 아귀, 12월은 조피볼락과 굴 새조개를 최고로 친다.

요즈음 코로나 19로 인해 불안감이 높아지면서 음식도 면역력을 높여주는 자연의 음식을 선호하게 되었다. 예부터 음식 하면 빠지지 않았던 우리 지역은 어디를 가도 먹거리가 풍부하다. 계절에 맞는 생선을 바닷가의 깨끗한 물과 정성 가득한 손맛으로 요리하여 여수의 최고의 맛을 자랑하며 계절 진미를 선보인다. 생선회(뼈꼬시)·서대무침·생선구이·한(굴비)정식·갯장어(샤부샤부)·통장어탕·아귀찜·탕·군평서니·갈치조림·게장백반·새조개(샤부샤부) 등의 다양한 요리는 신선하고 푸짐하며 입맛을 돋우는 남도의 맛이 듬뿍 베어난 여수(麗水) 최고의 계절 음식이며 자랑이다.

'남해안 해양휴양도시 여수 밤바다를 구경하고! 여수 해안통 선어시장 경매 소리 들어보며! 먹자골목을 꼭 찾아와 맛있는 음식을 즐기는! 아름다운 여수'에서 행복한 시간을 가져보길 바란다.

여수 10미(味)를 아십니까?

한려수도의 시작점인 2012 세계 엑스포 개최 도시 여수는 나의 고향이다. 구봉산 정상에 거대한 암석이 마치 아홉 마리의 큰 봉황이 앉아있는 듯 산줄기를 타고 내려온 산자락에는 인심이 좋고 손맛도 좋은 아기자기한 마을들이 그림처럼 자리하고 있다. 그림 같은 남해 바다의 풍광을 찾아 미항 여수를 찾아오는 손님들에게 여수의 참 맛나는 음식을 소개하며 여수의 자랑이 되는 10미(味)를 선정했다. 돌산 갓김치, 게장백반, 서대 회무침, 한정식, 갯장어회, 장어구이, 굴구이, 갈치조림, 전어회, 새조개 샤부샤부가 여수의 10味가 되겠다.

남도음식은 450여 가지로 파악되고 있다. 그러나 이에 대한 체계적인 관리가 되지 않고 있어 지역별로 알려져 있는 고유의 맛을 평가하기 어렵다. 우리 지역 음식을 대외적으로 알릴 수 있는 기초적인 시설과 홍보가 부족하지만, 맛과 영양이 풍부한 우리 음식을 여러 방면으로 홍보할 수 있을 것이다. 여수의 지역 음식은 맛이 좋아 긍정적 평가를 받고 있고 남녀노소 누구나 좋아하는 건강 음식이기 때문에 작은 홍보에도 큰 효과를 낼 수 있을 것으로 생각된다. 전남도 내는 33개 남도음식 특화거리가 지정되어 있다.

여수에는 좌수영 음식 문화거리, 봉산동 게장백반 거리, 돌산회 타운 3곳이 남도음식 특화거리 육성 지원 자체사업으로 선정되었으나 관심 부족 등으로 저조한 성과만 보여 안타깝다. 그런데 이번 한국관광공사에서 자연발생적으로 조성된 음식거리 중 지역을 대표할 수 있는 음식점이 밀집되어 있고 관광객들이 많이 찾는 곳에 음식거리를 조성하여 지역 경제 활성화 효과가 큰 곳을 중심으로 도비 사업 추진 상황에 따라 연차별 2년간 총 5억 원씩 지원한다는 소식을 접했다.

여수는 한려수도의 아름다운 풍광과 더불어 사시사철 계절에 맞는 지역 음식의 명성과 우수성이 널리 알려져 관광객들이 많이 찾아오고 있다. 남해안의 쪽빛 바다 진수의 다양한 음식의 맛을 체험하기 위해 한 번쯤은 경험해 보고자 유명한 게장백반 거리 식당 앞에는 줄을 서 있는 손님들이 많이 보인다. 우리 지역을 찾아오는 손님들이 여수를 다시 찾았을 때 입맛을 당기며 게장백반 거리를 다시 찾아올 수 있는지? 손님을 맞으며 기본예절과 질서는 잘 지키고 있는지? 생각해 볼 일이다. 이처럼 지역 특화음식들이 지역경제발전에 큰 견인차 역할을 하고 있는 이 시점에서 인근 시·군에서도 각 지역에 맞는 축제들을 많이 추진하고 있다.

여수 밤바다의 낭만을 만끽하려는 관광객들로 붐비는 우리 지역에는 수산 축제가 없다는 것이 참으로 아이러니하면서도 안타까운 마음이다. 그래서 필자는 '새조개는 麗水(여수)산이여!'란 기고문 쓰며 수산 축제의 필요성을 알렸다. 국동 바닷가의 돌산대교 아래 당머리(갯장어)부터 수산물 어판장, 다기능 수변공원, 봉산동(게장백반 골목), 골프장을 찾는 경도 뱃머리(하모 횟집), 국개(통장어탕), 낚시 타운의(갈치조림), 잠수기 수협(횟집, 패류), 소경도 뱃머리(키조개, 피조개) 넘너리(새조개)까지 십

리(4km) 거리의 여수의 맛있는 먹거리 음식점이 옹기종기 밀집되어 최고의 관광 테마의 자격을 갖추고 있다.

지금 충남 홍성군 남당항에는 새조개 축제 행사를 12년째 유치하고 있다. 매년 1월 초에 축제를 시작하여 새조개를 비롯하여 굴·주꾸미·철새·대하 축제로 이어져 3월 말쯤 끝이 난다. 천수만의 축제를 벤치마킹하여 우리 지역만이 가지고 있는 음식 맛을 보여주는 음식거리를 조성하여 여수 10미(味) 음식 축제를 전국으로 알렸으면 한다.

(2016. 01. 04.)

'여수 밤바다' 여러분을 초대합니다!

세상이 코로나 팬데믹으로 당연히 누리던 일상을 뺏겨 버렸다. 장기화되는 팬데믹에 국민들은 어려움을 겪고 있고, 변화된 그 상황에 적응하며 지내고는 있으나 불편감은 존재한다. 지금은 '위드 코로나'가 되며 규제가 점차 풀려 일상 회복과 휴가를 준비 중인 이들이 모이기 시작했다.

"이번 여행은 어디로 갈까?"

인터넷 검색창에 '해양관광 휴양도시' '어디로 관광 갈까?'라고 입력하면 구국의 성지 여수를 안내하는 내용과 연관된 검색어가 나온다. 연관검색 중 '여수 밤바다 불꽃 축제'가 제일 먼저 소개가 된다. 지난 2년간 코로나로 인해 축제를 개최하지 못했지만, 올해는 축제를 개최하며 코로나 19로 지친 이들에게 위로와 설렘을 안겨 줄듯하다.

여수의 찜질방과 공중목욕탕에는 관광객으로 보이는 이들이 잠시 쉬어간다. 국동의 공중목욕탕에서 만난 관광객 김 모 씨(서울, 65세)에게 '여수를 어떻게 오셨어요?' 하고 인사를 청했다. 맛있는 음식 먹고, 밤바다를 보러 왔다는 이야기에 여수를 좋은 이미지로 담고 있구나, 생각하니 괜스레 뿌듯함을 느꼈다. 청정바다에서 나오는 식재료, 맛있는 돌산 갓김치와 주변의 소문난 게장백반, 여수 밤바다를 구경하기 위해 해양관광 휴양도시 여수로 많은 관광객이 찾아오고 있다.

여수의 대표적 10미(味) 음식 또한 유명하다. 깨끗한 물과 자연 재료를 이용하여 특별한 양념을 손맛으로 곁들인 여수의 음식 맛은 우리의 입맛을 사로잡는다. 이곳에서 한 끼가 생활에 지치고 힘들었던 몸과 마음에 보상을 주듯 회복하는 기분이 들 때가 있다. 여수 음식은 보는 것만으로도 입에 침이 고이고 허기가 느껴지는 천하일미를 자랑한다. 특히 여수 10미 음식 중 돌산 갓김치와 돌게장백반을 자랑하고 싶다.

돌산 갓김치는 남해 바다에서 불어오는 해풍을 맞고 자라 톡 쏘는 맛이 일품이고, 갓김치를 맛본 이들은 엄지 손을 추켜세우며 만족한다. 봉산동 게장 골목을 들어서면 게장 전문 대형 음식점들이 관광객을 맞이하고 있다. 맛집 앞은 줄이 길게 늘어져 있고 줄 서서 먹는 게장 맛에 손님들은 맛있는 추억을 담아 간다. 간장게장은 딱 한 끼 든든하게 먹고 싶을 때 찾아가면 정말 한상 푸짐하게 식사를 할 수 있다. 게장 골목의 식당들에는 게장의 리필 문화가 있어 밥도둑이 따로 없다는 말이 나올 정도로 든든한 식사를 할 수 있다.

국동어항에는 수백 척의 어선이 정박되어 있다. 동양 최대의 수산물 종합센터가 자리하고 항구는 아름다운 풍광을 배경으로 해양 산책로 거리가 조성되어 있다. 새벽부터 수산물 경매를 시작으로 활기를 띠는 이곳은 골프 관광을 위해 경도로 들어가는 차도선이 있고, 대낮에도 자망의 멸치를 터는 광경을 볼 수 있으며 오후에는 잠수기 수협의 어패류 경매장이 열리는 등 주변에 볼거리와 즐길 거리가 많은 마도로스 거리가 있다.

이충무공께서 진두지휘했던 전라좌수영의 본영인 진남관 앞 이순신광장에 전시한 거북선에서 해양공원으로 비추는 불빛이 장관을 이루며 여수의 밤바다를 뽐낸다. 여수세계박람회가 개최되며 교통 인프라가 구축되고 바다 위를 통과하는 해상 케이블카의 운행이 아름다운 여수의 해양경관과 매력적인 경치를 조망하게 하여 많은 이들이 여수를 찾아온다. 여수의 밤바다와 낭만 버스킹이 함께 하며 크루즈 선상에서 보는 풍광이 여수를 이야기하고 있다.

여수는 365개의 크고 작은 섬이 있다. 천혜의 자연환경과 아름다운 풍광으로 동양의 나폴리라 불리며 수려함을 자랑한다. '섬, 바다와 미래를 잇다'라는 주제로 개최될 '2026 여수 세계 섬 박람회'는 아름다운 여수에 한 번 더 알리며 전 세계의 섬 문화와 미래 비전을 제시하는 축제가 될 것으로 많은 기대를 모으고 있다.

아름다운 야경과 정갈하고 맛있는 여수의 해산물 요리가 다양하고 푸짐하게 준비되어 있는 곳! 낭만 버스킹을 즐기고 밤하늘을 수놓을 불꽃의 향연을 누리며, 역사와 호국 문화가 깃든 여수를 경험해 보길 바란다.

"오늘, 여수의 밤바다로 여러분을 초대합니다."

(2022년 10월)

해안통 선어시장 경매 소리!

전라좌수영의 본영이며 구국의 성지인 여수(麗水)!

진남관과 이순신 광장 주변에는 24시간 내내 바다 어류 경매를 하고 있는 전국 유일한 사설 전통 선어시장이 있다. 이곳은 바다의 밀물과 썰물의 물때(조금과 사리)를 맞추어 연안의 바다에 설치된 이강망, 정치망, 그리고 고깃배들이 작업한 신선한 활어와 선어를 매일 조석으로 공급받아 활기찬 도소매가 이뤄지고 있는 어시장이다. 어시장은 온갖 종류의 바다 생선들이 모이는 곳으로 많은 사람이 삶을 일구는 생동감 넘치는 터전이며 수산물 유통이 전국 각지로 배달되는 생선물의 천국이다. 이곳은 새벽부터 어스름의 여명이 시작될 무렵 절정이 치달으면서 대부분 한낮의 별이 느껴지는 정오와 노을을 스치는 저녁까지 사람 사는 기운이 느껴지는 경매 소리에 주위가 북새통을 이루는 곳이다.

오늘의 어시장에 도열해 놓은 생선은 며칠 전까지만 해도 바다를 누비고 다녔을 물고기로 어 상자에 담겨 가지런히 선도가 좋은 생선이 중매인의 손끝에서 주인을 만나는 어류 유통 오백년의 역사가 있는 선어시장이다. 『세종실록지리지(世宗實錄地理志)』에는 여수는 원래 남해 변방의 자그마한 어촌 항구였지만 조선 성종 10년(1479년)에 이충무공께서 전라좌수사 시절 군사도시가 되어 수군 절도영을 설치하여 전라좌도수군 절도사영으로 여수에 바다를 열고 항구의 역사가 시작하니 내례만호는 며포(旀浦)에 위치한다고 기록되어 있다. 여기에 며포는 대경도와 소경도가 위치한 국동(菊洞) 일대를 가리키는 것이며, 내례만호진은 여수시 군자동·동산동·관문동·고소동·중앙동의 남쪽에 인접한 해안, 즉 지금의 여수구항(麗水舊港) 일대이다.

여수항 개항(1918년)과 함께 어업의 전진기지 역할을 시작한 여수는 수산업의 중심지인 해안통에서 본격적으로 해방(1945년) 후 개설된 전남 수산이라는 경매장이 이곳에서 출발한 생선을 준비하여 열차편으로 운역 장사를 했다. 3대째 객주인 대신상회 김창곤(69세) 씨는 옛 흔적은 없지만, 조석으로 뱃고동 소리에 잠을 설쳤던 그 시절을 기억한다. 이순신광장 주변의 골목은 예부터 창원·순천·노래미·함흥·고려식당 등으로 이어지는 남도의 맛집으로 즐비한 대표적인 역사와 애환이 깃든 정겨운 원도심의 식당 골목이다. 그런데 요즘 해양관광 휴양도시 여수(麗水) 바다를 보고 싶어서 해안통 선어시장에 관광객들이 많이 찾고 있고 있으나 이 골목은 교통의 무질서로 미관상 좋지 않은 거리로 변하고 있다. 그래서 정치망에서 방금 잡아온 싱싱한 생선을 선어시장에서 경매 소리를 체험하고 시식하는 골목으로 만들어 여수의 싱싱한 계절에 맞는 수산물을 자랑하는 선어 골목으로 조성하기를 건의하고 싶다.

5월은 삼치 철이다. 시민의 사랑을 받고 있는 전통 선어시장을 통해 세계적인 해양관광의 휴양도시가 되도록 옛 골목을 지자체에서 주변 환경을 개선하고 명품 삼치골목으로 조성하여 관광상품화했으면 한다. 남해 바다의 풍광을 찾아서 어느 곳에든지 일출과 일몰을 한눈에 볼 수 있는 미항을 찾아오는 손님에게 여수의 참 맛나는 철마다 맛있는 남도음식을 자랑하고 싶다. 요즈음 청정해역 정치망에서 잡은 여수의 삼치 맛이 지금 젊은이들의 말로 '짱!' 최고다.

(2020. 04. 27.)

편지 한 통으로 기숙사를 지어주신 부영건설 이중근 회장

필자가 화양 고등학교 교장으로 재임 중이었을 때 화양고 학생들을 위해 무엇을 할 수 있을까? 생각하며 그중 하나 낙후된 학생들의 기숙사를 어떻게 해야 할지, 당장 무엇부터 시작해야 할지 많은 고민을 했었다. 그러다 문뜩 미래 세대 양성에 관심이 높고 교육에 남다른 신념을 지니고 계신 '부영건설 이중근 회장님'이 생각났다.

전국 초중고에 건물을 신축해 기증해 주시는 훌륭한 일을 해주시고 지역의 인재 육성을 위한 투자를 아끼지 않으시니 혹시나 학교의 사정을 알고 기숙사 문제를 도와주시지 않을까? 하는 생각으로 회장님께 감탄의 편지를 쓰게 되었다. 다음은 편지 내용이다.

존경하는 부영건설 이중근 회장님께 (1)

안녕하십니까? 여수 화양 고등학교 교장 윤문칠 입니다.

직접 찾아뵙고 말씀드려야 하는데 누를 끼칠까 싶어서 이렇게 서면으로 인사를 드립니다.

하고 싶은 말이 있을 때 입안을 맴도는 말, 사고 싶은 것이 있을 때 지갑 속에서 꿈틀거리는 돈, 가고 싶은 곳이 있을 때 신발 속에서 꼼

지락거리는 발가락처럼 모든 것의 전 단계인 이런 주춤거림과 고민을 지나 이젠 대담한 도발을 시행하고자 이렇게 회장님께 간구하는 글을 올립니다.

오랜 경력의 건축가로서, 기업의 장으로서 여수는 물론이고 국가 발전에 지대한 공헌을 하신 회장님께서 그 누구보다도 제 말씀에 귀 기울여 주시고 관심을 보여주시리라 기대하며 몇 자 올리겠습니다.

저는 2004년 9월 1일 자로 본교 교장으로 발령을 받았습니다.

학생들의 학습 여건을 최적화시키고 사랑의 대화를 통한 인재 육성을 교육의 목표로 삼고 있습니다. 남을 비판하는데 조심하고 칭찬하는데 인색하지 않고 모든 일들을 긍정적이고 건설적인 방법으로 지도하고자 학생들 인성교육에도 힘쓰고 있습니다. 교육자 모두 본이 되어야 한다는 생각에 어떻게 하면 본교가 발전할 수 있을지에 대한 고민도 많습니다.

본교는 현재 여수시 화양면 화동리 990번지에 위치하고 있습니다. 두 동의 본관과 한 동의 기숙사로 이루어져 있고 현재 15학급 400명의 학생과 40명의 교직원들이 혼연일체가 되어 열심히 근무하고 있습니다.

2008학년도 대입 제도, 2005학년도 고입 제도의 변화에 따라 본교의 입지와 위상도 높아졌습니다. 공립 고등학교 중 농어촌 특별전형에 해당되는 학교로서 그 혜택이 더욱 확장될 전망이며 현재 시행된 고교 평준화에서 제외되어 내신을 중요시하는 우수한 성적을 갖춘 학생들이 이번에 본교에 많이 지원하였습니다.

2008학년도 대입 제도에서는 내신의 중요성이 커졌고 농어촌 혜택 비율이 3%에서 4%로 확장되어 본교의 전망은 더욱 밝아졌습니다.

많은 학생이 시내 평준화된 학교보다는 본교를 선택하는 징후가 뚜렷해지고 앞으로 많은 발전과 미래 명문고로 나아갈 수 있을 것이라 확신합니다. 더불어 화양면 발전 정책에 따라 앞으로 10만 인구가 유입될 예정이며 2007년까지 4차선 도로가 완공된다고 합니다. 세 곳의 발전전략 지역 중 한 곳이 바로 화양면입니다.

본교를 총괄하는 책임자로서 이런 변화에 대응하기 위해 학생들이 최적의 조건에서 학습할 수 있도록 고심을 하였는데 문제가 되는 것 중 하나가 기숙사 시설입니다.

제가 회장님께 이렇게 따로 글을 올리는 이유는 이것입니다.

현재 본교에 한 동의 기숙사가 있는데 50여 명의 남녀 학생을 수용하고 있습니다. 건물이 많이 낙후되어 있어 보수공사를 필요로 하며 더불어 늘어난 학생들을 더 수용하기 위한 새로운 기숙사 건립이 시급합니다. 특히 남녀 구별이 필요한데 현재의 시설로는 그것이 불가능합니다. 이외 여러 장애들로 일의 추진이 쉽게 이루어지고 있지 않습니다.

건축 시설은 삶의 질을 바꿀 수 있습니다.

회장님!

본교 기숙사는 통학 거리가 먼 학생들과 성적이 우수한 학생들이 입실하여 학업에 대한 열정을 불태우고 있습니다. 그렇지만 시설이 낙후되고 부족하기 때문에 많은 학생들이 불편을 겪고 있습니다. 여수 화양 고등학교 기숙사를 건립하는 것은 앞에도 말씀드렸지만 변화되는 시대, 목적, 장소, 문화적 맥락, 시대정신에 부합하는 일이라 생각됩니다.

기업의 이익을 사회 발전으로 환원하시는 존경하는 회장님의 정신을 이곳 여수 화양고등학교에 심어주시길 기대합니다. 그리고 그 정신이 후손들에게 길이 이어질 수 있도록 힘을 주십시오. 긍정적이고 진취적 변화는 모든 이를 행복하게 한다고 했습니다.

교육의 질은 삶의 질을 향상시키며 교육의 질을 결정하는 한 축이 제반 복지시설들이라 생각합니다. 회장님께서 지니신 평생의 기업 소신을 통해 후학 양성을 하는 데 많은 도움을 주시길 가슴 깊이 아룁니다.

현재 교육인적자원부에서 '교육복지 종합 계획'을 내놓았습니다. 교육 소외 교육 부적응 및 불평등은 개인을 넘어 사회 통합적 기능을 악화시켜 궁극적으로 국가 발전을 저해한다는 지적이 그 이유입니다. 회장님께서 제 말씀에 관심을 가져 주심은 시대적 사명과도 부응하는 일이라 생각하며 많은 지역민에게 공감대를 불러일으키리라 확신합니다. 지역 발전을 위해 많은 공헌을 하신 회장님께 진심을 담아 이 글을 올립니다.

항상 복된 날들 되시고 건강하시기 바랍니다.

2004년 12월 1일

여수 화양고등학교장 윤문칠 올림

존경하는 부영건설 이중근 회장님께 (2)

안녕하십니까? 여수고등학교 교장 윤문칠입니다.

기억하실지 모르겠지만 2004년 화양고등학교 교장으로 재임하고 있을 때 화양고의 기숙사 건립을 간청 드리며 편지로 인사드린 적이 있었습니다. 그때도 직접 찾아뵙지 못해 죄송스러웠습니다만 이번에 또 서간으로 감사의 마음을 전하게 되었습니다.

저는 2006년 9월 1일 자로 여수고등학교로 자리를 옮기게 되었습니다. 그러나 자리를 옮긴 후로도 항상 화양고등학교 소식에 귀를 기울이고 있었습니다. 이번에 기숙사 건립의 첫 삽을 뜨게 되었다는 반가운 소식을 접하게 되었습니다. 화양고등학교에 부임하고 화양고가 발전하는데 어떻게 하면 조금이나마 밀알이 될 수 있을까 고심하던 끝에 공부하겠다는 일념 하나로 입학하는 학생들에게 가장 필요한 것은 공부할 수 있는 환경을 만들어 주는 것이라고 생각했습니다.

학교의 책임자로서 선생님들과 혼연일체가 되어 학습 지도와 학습 분위기 조성에 최선을 다했습니다. 그에 부응하여 학생들도 더욱 열심히 하는 모습을 보여주었습니다. 그러나 그런 열정만으로는 해결되지 않는 문제가 시설 확충 문제였습니다. 특히 통학하는 시간도 아까워 기숙사에서 공부하고자 하는 학생들을 다 받아들일 수 없는 화양고의 기숙사 여건을 해결할 수 있는 묘안을 찾기란 여간 어려운 것이 아니었습니다. 어떻게 할까, 고민하고 고민하다가 회장님께 조심스럽게 도움의 손길을 내밀어 본 것인데 이렇게 좋은 소식으로 화답하여 주시니 심심한 감사의 말씀을 드립니다.

화양고에 기숙사를 지어주신다는 낭보는 저에게도 이렇게 기쁜 소식이었는데 화양고 교장 선생님을 비롯한 교직원들, 학생들, 특히 학부모님들께 얼마나 기쁜 소식이었을지 상상만 해도 입가에 미소가 번집니다.

흔히들 교육을 백년지대계(百年至大計)라고 합니다. 회장님께서 이번에 화양고에 기숙사를 지어주시는 것은 개인적으로나 사회적으로 지대한 공적이 아닐 수 없습니다. 우선은 화양고 학생 개개인의 성적 향상을 가져올 것입니다. 이는 대학 진학에 도움이 될 것이며, 우리나라 현실에서 대학 진학이 갖는 의미를 생각하면 그들의 인생을 바꾸는 계기가 될 수 있습니다. 더 크게 생각해 보면 지역사회 인재 양성의 길이며, 나아가 국가 발전의 원동력이 될 미래의 기둥에 대한 투자입니다.

회장님께서는 분명히 이러한 사실을 이미 깨달으시고 기업의 이익을 사회에 환원하는 하나의 방편으로 교육에 투자해 오신 것으로 알고 있습니다. 특히나 고향이신 전남 동부권의 교육 발전에 지대한 공을 세우신 것으로 알고 있습니다. 제가 지금 근무하고 있는 여수고 기숙사도 회장님께서 지어주신 것이고, 여수여고 기숙사도 몇 년 전에 지어주신 것을 알고 있습니다. 물론 부영여자고등학교 건립도 빼놓을 수 없겠죠.

얼마 전 매스컴을 통해 순천 매산고등학교 기숙사 건립을 (주) 부영에서 추진하기로 했다는 소식도 듣게 되었습니다. 회장님의 경영철학이 무엇인지 다시 한번 확인하는 기회가 되었습니다. 그리고 회장님의 바다와 같은 넓으신 마음 앞에 작기만 한 저를 발견하고 고개를 숙일 수밖에 없었습니다.

인간의 삶은 건물 안에서 꽃 피는 것 같습니다. 건물은 우리의 일상과 가장 가까이 있지만 쉽게 그 중요성을 간과했던 것이 사실입니다. 이번 화양고 기숙사 건립과 관련하여 건물에 대한 의미를 새삼 생각하게 되었습니다. 건물은 인간의 행위가 펼쳐질 수 있는 터전이라는 생각이 듭니다. 아무리 공부하고자 하는 마음이 있다고 하더라도 공부할 수 있는 학교, 기숙사가 없다면 그 열정은 사상누각에 지나지 않을 테니까요.

지금의 부임지 여수고등학교 기숙사, 우정학사에서도 학생들의 공부에 대한 열의가 불타오르고 있습니다. 특히 수능 시험을 100일도 남기지 않은 시점에서 3학년 학생들의 열의는 무서울 정도입니다. 이것이 다 열의를 마음껏 불태울 수 있는 터전, 기숙사가 있었기에 가능한 일이라고 생각합니다. 다시 한번 감사하다는 말씀을 드려야겠네요.

주식회사 부영의 무궁한 발전을 기원하며 회장님의 건강에도 항상 청신호가 켜지시기를 기원하며 이 글을 마칠까 합니다.

2007년 9월 5일

여수고등학교 교장 윤문칠 올림

2014년 우리 해드림출판사에서 출간한 책 [못생긴 나무가 산을 지키듯이](윤문칠 자전 에세이)에 실렸던 원고